AMSTERDAM UNDERGROUND GUIDEBOOK

アムステルダム裏の歩き方

【最新版】

高崎ケン

Ken Takasaki

彩図社

政府公認のマリファナ販売所であるコーヒーショップ。
アムステルダム産の上質な大麻を求めて、世界中から旅行者が集まってくる。
写真はきらびやかなネオンがまぶしいコーヒーショップ「スモーキー」。
(第2章「コーヒーショップガイド」、P95)

1★ コーヒーショップ
Coffeeshop

And more...

レジン→P69

グレイエリア→P83

ラ・テルトゥリア→P88

デ・ダンプクリング→P90

2★ マリファナ＆ハシシ
Marijuana & Hash

アムステルダムのマリファナは品種改良が進んでおり、極めて強力な効果を持つものも登場している。写真はコーヒーショップ「420cafe」のウィード。

（第一章「オランダ大麻事情」P 34）

And more...

モロッコ産のハシシ→P 40

最強のハシシ「アイソレーター」→P 40

精製技術が進んだ現在では、THC（マリファナのトビの成分）含有率が極めて高い商品も登場。写真はコーヒーショップ「スーパースカンク」で販売されていた「ワックス」。THC 濃度が70%にもなる強烈な代物だ。（第一章「オランダ大麻事情」P 42）

3★ スマートドラッグ
Smart Drug

アムステルダムでは、様々なスマートドラッグも手に入る。そこでは、あの「マジックトリュフ」の姿も…。

（第３章「スマートドラッグ最前線」）

マジックトリュフ（菌核）
→P145～

アムステルダムの夜の代名詞「飾り窓」。写真は「Spuistraat」の奥にある娼館。ピンク色の光が灯っている窓は、すべて娼婦がいる「飾り窓」。カーテンが閉まっていると、客がついている合図だ。（第４章「アムステルダム・ピンクガイド」P172～）

And more...

「レッドライト・シークレッツ」→P184

お下劣「セックスミュージアム」→P191

大人の社交場「クラブパラダイス」→P219

4★ 飾り窓

The Red Light

スクワット物件の「OT301」の内部。建物の取り壊しに抗議したアーティストたちが占拠、現在はカルチャーセンターとして利用されている。
(第5章「アムステルダム裏事情」P277)

And more...

危険スポット「移民地帯を歩く」→P246

フリーダムな大人たちの空間「ADM」→P280

六色旗はためく「ゲイパレード」→P258

AMSTERDAM UNDERGROUND GUIDE

アムステルダム 裏の歩き方

【最新版】

高崎ケン

はじめに

運河に囲まれた美しい国オランダ。風車やチューリップ、サッカーや格闘技が盛んな国として知られている。その一方で、マリファナ解禁、買春・安楽死・同性婚の合法化など、寛容な政策がなされるチャレンジングな国でもある。本書は、オランダの首都、アムステルダムに在住歴のある元サラリーマンが実体験を元にアムステルダムの「裏」の部分にスポットを当て、市販のガイドブックには載ることのない実情を綴った「裏の歩き方」マニュアルである。

10年前に私が住んでいたアパートは、飾り窓やマリファナを吸えるコーヒーショップまで徒歩1分という近さだった。治安の悪いエリアかと思っていたが実際はそうでもない。市内で起こる犯罪はスリや置き引き、自転車泥棒といったものがほとんどで、普通に生活していれば粗暴な事件に巻き込まれることは少ない。それどころか、軒先から青臭い煙を放つコーヒーショップや、ピンクに光る飾り窓から、老人観光客の集団が笑顔で出てくるのを見て、微笑ましい気分になることすらあった。

この街では、全てのものが包み隠さずさらけ出されている。

マリファナなどのソフトドラッグに関してもあくまで自己責任の上で、「ご利用は計画的に」といったところだろうか。頭ごなしに「ダメ！」と決めつけるのではなく、僕らに選ぶチャンスを与えてくれる。

性に対してもおおらかで、アパートの外壁には、巨大な女性のヌードの絵が描かれているし、飾り窓では下着姿の娼婦が男たちを誘惑している。なかにはそうした場所を歩く子連れの家族もおり、見ている方がハラハラしてしまう。

日本人がこの街を歩いても、アジアや中東のように頻繁に声をかけられることはないだろう。せいぜい街角で中国人に間違えられて、「ニーハオ」と声をかけられる程度だ。旅慣れたバックパッカーは、そうした「人に干渉しない民族」を淋しく思うことすらあるという。しかしその他人への無関心さは、慣れればむしろ心地よいものへと変化していく。女装した男だろうが、全身ピアス女だろうが、みんな個人の自由と受け入れ、どこか認め合っている雰囲気があるからだ。

この奇妙で風変わりなオランダに、日本人が来ると何を思うのか？

感じるのは3つ。圧倒的なサービスの悪さ、飯のまずさ、天候の悪さだろう。

私の経験では、不動産屋にアパート探しを依頼した時、担当のスタッフから1週間以上も音沙汰がないことがあった。連絡してみたところ、「彼女はバカンス中です。ご用件は？」などと堂々と言われてしまった。他にも、サッカー欧州選手権の開催直前に、これ見よがしのタイミングでバスの運転手がストライキをしたため、自転車通勤を余儀なくされたこともある。サッカーといえば、近所の住人は、クリスマスの飾りは1月になってもダラダラと飾っていたが、ワールドカップで自国代表が負けた時には、家の外壁につけた旗の飾りを速攻で外していた……ある意味、わかりやすい国である。

服屋にすそあげを頼んだら5日かかると言われ、スーパーのレジ係りは椅子に座ってのんびりと接客する。レジ係りは、買い物客の行列ができていようが、独り身の老人と世間話をしていることも多い。

初めは苛立ちもしたが、「まぁ、こんなもんだろ」と流していると不思議と気にならなくなった。オランダ在住の日本人女性の間では、そうした風潮を「楽だ」と語る人が多い。日本のように周りの目を執拗に気にすることがなくなったからのようだ（オランダ人の服装は黒や灰系が多く、質素で地味）。

一つ言えるのは、この国の人々は誰もが個人の時間を大切にしているということだ。

残業は日系企業以外はまずないし、ワークシェアリングが施されているため、夫婦そろって週休3、4日で子供をゆったりと育てている人も多い。つまりサービスの悪さが、労働時間の短縮に繋がっているわけだ。ところが働かない割には、労働生産性は高く、その値はEU諸国の中でもトップクラス。一方日本は残業大国の割には、労働生産性は先進国の中でも最下位である。

これほどまでに、日本と正反対に位置する国が他にあるだろうか？　私はこの真逆な国にこそ、暗い話題の溢れる日本を救うヒントが隠されているのではないかと考えた。そんな思いから、２００９年に「アムステルダム裏の歩き方」という本を出すことになった。

ところが近年のオランダでは、政府の浄化作戦のために、コーヒーショップや飾り窓の数も減っているらしい。また、右翼政党が勢力を伸ばし、移民に対する風当たりも強くなったという話も耳にする。

はたして、アムステルダムの現状はどうなっているのだろうか？

それを確かめるために、私は10年ぶりに現地を訪れた。これからその記録を綴っていこうと思う。

それでは早速、アムステルダムの裏の世界へご招待しましょう。

『アムステルダム　裏の歩き方　最新版】目次

第二章　コーヒーショップガイド　57

第三章　スマートドラッグ最前線　137

第四章 アムステルダム・ピンクガイド 171

第五章 アムステルダム裏事情 237

※本書は、アムステルダムの特殊な文化を紹介したものです。
決してマリファナの使用を勧めるものではありません。

第一章
オランダ大麻事情

The Cannabis Life in Holland

オランダではなぜ大麻が合法なのか？

※オランダは世界で初めて、**※大麻**の販売を公に認めた国だ。

しかし、厳密に言えばオランダでも大麻は「完全に合法」なものではない。

この国では、1975年から大麻販売のライセンスを受けた「コーヒーショップ」でマリファナが売られてきた。18歳以上の者であれば国籍を問わず、一度に5グラム以内を購入することができる。購入したマリファナは**※公共の場での使用**こそ禁じられているものの、ショップ店内や一部のバーやホテル、自宅などで吸うことができる。その際警察に見られても一切のおとがめなし。コーヒーショップの中には、テラス席があるところもあるが、そこでも大手を振って堂々と吸うことができるのだ。

だが、その一方でコーヒーショップの存在はかなりあいまいな立場に置かれている。

コーヒーショップは、売物である大麻を国内の栽培者や海外の業者などから仕入れている。しかし、法律ではその仕入れ自体は違法行為。「売ってもよいが、仕入れてはダメ」というおかしな状態になっているのだ。つまり、コーヒーショップで流通する大麻は「国内で違法に栽培されたものか、海外から違法に密輸されたもの」ということになる。

もっとも、そのことに関して警察がうるさく言うことはない。大麻はオランダにとって貴

※オランダ
西ヨーロッパに位置する立憲君主国家。日本から首都アムステルダムへは直行便で12時間程度。
【公用語】オランダ語
【首都】アムステルダム
【面積】4万1540㎢
【人口】約1702万人
【通貨】ユーロ

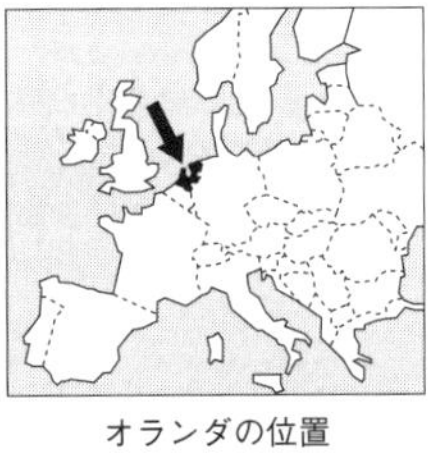
オランダの位置

アムステルダムの位置

重な観光資源であり、税収源でもある。そういう大人の事情もあって、**大麻は黙認**※されているというのが実際なのだろう。

運河の街・アムステルダム。カンナビストの聖地でもある。

　また、栽培に関しても原則違法だが、個人使用のためならば5株までの栽培は黙認されており、刑罰の対象とはならない。それどころか、今後は大麻は政府の管理下で栽培するべきだという動きもあり、ライセンスを持った栽培業者がコーヒーショップへ卸すためのマリファナを生産する試みが、試験的に行われる計画もある。これはもちろん、大麻の供給源である犯罪組織に金が流れるのを防ぐためだ。

　それではなぜ、オランダは大麻を黙認するようになったのか。オランダの大麻喫煙の歴史は、1960年代に始まったとされている。その頃、世界ではアメリカを中心にヒッピームーブメントが興り、若者たちは大麻を片手に既成概念を打ち壊そうとする反体制運動に明け暮れ

※大麻
中央アジアを原産とするアサ科の1年草木。雌雄異株で成長すると2メートル以上にもなり、繊維は衣類などに用いられる。花や葉の部分にTHC（テトラヒドロカンナビノール）を含んでおり、雌株、とくに未受粉のもの（シンセミア）が強力とされる。

※公共の場での使用
子供の遊び場や学校の敷地内などは厳禁。レストランなどで吸ったり、運転中の使用も当然NG。大きな公園やビーチ、人気のない路地ならば他人に迷惑をかけない限り基本的に問題ないが、マリファナでトラブルを起こせば警察に罰金を払う必要が出てくる。常識の範囲内でということだろう。

※大麻は黙認
コーヒーショップは、店内に500グラムまでの大麻を在庫として置くことが黙認されている。

街中ではいたるところでコーヒーショップが営業している

ていた。オランダも例外ではなく、海外から大麻が持ち込まれると、反体制運動と共に若者たちの間で急速に広まっていったのだ。

当初、オランダ政府は若者たちのそうした動きに武力で対抗しようとした。警察に武器を持たせて鎮圧に当たらせたのだ。しかし、効果はほとんど上がらなかった。それどころか、若者たちは抑圧されるほど勢いづき、警察の武力による鎮圧がメディアで報じられると、市民は警察の方に嫌悪感を抱くようになった。

政府は考えた。武力や制度の強化では、不満を生むだけで根本的な解決にはならない。彼らを「寛容」に受け入れるためにはどうすればいいのか。

そこで政府は大胆な政策に乗り出す。まず国内に蔓延するドラッグを習慣性の強いハードドラッグと、習慣性が比較的弱いソフトドラッグの**2つに分類した**※。そして1976年の法改正でソフトドラッグの個人所有を非犯罪化

※ハードドラッグとソフトドラッグの分類
【ハードドラッグ】
ヘロイン／コカイン／覚せい剤／MDMA／LSDなど
【ソフトドラッグ】
大麻類／マジックマッシュルーム／スマートドラッグなど

し、3年後の1979年には制限付きで大麻販売を認める政策を打ち出した。頭ごなしに抑えつけるのではなく、制限を設けて、後は個人の自由に任せることにしたのである。今の日本とは真逆の政策だ。

この政策は、オランダ政府にとって多くのメリットを生んだ。

まず、オランダは貴重な観光資源を得ることができた。※**チューリップの栽培**で知られるように、オランダ人は元々園芸を得意としている。大麻の容認政策が始まると、より上質な大麻を求め、品種改良が盛んに行われていった。その結果、とんでもない効き目を持つ怪物品種がいくつも誕生したのである。オランダ産大麻は最高峰のブランドとなり、そのメッカであるアムステルダムには、大麻好きの旅行者が世界中から集まってくるようになった。市内を訪れる観光客の4人に1人が、コーヒーショップに足を運んでいるとも言われている。

土産物屋に並ぶマリファナグッズ。大麻はこの街の重要な観光資源になっている。

※チューリップの栽培
チューリップの名所として有名なのが「キューケンホフ公園」。美しいチューリップ目当てに、年間80万人もの観光客が押し寄せる。スキポール空港より直行バスがある。所要約35分。
【開園】3月下旬〜5月中旬
【入園料】大人17ユーロ（HPでのチケット購入）
【住所】Stationsweg 166 2161 AM Lisse
【HP】https://keukenhof.nl/en/

キューケンホフ公園

また、上質なマリファナが手軽に手に入るようになったお陰で、国内のハードドラッグの中毒者数が大幅に減少した。ドラッグに寛容なオランダでも、ハードドラッグには厳しい態度で臨んでいる。違法かつ危険性の高いハードドラッグに手を出すくらいなら、合法的に吸えて、強力な効きのあるオランダ産大麻を選ぶ人が増えたということだろう。

面白いもので、オランダのマリファナ普及率は、決して高いわけではない。ある統計によると、1年間に1回以上マリファナを吸った人は、**人口の8%**[※]ほどで、これはイタリアやスペイン、フランスなど、他のEU諸国に比べても低い値だ。圧力による取締まりが、必ずしも効果を上げるわけではない一つの例と言えるだろう。

だが、マリファナに関してはオランダ人の間でも様々な意見がある。

子供と一緒に吸う親もいれば、子供が吸ったことを知れば厳しく怒る親もいる。酒や煙草と同様に関心を持つ若者も多いが、その反面、まったく興味を抱かない人も大勢いる。

むしろ多くのオランダ人は、コーヒーショップや**マリファナグッズ**[※]を平然と売る土産物屋を「ツーリスト向けの商売」と、冷ややかに見ている節さえある。実際、私も取材中にコーヒーショップの場所を通りすがりのおばさんに尋ねたところ、「マリファナは健康によくない」と注意を受けたほどだ。もちろんオランダ人愛好家もいるのだが、彼らは観光客のいない中心街から離れた店で、ひっそりと息抜きをする。日本でいう、行きつけのスナックのような感じだろうか。

※**人口の8%**
国連薬物犯罪事務所（UNODC）の2016年のレポートより。同レポートによると、イタリア、スペインは9・2%、フランスは11%となっている。

※**マリファナグッズ**
街中の土産物屋にも、マリファナ関連のグッズが溢れている。なかにはマリファナ味のビールやキャンディ、アイスクリームなどもある。これらはあくまでマリファナの味を再現したもので、コーヒーショップで売られている物以外は、本物のマリファナが入っているわけではない。左

マリファナに関する考え方は、政府の中でも分かれているようで、数年前には、保守派政権による大麻取締りキャンペーンが広がったこともあった。この影響を受け、学校から

閉店した「メローイエロー」。アムスのコーヒーショップ第一号店だった。

250メートル以内の距離にあるコーヒーショップは閉店に追い込まれてしまった。コーヒーショップ第1号店の「**メローイエロー**」※もこの例に漏れず、創業45年の歴史に幕を閉じた。結果として、90年代にはアムス市内に350軒ほどあったコーヒーショップも、今や173店舗にまで半減してしまった。

更には、「外国人にはマリファナを売るな」というキャンペーンが実施されたこともあった。これは地元民にのみ与えた許可証がなければコーヒーショップに入れないというもので、一部の自治体で実施された。しかし結局この計画は、すぐに廃止されることになった。貴重な観光資源を台無しにする上に、入店の取締りを強化したところで売買が闇に潜り、犯罪組織へ

写真はマリファナ味のビール。独特の青臭さとほのかな清涼感がある。一言でいうとマズイ。

マリファナ味のビール

※**メローイエロー**
1972年創業。当初のマリファナ売買は、仲間内でのものが中心だったという。

の資金調達につながる恐れもある。そのため、現在は**マーストリヒト**※など、南部のごく一部の街を除いては、外国人でも問題なくマリファナを購入することができる。

ちなみに、日本人が海外でマリファナを購入するのは厳密に言えば違法だ。そのため、日本国籍を有する者は、国外で医療大麻などを購入した場合でも、違法ということになる。しかし今のところ、過去にそのようなことで捕まった事例はない。

刑罰の対象※となるのは、あくまで日本国内でのマリファナの所持が決め手となる。仮に尿検査でマリファナを吸った反応が出たとしても、物さえ持っていなければ起訴されないことが多い。だからといって、コーヒーショップでマリファナを吸った写真をネットにアップして、「マリファナなう」などとつぶやいたりしてはいけない。そんなことをすれば警察に目をつけられてしまう恐れがある。マリファナは人に勧めるものではないし、自慢するものでもない。立場が微妙な嗜好品であることを肝に銘じておこう。

5分でわかるマリファナ講座

そもそも**マリファナ**※とはなんなのか？

マリファナは、大麻から作られる一種の嗜好品である。

使うのは、ＴＨＣ（テトラヒドロカンナビノール）というトリップ成分を多量に含む「花

※**マーストリヒト**
オランダ南東部にある州都。人口は12万人ほど。ドイツやベルギーとの国境にも近く、近隣諸国から大麻を買いに来る客が後を絶たず、交通渋滞や騒音などの問題が発生した。現在は、ドイツとベルギーを除く外国人へは大麻の販売を禁止している。

※**刑罰の対象**
他の薬物と違って大麻取締法では、大麻の使用だけでは処罰できない。この理由は、古くから産業用大麻が認められてきたこの国では麻は身近なものであり、知らないうちに麻を吸っている可能性があるためである。

※**マリファナ**
その他にも、「ポット」、「グラス」、「ガンジャ」など様々な呼び名がある。ハシシの場合は、「チョコ」、「チャラス」などとも呼ばれる。

花穂を乾燥させた「ウィード」（左）と樹脂を練り固めた「ハシシ」（右）

穂」の部分で、製造方法の違いから「ウィード」（花穂を乾燥させたもの）、「ハシシ」（花穂の表面についた樹脂を練り固めたもの）と呼び方が異なる。使用方法は、燃やして煙を吸引する他、**スペースケーキ**※のように経口摂取する方法もある。

もとは同じ大麻であるウィードとハシシだが、効果はそれぞれ微妙に異なる。一般的には、ハシシの方が煙の味や香りが豊かで、ウィードの方が品種改良が盛んな分、様々な効果を楽しむことができるとされる。また、ウィードの方がかさばるため、一度に使用する量が少なくてすみ、コスパに優れているというのも特徴だろう。

マリファナを吸うとリラックスして、聴覚や味覚、触覚などが鋭敏になる。また、その際には多幸感を覚え、眠気を覚えることもある。

煙を吸うと、慣れないうちはいがらっぽく感じて、吸い込みにくいと感じるかもしれない。だが、徐々に

※スペースケーキ
粉砕したマリファナを練り込んだパウンドケーキ。チョコやバニラなど様々な味がある。マリファナの味は全くせず美味。「スペースマフィン」と共に多くのコーヒーショップで扱っており、食べると30分〜1時間ほどでトリップする。

スペースケーキ

慣れていくと深呼吸をするように深々と吸えるようになる。はじめはほろ酔いのような気分になり、しばらくすると音が鮮明に聞こえ、あたり全体がゆらゆらと動いているように見える。そして大抵の場合はここで腹が減り、アイスクリームやポテトチップスのような**食べ物が普段より格別に美味しく感じられる**※。その効果は、人間が持っていた本来の能力とは、これほどまでのものだったのかと驚かされるほどだ。

こうした**酩酊状態**※は1～4時間ほど続いた後で徐々に抜けていく。たっぷりと大麻を吸った翌朝には、体がふらふらして平衡感覚が崩れる「草酔い」を経験することもある。しかし、酒の二日酔いほどヘビーなものではなく、なんとなく頭と体がボーッとするという程度だろうか。これも二日酔いと同じように、次の日の夕方には消えていることが多い。

その一方で、マリファナでバッドトリップに陥ることもある。

バッドトリップの場合、先ほどとは打って変わって吐き気や不安、恐怖感といったものが押し寄せてくる。体の自由が利かなくなり、井戸の底にでも落ちていくような気分を味わったり、警察に追われているのではないかと錯覚することもある。また、どうやって現実に戻ればよいのかわからなくなってしまったと語る人も多いのだ。

これは初心者のみならず、経験者でも十分起こりうる。先述したようにアムスのマリファナは品種改良が進んでおり、多幸感の源であるTHCの含有率の高いものが次々に生み出されているのだ。知人の愛好家は久しぶりにコーヒーショップを訪れて、いきなり強いネタを

※食べ物が普段より格別に美味しく感じられる
こうした状態を「マンチー」と呼ぶ。英語の「munchies」(空腹感）が由来。

※酩酊状態
マリファナがキマってハイになることを「ブリブリ」と呼ぶ。更にキマって、ぐったりと寝込んでしまうような状態を「ストーン」と呼ぶ。

実物を並べた「スモーキー」のメニュー表。マリファナには多種多様な品種がある。

一服してみたら、気分が悪くなり、自分で救急車を呼んで病院に運ばれたらしい。結局精神安定剤を飲んで事なきを得たが、このエピソードからも、マリファナが普通の嗜好品とは一線を画していることがわかるだろう。こうした状態にならないためにも、特に初心者は軽めのネタをほんの一吸いだけ、様子をみながら吸うのがいいだろう※。

　万が一、バッドに入ってしまったら、静かな場所で横になってじっとしていよう。オレンジジュースなどを飲んで血糖値を上げるのもいい。バッドに入ればパニックが永遠に続くように思うかもしれないが、一定時間が過ぎれば必ず脱出できるということを肝に銘じておこう。

　バッドトリップ体験者の中には、そのまま二度とマリファナをやらなくなる人も多いが、その逆に翌日にはすっかり慣れた様子で、ニコニコしながら吸っている人も多い。これは、マリファナは吸えば吸うほど耐性ができて、効き目

※その他の注意点
慣れるまではアルコールとの併用も避けた方がいい。バッドトリップは周りのシチュエーションに左右されることも多いので、ホテルのベッドの上など、いつでも寝られる場所で吸うのがいいだろう。もちろん、手元に水分を置いておくことも忘れずに。

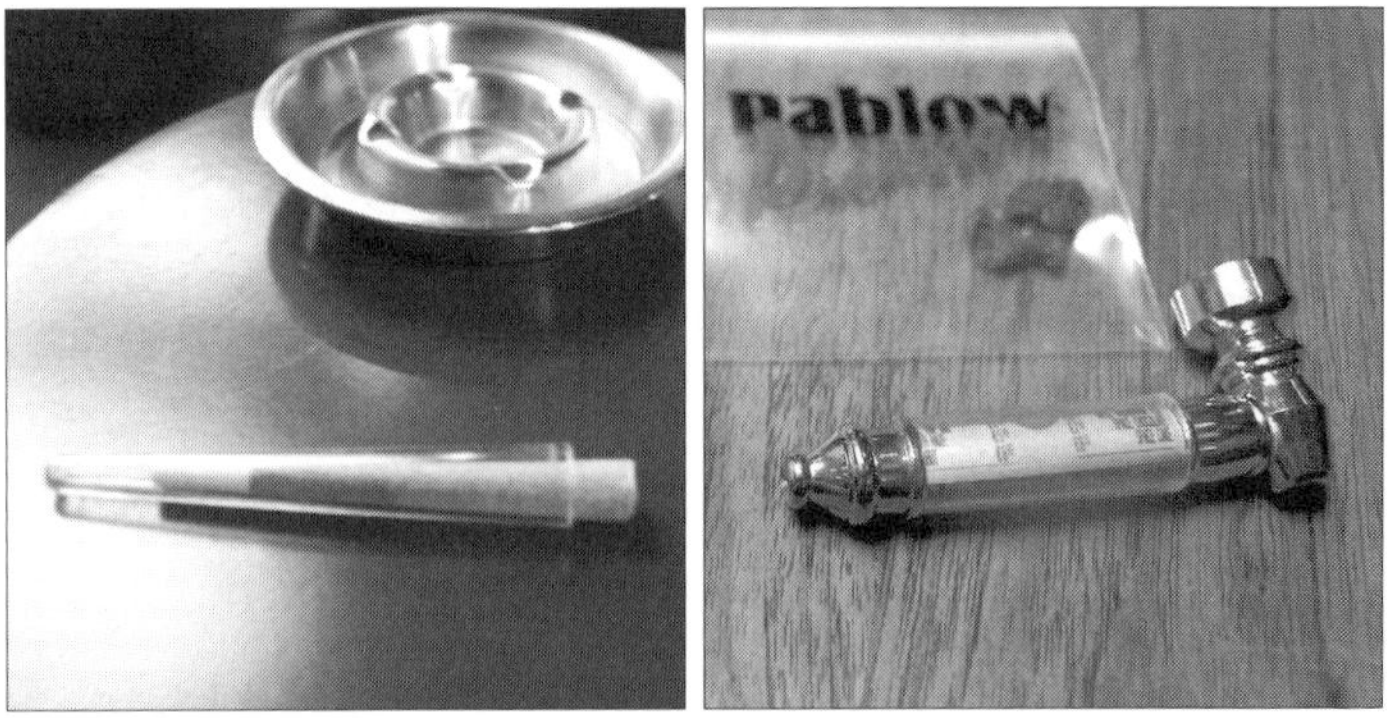

定番のジョイント（左）とパイプ（右）。パイプは市内のスマートショップなどで購入できる。

が弱くなるためだ。間を置くと、再びズガンと効くようになるので注意が必要である。
それでは、マリファナはどのようにして味わうのか？　吸引方法には、主に次の4つのやり方がある。

ジョイント……※**グラインダー**で細かく刻んだウィードやハシシを煙草の巻紙などで巻き、※**クラッチ**を差し込んで吸う。マリファナと煙草やハーブを混ぜたものをミックスジョイント、マリファナだけのものをピュアジョイントと呼ぶ。当然ピュアの方が効果は強い。

パイプ……スチール製や木製のパイプに、刻んだウィードやハシシをつめて喫煙する。パイプは詰まりやすいので、定期的に掃除をする必要がある。ジョイントよりも簡単。

※**ボング**……筒型のボングと呼ばれる吸引具に適量の水を入れ、刻んだウィードやハシシを穴につめて燃やし、筒先から煙を吸い込む方法。煙が水中を通って冷

※**グラインダー**
ウィードを細かく刻む器具。使用法は簡単で、トゲのついた容器にモノを入れてグルグル回すだけ。

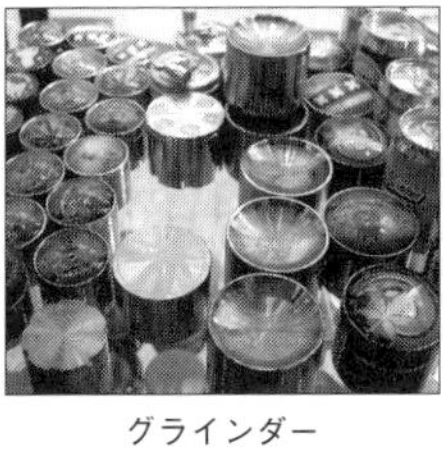
グラインダー

※**クラッチ**
フィルター用の巻紙。「ローチ」ともいう。

喉に優しいボング（左）、ヴェポライザー（右）。無料で貸し出しているコーヒーショップも。

やされるため、喉に優しく、効率よくＴＨＣを摂取することができる。コーヒーショップで借りることもできるし、市内の**スマートショップ**※でも購入可。

ヴェポライザー……ヴェポライザーと呼ばれる器具を使い、ウィードやハシシを高温で温め、気化した蒸気を吸い込む方法。煙を吸っても喉のいがらっぽさをまったく感じない。後述する医療大麻の吸引で使用されたり、煙草を吸わない嗜好家に好まれる。

さて、オランダではこんなに簡単に手に入るマリファナだが、世間一般で言われているように、果たして本当に有害なのだろうか？

結論を言うと、子供が乱用しない限りは大して害はない。マリファナを吸うことで一時的に集中力が途切れたり、記憶障害が出ることもあるが永続的に続くものではない。巷では大麻精神病なるものがあるとされているが、ＷＨＯは「大麻を極めて大量に吸うと、軽

※ボング
スマートショップでは、ユニークな形状の変わり種ボングも売られている。写真はガスマスク型のボング。

ガスマスク型のボング

※スマートショップ
パイプやボングといったドラッググッズや、スマートドラッグ（合法ドラッグ）を扱う店。ヘッドショップとも呼ばれる。詳しくは本書の第三章を参照のこと。

い精神障害を引き起こすが、そのような状況になることは極めてまれだ」としている。また、マリファナが脳の神経回路に破綻をきたすことが科学的に証明されたという研究もあるが、これに関しても「赤ん坊がやったらその可能性はあるかもね」と反論の声があがっている※。

重要なのは、マリファナが原因で過去に死んだ人は1人もいないという事実だろう。

アメリカの元公衆衛生局長官は、「マリファナは無害だ。アルコールやヘロイン、コカインは過剰摂取で死に至ることもあるが、マリファナで死ぬとしたら、大麻の藁束《わらたば》の下敷きになった時くらいだ」と明言しているほどだ。依存性に関しても「煙草↓アルコール↓マリファナ」の順となっており、極めて低い。インドや中東など、宗教的な問題で飲酒が禁じられている国では、アルコールの代わりにマリファナを使用する人々もいる。彼らにとってみれば、マリファナよりも※**アルコールの方が悪いもの**なのだ。

すでに確認されているマリファナの実害といえば、発がん性物質のタールだろう。その量は多く、ジョイント1本で煙草4本分とも言われている。もっともこのタールは、ヴェポライザーを使ったり、スペースケーキのように直接食べてしまえば回避することも可能だ。

それでは、なぜマリファナが日本では禁止されているのだろうか？

日本の大麻取締法は、戦後間もない昭和23年に制定されたものである。

大麻が取り締まられるようになった理由は、当時、日本を占領していたＧＨＱの意向が強く働いたためではないかと言われている。麻は繊維製品の原料として広く栽培されていたた

※**青少年への害**
ただし、マリファナには脳の成長過程にある青少年が常用すると、精神病になるリスクが高まったり、マリファナ依存になりやすいという報告がある。マリファナ喫煙者のうち、依存症の割合は成人が11人に1人だが、13歳～19歳の若者では6人に1人という統計もある。

※**アルコールの方が悪いもの**
日本では、ビールをうまそうに飲むCMがバンバン流れている。それに対し、フランスやスウェーデンでは酒のCMは禁止。スペイン、イタリア、アメリカなどでも厳しい規制がある。寛容な国・オランダもその例に漏れず、数年前までは屋外など、公共の場での飲酒はNGだった。オープンテラスの店でも、なんと立って飲むことが禁じられていたのだ。元々は騒音防止のための規制のようだが、警察に見つかると罰金を

め、米国製のナイロンを買わせるためにそれを規制した、などといった説もある。
いずれにせよ、それまで庶民の間で親しまれてきた麻が、戦後の変革の中で突如として厳しく取り締まられることになったのだ※。

それから70年後、皮肉なことに、大麻取締りを押しつけたアメリカでは、半数以上の州でマリファナの喫煙が認められるようになった。コロラド州にいたっては、スターバックスとマクドナルドを合わせた数よりも、マリファナ薬局が多いという暴走ぶりである。

マリファナ解禁の流れは世界的に進んでおり、2013年にはウルグアイが世界で初めてマリファナの生産と販売を合法化した。カナダでも、2018年半ばまでに合法化される見通しである。その他にも、EU諸国や南米、オーストラリアなどで、マリファナの非犯罪化と医療大麻の合法化が広がっている。

医療大麻とは、医療目的で使用される大麻のことだ。先ほども触れたが、マリファナには鎮痛作用や安眠作用、食用増進といった効果がある。その効果に注目し、一部の国では薬として処方しているのだ。医療大麻は、がんや疼痛、脳性麻痺、糖尿病に鬱病など、250以上の疾患に効果があると言われている。WHOも医療大麻の一定の効果を認めており、様々な分野での研究を推奨している。巷では科学的根拠が不明だなどという声もあがっているが、大麻で末期がんや、何をやっても治らなかった難病が改善したという事例は、枚挙に暇がないのだ。そうした患者の中には、治療に使うまでは、大麻に嫌悪感を抱いていた人もい

取られることもあったらしい。日本が世界的に見て、いかにアルコールに寛容な国であるかがわかるだろう。

※日本の大麻栽培
日本では、公的な免許を得なければ大麻を栽培することができないが、現在でも大麻農家は存在している。そのうちのひとつ、栃木県某所の大麻農家を訪れた者によると、「広々とした畑に青々とした大麻が生い茂っている。その光景はあたかも桃源郷のようだった」とのこと。もちろん、栽培の目的は麻の繊維を得ること。品種も異なるため、万が一吸ったとしても効果は期待できない。

るだけに、決して無視できない事実だろう。

大麻は日本でも、戦前には喘息に効く漢方薬として売られていた。しかし現在の日本では、医師が処方しても、病人が使っても、**最長で懲役5年の刑**※を受けるのである。

ある日本人の末期がん患者は、医者にも見放され、藁にもすがる思いでマリファナを試してみた。すると食欲が戻り痛みも和らぎ、気分も晴れた。腫瘍マーカーの数値にも驚くほどの成果があり、改善の兆候が見られた。だが不運なことに、マリファナ所持で捕まってしまった。その後医療目的でのマリファナの使用を認めるよう訴え続けたが、逮捕後は無情にも大麻の使用ができなくなってしまった。その結果症状が悪化して、志半ばにして、裁判中に逝去されてしまった。融通の利かない日本で起きた、悲しい出来事である。

その一方で、一時流行った危険ドラッグは、**年間100人以上もの死者**※を出している。アジアの大国の工場で、日本の法律を知り尽くした輩が、得体の知れない化学物質で作ったマリファナと同じような「トビ」を持つドラッグを脱法的に売り出したのだ。現在危険ドラッグブームは過ぎ去ったが、法整備が整うまでは、ただ黙って死者を量産するしかなかった。

仮にこの国でマリファナが認められていれば、そのような悲劇は起きなかったことだろう。

マリファナの概要を記したが、その良し悪しに関しては様々な意見があるはずだ。

しかし日本の実情は、個人的にはやはり奇妙に思えてならないのだ。

※**最長で懲役5年の刑**
実際は初犯で懲役1年程度、執行猶予付きの判決が出ることが多い。

※**年間100人以上もの死者**
オランダでも、粗悪なハードドラッグを摂取して死亡する事故は起きている。だが、その場合の政府の対策は柔軟。ある音楽イベントでは、前年度に粗悪なMDMAを摂取して死亡事故が起きたことから、大胆な試みが行われた。政府と病院がタッグを組み、「ドラッグテスト」なる無料サービスが行われたのだ。これはMDMAなどを

ウィード&ハシシの種類

マリファナはその形状によってウィードとハシシに分かれるが、品種や製法、栽培方法によっても次のように分けることができる。

【ウィード・品種】

インディカ種……まったり**ダウナー系**※。体に重くくる感じ。リラックスして眠くなる。

サティバ種……アッパー系。頭にくるトビが特徴で高揚感がある。

ハイブリッド……右記2種を交配させたもの。ミックスなので頭と体の両方にくる。

【ハシシ・品種】

ブラックハシシ（チャラス）……インド、ネパール、アフガニスタン原産。乾燥させてないバッズ（花穂）を手で揉み樹脂を集めて作られる。その名の通り黒い。

ブロンドハシシ（ポーレン）……モロッコ、オランダ、レバノン、北アフリカ原産。乾燥させたバッズをふるいにかけて、落ちたクリスタルを固めて作る。通常のハシシより乾燥していて手で砕くとパラパラになる。色はブロンドというより、カーキ色に近い。

アイソレーター（アイス・ハシシ）……オランダ人女性ミラ・ジャンセンによって生み出

使用したい若者たちが、医師から「君の場合は何錠まで摂取できる」などと、使用上の注意のアドバイスを受けられるサービスだ（！）。警察も5錠未満の所持なら、起訴しないことに決めたらしい。取締りを強化したところで、どうせ使う奴はいるのだから、ならば安全に使って頂こうという柔軟過ぎる対応である。その他にも、若者が実際にドラッグを試して、その危険性などを呼びかける「政府公認」のドラッグ番組があったりと、この国の暴走ぶりはすさまじい。

※**ダウナー系・アッパー系**
就寝前に最適なとろ～んとした効きのものを「ダウナー系」、クラブで踊り出したくなるようなものを「アッパー系」と呼ぶ。しかしどちらであっても、あくまでマリファナ。メロー（まったり）な気分になるのは変わりない。

された最強のハシシ。大麻を氷水で冷却してから攪拌し、THCが含まれる**トリコーム・ヘアー**※だけを分離して固めている。THCが50%以上含まれているものもある。

【栽培方法】

水耕栽培（ハイドロ）……ぶっ飛び方が急。平常時からトリップまでの間隔が短い。飛び方が加工により人工的に操作されているため、トリッキーな刺激がある。

露地栽培（バイオ）……ぶっ飛び方がハイドロに比べて自然。ゆるやかにトリップする感じ。ハイドロのような加工が無いので、ウィードが持つ本来の味わいを体感できる。

一般的には、ハイドロの方が人気があるという。理由はハイドロの方が効果がわかりやすいからだとされている。同様の理由で、サティバ種の方がインディカ種よりも人気が高い。インディカは寝るにはいいが、サティバのパンチ力には及ばないのだろう。

なんだか料理の世界と似通った印象を受けてしまう。最近は、素材の味にこだわったオーガニックブームも広まっているが、まだまだ化学調味料の味には勝てないということか。

人気&定番のマリファナ銘柄紹介

※**トリコーム・ヘアー**　「トライコーム」とも。マリファナの葉や茎、花などの表面に生えている細かい産毛のようなもの。トビの成分であるカンナビノイドを豊富に含んでいる。

白いものがトリコーム・ヘアー

コーヒーショップに行くと様々な銘柄のウィードやハシシを目にするが、実際どのような違いがあるのだろうか？　簡単に言うと、値段が高い方が効き目が強く、値段が安いものは効き目が弱いということだ。しかし店によって品種は様々なので、店員にどれがオススメか聞くのが一番てっとり早いだろう。

コーヒーショップでメニューを見ると、「Skunk（スカンク）」や「Haze（ヘイズ）」といった単語を度々目にする。この2種は**カンナビスカップ**[※]初期に入賞を果たしたもので、「○○Skunk」や「○○Haze」というのは、その初期の品種を更に改良してパワーアップさせたものだ。ヘイズと名がつくものはサティバが強く、効果はアップな感じ。スカンクの方は、酸味の利いた大地の恵みを感じる味わいが特徴で、その後のハイブリッド品種に影響を与えるベースとなった。マリファナの主な系統には、もう一つ「Kush（クッシュ）」というものがあり、これはアフガニスタン・パキスタンの高地に起源を持つ、インディカの強い品種だ。

次ページに、飛び度別に代表的な銘柄を記してみた。CからSSになるに連れてストロングな銘柄となっている。名前の後に記した数字はTHCの含有率だが、これはあくまで目安で、店によってクオリティも異なってくる。品種に関しては、厳密にはハイブリッドのものもあるが、サティバ種とインディカ種の**どちらか支配的なもの**[※]に合わせた。

ここで記したのはあくまで目安で、良質の店舗ではBクラスの商品でも十分な効き目がある。初心者は、Cクラスの品種から試してみるのもいいだろう。

※カンナビスカップ
かつてアムステルダムで毎年開かれていた大麻の祭典。カンナビス（カナビス）とは、大麻のこと。その年一番のウィードやハシシを選出する。オランダでのマリファナへの圧力は強まり、２０１５年からはアメリカなど、他国で開かれている。代わりにアムステルダムでは、「ユニティーカップ」という大麻の品評会を始めた。

※どちらか支配的なもの
同じネタでも、店によってサティバ優勢かインディカ優勢かは、微妙に異なることがある。本書で記したのはあくまで目安だ。

WEED MENU

【ウィード　Aクラス／サティバ種】

◉ゴーストトレインヘイズ（23～27%）……8割サティバの驚異的な一品。2012年には、ハイ・タイムズによる「地球上でもっとも強力な品種」に選ばれたこともある。「幽霊列車」の名の通り、アムスのコーヒーショップでは滅多に見かけることがない。時期によっては、「イエステフープ」などに置いていることもある。

◉ハワイアンスノー（23%）……03年カンナビスカップ優勝、11年2位。80%サティバな逸品。南国系のフルーティーな味だが、効果はストロング。スーパーレモンヘイズと並ぶ、コーヒーショップ「グリーンハウス」の二強。

◉ドクター・グリンスプーン（20～25%）……「バーニーズファーム」制作。100%サティバな強烈な逸品。マリファナが優れた医薬品であることを実証した、ハーバード大学・グリンスプーン教授に敬意を表して名づけられた。

◉リバティヘイズ（20～25%）……11年カンナビスカップ優勝。インディカ・サティバ半々のハイブリッド。柑橘系の風味で頭にズガンとくる。「バーニーズ」で購入可。

◉グリーンクラック（20～24%）……サティバ多めのハイブリッド。エネルギッシュなトビが売りで、ウィードの中では中毒性が強いことで知られている。そのトビっぷりはマリファナ愛好家のラッパー、スヌープ・ドッグが、「緑のクラック（結晶状のコカイン）」と名づけたほどだ。

◉ムーンシャインヘイズ（20～24%）……11年カンナビスカップ・サティバ部門1位。アムネシアヘイズとネビルズレックをかけ合わせた、8割サティバの秀逸な逸品。

◉ブルードリーム（21.5%）……カリフォルニア産のサティバ多めなハイブリッド。アメリカでは人気の高い売れ筋商品。ブルーベリーのような甘い香りが特徴で、リラックス効果は抜群。日没直後のブルーモーメントを眺めながら堪能したい逸品だ。

◉G-13ヘイズ（20～22%）……07年カンナビスカップ優勝。ベースとなっているインディカ種の「G-13」は、アメリカ政府の秘密の実験で生み出されたという噂がある。Gは「government（政府）」の「G」、13はアルファベットの13番目の「M」、「M」はマリファナの頭文字。真偽の程は不明だが、破壊力は抜群だ。

◉アムネシアヘイズ（20～22%）……04年カンナビスカップ優勝、12年サティバ部門1位。ルーツをジャマイカとラオスに持つ混血児。一発キメれば活力に溢れ、笑みが絶えない。

※カッコ内の数字はTHC濃度を示す

WEED MENU

【ウィード　Aクラス／サティバ種】

◉サワーディーゼル（20%）……アメリカでは医療大麻として広く普及している一品。さわやかな辛味と酸味があり、高揚感が湧いてくるタイプで人気が高い。名前に「LA」がつくこともある。

◉スーパーレモンヘイズ（20%）……08、09年カンナビスカップ優勝。グリーンハウスの代表的銘柄。その名の通り、レモンキャンディのような酸味と甘みがある。

◉スーパーシルバーヘイズ（20%）……98、99年カンナビスカップ優勝。コーヒーショップではポピュラーなネタ。甘く滑らかな口当たりながらもパンチ力抜群。バッズ全体がシルバーの毛で覆われているのが名前の由来。

◉パイナップルヘイズ（19%）……その名の通り、パイナップルのようなトロピカルフルーツに似た甘みが微かにある。フルーツ系には他にもアップル、マンゴー、ストロベリー、チェリー、バナナ、グレープフルーツなどの品種があるが、水タバコと違って名前通りの味がするかは微妙。

◉ケイシー・ジョーンズ（18～22%）……サティバ率高めのハイブリッド。名前は大勢の乗客の命を救った、伝説の蒸気機関車の機関士に由来している。柑橘系の甘い味だが、その効果はケイシーの人生と同じく劇的だ。

◉ニューヨークシティー・ディーゼル（18～22%）……00年代初頭のカンナビスカップ常連。「N.Y.C.Diesel」または「N.Y.Diesel」と表記される。

◉チョコロープ（18～21%）……10年カンナビスカップ・サティバ部門2位。その名の通り、チョコレートのような甘い風味が特徴。

◉ラーフィングブッダ（18%）……03年カンナビスカップ3位。レゲエの国ジャマイカと、微笑みの国・タイ産ウィードの混血児だけに、キメればまさに菩薩顔。

◉シルバーバブル（15～20%）……16年アムステルダム・ユニティーカップ・サティバ部門1位。甘くウッディな香り。「グレイエリア」のものが有名。

ハワイアンスノー

パイナップルヘイズ

WEED MENU

【ウィード　Aクラス／インディカ種】

◉ガールスカウトクッキーズ（20～28%）……アメリカで人気の高い逸品。甘い風味が特徴で、燃やすとビスケットのような香りが立ち上ることが、名前の由来になったとされる（アメリカではガールスカウトが、毎年冬にクッキーを販売するイベントがある）。アムスではレアネタで、時期によっては、「ブーレヨゲス」などに置いていることもある。

◉ゴリラグルー＃4（20～28%）……14年カンナビスカップ・ハイブリッド部門1位。頭と体の両方に効くハイブリッド。バッズ表面の毛が粘ついていることから、アメリカの接着剤「ゴリラグルー」の名前がついた。

◉コーシャークッシュ（20～25%）……10、11年カンナビスカップ・インディカ部門1位。大地の恵みを感じるリラックス効果抜群の一品。コーシャーとは、ユダヤ教で定められた食べ物の規定のこと。元々は「ユダヤの黄金」という名前の品種だったので、そこから派生して名づけられた。

◉スカイウォーカー・オージー（20～25%）……スカイウォーカーとオージークッシュをかけ合わせた、インディカ率高めの逸品。キメると銀河の果てまでぶっ飛べる。インディカ・フォース共にあらんことを。

◉クッキーズクッシュ（20～24%）……14年カンナビスカップ優勝。ガールスカウトクッキーズとロレックス・オージークッシュをかけ合わせた、インディカ7割の逸品。「バーニーズ」で購入可。

◉ロレックス・オージークッシュ（20～24%）……13年カンナビスカップ優勝。脳内でエネルギーが爆発し、立ちくらみにも似た感覚が訪れた後、体全体にじわじわとリラックスの波が忍び寄る。

◉ブルーマジック（20～23%）……インディカ・サティバ半々のハイブリッド。その名の通り、魔法のような多幸感が訪れる珠玉の名品。17年8月現在、「ダンプクリング2」と「ブーレヨゲス」ではグラム16ユーロとウィードの中では最高値で販売中。このことからも、その質の高さがわかるだろう。

◉LAコンフィデンシャル（19%）……カンナビスカップ入賞経験もあるロングセラー。すっきりとした松のような風味が特徴。体全体にまったりと響き、安眠効果がある。

◉キャンディクッシュ（18%）……インディカ強めのハイブリッド。その名の通り、甘いキャンディのような風味で香り高い。「Candy Kush」または「Kandy Kush」と表記される。

◉ビッグブッダチーズ（18%）……06年カンナビスカップ・インディカ部門1位。原産国はイギリス。チーズのような甘い風味で、効き目は長め。

WEED MENU

【ウィード　Bクラス／サティバ種】

◉ジャック・ヘラー（17%）……94年カンナビスカップ優勝。スパイシーな風味で、体と頭に重く響く。名前は、大麻解放運動家のアメリカ人作家に由来。その偉業を讃えられ、彼は「ヘンペラー（大麻皇帝）」と呼ばれた。

◉ AK-47（17%）……サティバとインディカの配合で、かつてヘビーとされた。世界的に有名なロシア製の自動小銃の名前に由来している。

【ウィード　Bクラス／インディカ種】

◉バブルガム（17～19%）……95年カンナビスカップ2位。インディカ強めのハイブリッド。風船ガムのようなほのかな甘味が特徴。

◉ホワイトウィドウ（17～18%）……95年カンナビスカップ優勝。コーヒーショップの定番ベストセラー。じんわりとしたインディカの効き目に、サティバのパンチが加わった一品。バッズ全体を覆う毛が白いので、「白い未亡人」の名が付けられた。

◉ブルーベリー（17%）……00年カンナビスカップ優勝。芳醇なブルーベリーの香りを放つ名作。コーヒーショップ「ヌーン」のものが有名。

◉ラベンダー（17%）……ラベンダー風味のインディカ多めの混合種。

◉オレンジバッド（16%）……バッズ表面にオレンジ色の毛が生えることから、その名がつけられた。柑橘系の風味がする。

【ウィード　Cクラス／露地栽培】

◉ジャマイカ（13%）……ジャマイカ産の輸入物。サティバが強いが効果は弱い。ジャマイカ産には、「ボブ・マーリー」という品種もある。

◉タイ（12%）……タイ産の輸入物。サティバが強いが効果は弱い。

◉パープル（7%）……オランダ産のアウトドア物。バッズ表面が紫色をしている。値段はグラム6.5ユーロほど。

ゴリラグルー

ロレックス・オージークッシュ

HASH MENU

【ハシシ　Sクラス】

◉アイソレーター各種（40%以上）……効き目も香りも桁外れ。安いものだとグラム15ユーロほどからあるが、初心者は一吸いでもストーン必至なので、絶対に手を出してはならない。「バーニーズ」や「ブッシュドクター」などの名店のものは質が保証されている。

◉ムーンロックス（67%）……ウィードをハッシュオイルに浸して、「キーフ」と呼ばれる花穂の樹脂を振りかけたもの。まるでトンカツでも作るような具合だが、グラム50ユーロのムーンロックスだと、THCの含有率は67%にもなる。こちらも素人は手を出してはならない。

◉スペースロック（48%）……ムーンロックスと同じ製法で作られる。値段は50ユーロ（1.4グラム）。コーヒーショップ「イビザ」で購入可。

【ハシシ　Aクラス】

◉マラナクリーム（39%）……インド北部、パールバティ渓谷のマラナ村産のこのネタは、手もみで仕上げた最高品質のハシシで粘り気が強い。この近くの街のマナリ産のハシシも有名だが、なかでもマラナ村の「クリーム」が最上級。「バーニーズ」や「ブッシュドクター」で購入可能。

◉キングハッサン（36%）……モロッコ産のブロンドハシシ。甘いチョコレートのような香りのする逸品で効きも強い。

◉ 24k（35%）……「24k」という、インディカ強めの品種を元にしたブロンドハシシ。「24k Gold」と表記されることもある。「k」はカラットの略。これはバッズ表面が霜の降りた金のようであるため、「24金」の名がついた。

◉テンプルボールズ（28～40%）……ネパール産のブラックハシシ。手もみで作られたこのハシシには1000年以上もの歴史がある。その昔、僧侶たちが寺院（temple）の入り口で、寺の修繕費用を稼ぐために、ボール状のハシシを売っていたという逸話からこの名がついた。

アイソレーター（グリーンハウス）

アイソレーター（デ・ダンプクリング）

HASH MENU

【ハシシ　Bクラス】

◉キャラメロ（32％）……モロッコ産のブロンドハシシ。その名のとおり、キャラメルのような甘い風味が特徴。

◉トゥイズラ（28％）……モロッコ産。「Twizla」「Twisla」「Tbisla」など、店によって表記が異なる。いわゆる「斎藤」や「渡辺」のようなものなのだろう。名前はモロッコの産地に由来するという説もあるが、真相は不明。

◉スーパーポルム（23～29％）……モロッコ産のブロンドハシシ。中級クラスの定番品。ミントのような香りがする。

◉ネパールクリーム（22～28％）……ネパール産のブラックハシシ。香り高く、ベジマイトのような味がする。

【ハシシ　Cクラス】

◉ケタマ（17～24％）……モロッコのケタマ産。マイルドな味わいで喉に優しい。「ケタマゴールド」という品種もある。

◉ポルム（17％）……モロッコ産。効果は弱めで値段も安い。市場での価値はなく、ポルムを買う唯一の方法は「ディーラーにだまされた時だ」と揶揄されるほど。「ポーレン」とも呼ぶ。

◉レッドレバノン（15～17％）……レバノン産。表面が赤茶色をしているのが名前の由来。「イエローレバノン」という品種もある。違いは収穫の時期で、「イエローレバノン」の方が収穫が早く、THCが高いとされる。

◉ゼロゼロ（11％）……モロッコ産。喉と肺にきつく、燃え盛る木片チップを食べているようだと表現する人がいるほど。名前は製造時に使われるふるいの網目に、「ゼロゼロ」と呼ばれる一番小さなサイズを用いることからつけられた。

◉アフガン（9～13％）……アフガニスタン産のブラックハシシ。効き目は弱く、質の悪いものだとグラム２ユーロで買える店もある。

アイソレーター（ブッシュドクター）

ポルム

高いTHC含有率を誇るワックス。初心者は手出し無用だ（「スーパースカンク」）。

最後に、ウィードでもハシシでもない、「ダブ」というジャンルをご紹介しよう。

【ダブ】

◆SSクラス

ダブとは、**ブタンガス**※や二酸化炭素などを使って抽出された大麻濃縮物のことだ。形状により、オイル、**ワックス**※、**シャッター**※などの種類がある。どれもアイソレーターの比ではなく、THCの含有率は70～80％ほど。なかには90％を超えるものもある。アメリカでは医療大麻として普及しているが、アムスのコーヒーショップで扱っている店は非常に少ない。ダブに関してはコーヒーショップをまとめる協会も慎重になっており、各店舗に販売の中止を促しているのだ。この理由は、ダブがアイソレーターとは違って植物片を含んでおらず、ハードドラッグに分類されるべきではないかと考えられているからだ。実際、オイルに関しては既

※ブタンガス
百円ライターなどに含まれているガス。THCは水に溶けず、ブタンガスなどの有機溶剤に溶けるので、この性質を利用して大麻濃縮物が作られる。しかしガスは当然危険なもの。このため、ダブを製造中に起きる火災事故が後を絶たない。

※ワックス
オイルを作るための精製中に、泡立てて作られる粘度の高い物質。「リグ」と呼ばれるガラスパイプにつけてバーナーであぶり、その蒸気を吸う。THCは70％ほど。

※シャッター
オイルをより精製したもので、複数の抽出プロセスを要する。形状は薄いべっこう飴に似ており、琥珀色をしている。THCは90％ほど。

にハードドラッグに分類されており、コーヒーショップでは扱えないというルールがある。

また、政治的な理由もある。以前オランダの議会では、THC15%を超えるマリファナをコーヒーショップで扱ってはならないという議論がなされたことがある。オランダの行政都市である**デン・ハーグ**※の市長も、「ワックスを売るな」とコーヒーショップのオーナーに通達したほどだ。そのため、ここでワックスを売り出すと、再びTHC15%議論が再燃してしまうのではないかと協会は恐れている。しかし、「ブッシュドクター」や「スーパースカンク」など、一部の店ではこの通達を無視してワックスやシャッターを販売している。値段は90〜120ユーロほど。その効果は、鼻に激痛が走ったり涙目になったり悪寒が走ったりと、尋常ではない破壊力のようだ。初心者は絶対に手を出してはならないだろう。

ハシシ・マリファナ＆ヘンプ博物館

マリファナについてもっと勉強したいという方にオススメなのが、**ハシシ・マリファナ＆ヘンプ博物館**※だ。ここでは大麻に関する様々な歴史を知ることができる。

さくっと見て回れる博物館なのだが、来館者が全員マリファナ好きなのかと思うと、愛好家の方は無性に嬉しくなってくるだろう。入場料は9ユーロで、チケットを買うと、同じ運河沿いにある、ヘンプギャラリーのチケットもついてくる。

※**デン・ハーグ**
オランダ西部の南ホラント州の州都。オランダ第三の都市。オランダ議会の議事堂や官庁舎、外国の大使館などが集中しているため、事実上の首都と称されることも。

※**ハシシ・マリファナ＆ヘンプ博物館**
【店名】Hash Marihuana & Hemp Museum
【住所】Oudezijds Achterburgwal 148
【営業時間】10時〜22時
【入場料】9ユーロ
【HP】http://hashmuseum.com/

ハシシ・マリファナ＆ヘンプ博物館

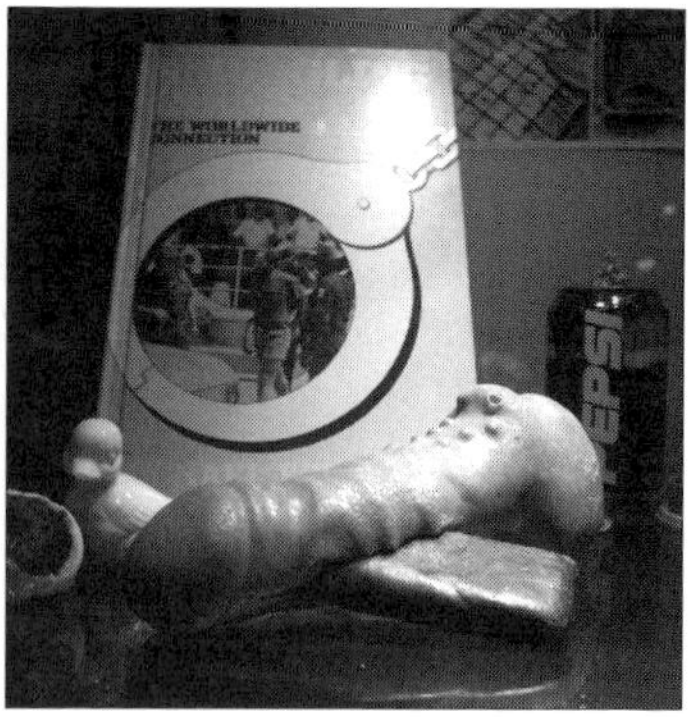

ポパイの輪投げゲーム（左）、密輪に使用されたディルドも展示（右）

では中にはどのような展示物があるのだろうか？かいつまんでご紹介しよう。

①館内の見所その1　～ハシシの密輸方法～

最初に目に入ってくるのが、ハシシの製造過程を示した写真パネルだ。その近くには、様々な形のパイプが展示されたガラスケースがある。

他には、マリファナを題材にした怪しいボードゲームや、1935年製のポパイの輪投げゲームなどもある。これはポパイの咥えるパイプに輪を引っ掛けるだけのゲームなのだが、パイプの先端にはスタッフの遊び心なのか、しっかりとウィードが詰まっていた。

なかでも一際目を引くのが、ハシシの密輸方法を紹介した展示物だ。ガラスケースの中には、カセットテープや、缶ジュースや人形、チンコ型の**ディルド**※、サンダルといった物が置かれているが、これらは全てハシシの密輸に使われた物だ。他には、厚い本をくり

※**ディルド**
男性器を模したアダルトグッズ。シリコン製やガラス製の物がある。「コケシ」「張り型」とも呼ばれる。

ハワード・マークスの自伝（左）、30年代に作られた大麻撲滅のプロパガンダ映画（右）

抜いて、その中にハシシとパイプを隠したものまである。映画のような世界観だが、実際に使われていた物らしい。展示品の中には、オックスフォード大学卒業のエリートながら、伝説の大麻密売人となった、**ハワード・マークス**※の自伝も紹介されていた。

②館内の見所その2　～マリファナで一家離散～

ガラスケースの他にも、マリファナに関する掲示物がある。

なかでも、1930年代のアメリカの異常なまでの大麻の取締りぶりに関する掲示物が興味深い。当時、石油産業を拡大したかったアメリカ政府は、大麻のめざましい研究成果に危機感を抱いていた。大麻は紙や繊維、医薬品、建材や燃料、車のボディにまで生まれ変わる魔法の植物なのだ。そこで政府は、大麻産業を取り締まるために、大麻を滅ぼすための壮大なプロパガンダを仕掛け始めた。「マリファナは悪魔の庭から

※**ハワード・マークス**
イギリスの伝説の密売人。元々はエリートながら、学生時代の友人に頼まれたことをきっかけに運び屋を始め、大規模なドラッグビジネスに手を染めていく。売り物はマリファナが中心でハードドラッグは扱わなかったという。その後は英国政府のスパイもするなど、波乱万丈の人生を送った。

やってきた」などと広告を打ったり、マリファナの脅威を訴える映画も作った。

政府がマリファナの取締りを強化したのは、別の事情もある。その頃、白人社会では煙草が人気だったが、移民たちは値段の高い煙草が吸えず、マリファナを吸っていたのだ。

ちなみに、※**当時の麻薬取締局長官**の発言がこれである。

「アメリカには10万人のマリファナ喫煙者がいる。奴らのほとんどが黒人、ヒスパニック、フィリピン人、芸人どもだ。奴らの極悪非道な曲、ジャズとかスウィングだな、そいつはマリファナを使って生み出したものなんだよ。このマリファナを吸うと白人女性は、黒人野郎や芸人どもや、あらゆる男とヤりまくりたくなっちまうんだよ」

「マリファナを吸うと、黒人どもは白人と同じ生き物だという考えを抱いちまうんだよ」

あまりにひどい、人種差別的発言である。それから80年後、時代は変わってアメリカの半数以上の州で、マリファナの喫煙が認められるようになったというのだから、皮肉なものだ。しかしそこに至るまでには、多くの犠牲者がいたことも忘れてはならないだろう。

館内には、マリファナの栽培や流通の疑いをかけられて、一家離散になったアメリカ人たちの家族写真も飾られている。どれも刑期が過剰なまでに重いことに、驚かされる。

たとえば、ヤングさん一家は、長男が隣人の土地にマリファナを植えたことで、父は26年、母は24年、4人の子供たちもそれぞれ重い懲役刑を受けることになった。この隣の住人というのは、ヤング一家の土地を奪おうとしていた貪欲なビジネスマンらしい。事情は不明だが、

※当時の麻薬取締局長官
ハリー・J・アンスリンガー（1892～1975）のこと。アンスリンガーは「大麻は、人類の歴史の中で最も暴力を引き起こすドラッグだ」などと主張。大麻取締法の成立において極めて重要な役割を演じた。

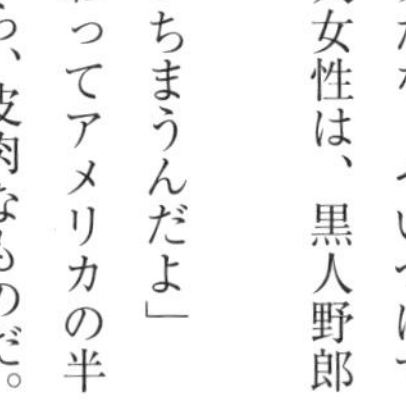
アンスリンガーのポスター

※マリファナ栽培
マリファナ栽培の様子は、同じ運河沿いにある「カンナビス・カレッジ」でも見学できる。大麻の素晴らしさを広めるための非営利団体が運営しており、医療大麻などの資料が閲覧できるほか、スタッフにマリファナについて気

あまりに重すぎる刑罰だ。どの写真も笑顔が多いだけに、胸がしめつけられる。アンチ・マリファナ派はこの写真を見ても、「当然の報いだ」と言えるのだろうか?

館内ではマリファナ栽培の様子も見学することができる

③館内の見所その3　～大麻栽培の様子～

博物館では、※**マリファナ栽培**の様子も見学できる。ガラスの向こうには、怪しいオレンジ色の光に照らされた鉢植えの大麻がある。扇風機を当てて、空気の循環もバッチリだ。10年前に訪れた時は、ここにボングやヴェポライザーが置いてあり、無料でマリファナを吸える体験コーナーになっていた。デパ地下の試食コーナーのように愛煙家が並んでいたが、残念ながら現在は見るだけのようである。この奥は博物館を運営する※**センシシード**のショップになっていて、マリファナの種などが売られている。

同じ通りにあるヘンプギャラリーは、主に麻製品を展示した施設である。こちらも大麻への軽に質問できる。入場は無料だが、地下の栽培ルームを見るためには3ユーロかかる（チケットは一度買えば生涯有効）。ここでネタは売っていないが、自前のネタを吸うことは可能だ。

【店名】Cannabis College
【住所】Oudezijds Achterburgwal 124
【営業時間】11時～19時
【HP】http://www.cannabiscollege.com/

※センシシード
1985年創業。世界有数の大麻のシードメーカー。大麻の種は日本では禁制品。絶対に持ち帰ってはならない。

センシシード

博物館から 50m ほど先にあるヘンプギャラリー（左）。VIP のおもしろ写真の展示も（右）。

愛に溢れており、ガラスケースには「麻のあるところに希望あり！」というステッカーも見える。展示物の中に、**日本から取り寄せた麻繊維**※があるのも嬉しい。

一見落ち着いたギャラリーだが、いかにもヒッピー風の受付スタッフと、館内に流れる場違いなサイケデリックトランスのＢＧＭが印象的だった。更には、麻畑を背景にした、クレイジーな記念写真を撮れるサービスまである。サンプルにある麻畑の中の世界各国のＶＩＰたちの写真が面白い。無料なので、物好きな方は試してみよう。

それでは最後に、館内で見つけた著名人たちのマリファナに関する発言をご紹介しよう。

ボブ・マーリー「マリファナを吸うと、自分自身のことがよくわかる」

バラク・オバマ元大統領「昔はしょっちゅう吸ってたもんだよ」

※日本から取り寄せた麻繊維
ケースの中では、日本の麻繊維作りを解説したビデオも上映していた。

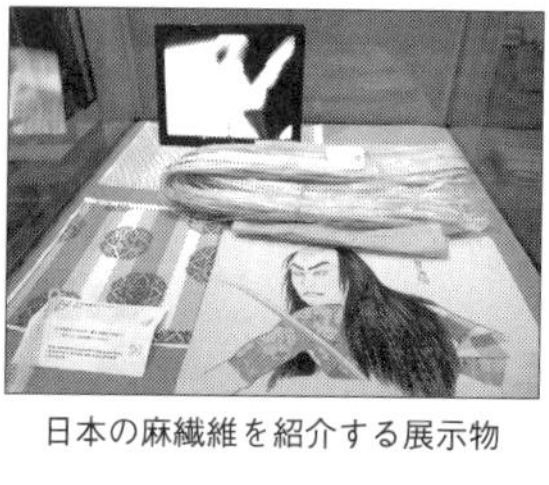

日本の麻繊維を紹介する展示物

ボブ・ディラン「マリファナは今じゃもうドラッグじゃないよ。マリファナはただ心をちょっと曲げるものだよ。みんなたまには心を曲げられるべきだと思うけどね」

ウィリー・ネルソン※「この星で最大の殺し屋はストレスだ。俺はまだ一番の薬はマリファナだと思うし、今までもずっとそうだった」

レディー・ガガ「曲を作る時はウィスキーをたくさん飲むし、マリファナも吸うわ。でも吸いすぎないわね。声に良くないから」

アーノルド・シュワルツェネッガー「ドラッグじゃないね。葉っぱだ」

ニーチェ「耐えられないほどのプレッシャーから救われたいなら、ハシシをやるのも一つの方法だ」

アンディ・ウォーホル「マリファナは合法化すべきだと思う。僕は吸わないけど匂いが好きなんだ」

スティーブン・キング「マリファナは合法化するだけじゃなくて、家庭でも栽培できる産業にするべきだね」

デヴィッド・ピール※「俺はマリファナが好きだ。お前はマリファナが好きだ。俺たちはマリファナが好きなんだ」

神「見よ、全地に生える、種を持つ草と種を持つ実をつける木を、すべてあなたたちに与えよう。それがあなたたちの食べ物となる」

※ウィリー・ネルソン
1933年生まれのアメリカのカントリー歌手。マリファナを生産する会社「Willie's Reserve」を所有している。

※デヴィッド・ピール
（1942〜2017）
アメリカのカルト詩人。ジョン・レノンと親交が深く、72年にジョンとオノ・ヨーコのプロデュースでアルバム『The Pope Smokes Dope』（邦題『ローマ法王とマリファナ』）を発表。発禁処分を受けた。

【アムステルダム取材日記①】
ヘイズなおつかい

今回の取材のために、私はアムステルダムに1ヶ月滞在した。そこで問題になってくるのが宿だ。市内の宿はシングルだと1万円以上、ドミトリーでも時期的に5000円以上もする。おまけにドミトリーは10人部屋など、非常に狭い部屋に押し込められることになるので、お得だとは思えない。なんとか宿泊費を浮かせて、快適に過ごせる方法はないものだろうか?

そこで思いついたのが、キャンプ場という選択肢だ。

市内にはいくつかキャンプ場があるが、※①セントラルステーションにもっとも近いキャンプ場は※②ヒーヘンボスだ。料金は私が訪れた7、8月で、1日12ユーロという安さだった。これだと1ヶ月の滞在で5万円もかからない。シャワー代も込みなので※③大変お得だ。

こうしてキャンプ場に滞在しながら取材を続けた私だが、コーヒーショップやキャンプ場では、面白い奴に出くわすこともあった。このコーナーでは、その記録を時系列で綴ってみようと思う。ブリブリのまま書いたところもあるので、読みづらい点はご勘弁を。

●10年ぶりのマリファナの洗礼

7月某日。スキポール空港の回転扉を抜けると、ツンと青臭い匂いが漂ってきた。近くに灰皿があったので中を覗くと、煙草の吸殻の奥に、マリファナの吸い差しが見える。恐らく、観光客がここで「最後の一服」をキメて、母国へ帰ったのだろう。

さすがは、世界で一番自由な街・アムステルダム。10年経っても、何も変わっていない。

それからほどなくして、キャンプ場に到着した。

大きな公園の一角がキャンプ場になっていて、施設内にはレストランやコインランドリーもある。

早速指定されたエリアに、持参したテントを張って渡された番号札をつけた。

芝生の敷地内には、色とりどりのテントが密集していた。若者のグループ客が多く、方々から様々な音楽が聞こえてくる。思った以上に混雑しており、隣のテントとの距離も2メートルほどしかないが、致し方ないだろう。

そこで少し休んだ後、コーヒーショップの取材に行くことにした。

まずは「バーニーズ」に「グリーンハウス」と王道店の並ぶ、ハールレンメル通りを訪れた。

いくつかの店舗を回った後、最後に「バスジョエ」を訪れた。10年前にも通ったことのある、思い出深い店だ。ここで私は、常連のヒッピー風の男と話した。彼はとてもいい奴で、現在のオーナーのことなど、色々と話を聞かせてくれた。

話の途中に、彼は自然な手つきでジョイントを回してきた。マリファナは久しく吸っていない。本当はキャンプ場に戻ってまったりとキメるつもりだったのだが、親切な彼の誘いを無下に断ることもできないだろう。

礼を言って一口口をつけると、脳みそにいきなり鋭い電流が走った。

聞けば、それはアムネシアヘイズだった。2004年、カンナビスカップ優勝の名品である。当然ながら久しく吸っていなかった私は、一撃でやられてしまった。このまま吸い続ければ、間違いなくキャンプ場に帰れなくなってしまう。

その旨彼に告げると、「気をつけてお家に帰るんだよ」と言ってウィンクしてきた。彼は、私のストーンぶりを察してくれたようだ。

セントラルステーション

ヒーヘンボスのキャンプ場

●ブリブリな状態で街に繰り出す

私は礼を言って、よろよろと店を出た。※④

次の瞬間、眼前に広がる光景を見て肝を冷やした。

アムスの道は怖い。サイクリングロードには、自転車が猛スピードで走っているし、人も車もとにかく多い。このごたごたと入り乱れた大都会を、みんな一体どうやって歩いているのだろう？　私は不安に包まれながら、生まれたばかりのヒヨコのように、前を行く人の後を追いかけた。頭の中には、「ドーレミファーソーラシード」と、『はじめてのおつかい』のテーマソングがぐるぐる響いていた。私は何がなんでもお家に帰らなければならないのだ。「はじめてのおつかい」ならぬ、「ヘイズなおつかい」である。ここから駅までは、歩いてたったの15分の距離なのだ。たやすいミッションのはずだ。

駅を目指して歩いていると、道端で話している中東系の大家族が目に入った。

赤ん坊や小さな子供もいる。そのあたりから発せられた、猛烈に熱いエネルギーを私は感じていた。エネルギーの源は、嬉しそうに喋っている父親らしき男である。周囲の人間のおよそ5倍はあるだろう、美しくもおぞましいエネルギーだ。

どうやら幸せとは、強力なエネルギーの塊のことらしい。その反対に、ブリブリのまま歩いていると、「このおじさん、疲れてるなー」とか「この人寂しそうだなー」というのもオーラでわかる。表情を見なくても、なんとなくわかるような気がするのだ。これがカナビスのもたらす特殊能力なのだろうか？脳みその普段使っていない部分が、明らかに開放されている。

●チャクラ全開で街をさまよう

更に歩き続けると、前方に私とよく似た風貌のアジア系の男が歩いていた。彼の横を過ぎると、男が私のことを意識しているような気配が伝わってきた。気のせいだろうか？

その先には、テラス席の並ぶオープンカフェが続いていた。大勢の人々で賑わっている。

その前を過ぎる私は、ほとんどセレブ気分だった。

私は今、大衆の視線を一身に集めながら優雅な足取りで歩いているのだ。ここはセレブらしく、背筋をしゃんと伸ばして歩かねばならない。

ところがちらりとギャラリーに目をやると、私のことなど誰も見ていなかった。どうやら私はセレブではないらしい。ならば私は、一体何者なのだろう？

その時ふと視線を感じた。そちらに目をやると、私の顔を見ながら笑っている男がいた。まるで「俺は君のことをわかっているよ」というような目つきだった。よく見れば、彼が座っているのは、コーヒーショップのテラス席である。もちろん彼もラリっているのだろうが、それだけに、私がブリブリなことは彼にはバレているようだ。

だが私はあくまでセレブなので、大衆にマリファナなど吸っていることがバレてはならない。だから私は、凛と済ました顔で歩かねばならないのだ。

おっといけない、私はセレブではなかった……。そう悟った瞬間、肩の荷が下りたような開放感を覚えた。勝手に自意識過剰[※⑤]になっているだけで、誰も私のことなど見ていないのだ。そうに決まっている。いや、キマっているのは私だった。

マリファナのせいか、普段はあまり意識しない、足の裏の感覚も鋭敏になっていた。同じレンガ畳でも、厚くてフカフカな部分があることに気づかされる。

今度は石畳の上を歩く。歩く歩く。まさしくこれは、ストーン・ストーンな私が石畳を歩く。

セレブな雰囲気のオープンカフェ

アムスのランドマークのひとつ、旧教会

ロードだ。

とりあえず、旧教会を目指して歩くことにしよう。この建物はセントラルに向かって右側、つまり新宿で言うところの新宿駅とドン・キホーテのような位置関係にあるはずだ……あれ、違うか？　気がつくと、なぜか教会周りを一周していた。どうして一周してしまったのだろう？　どんまいどんまい。

今度はマグナ・プラザ[※⑥]が見えてきた。そうなると、先ほど一周したのは旧教会ではなく新教会だったのか……俺ってアホ？　まだ駅までは距離がある。焦るな焦るなドレミファソラシド。

混乱する私の頭上を、かもめが低空飛行で飛んでいった。観光客から餌を貰おうとしているらしい。人間にすっかり飼い慣らされてしまったダメな連中だ。空を飛ぶ大きなかもめがとにかく怖い。ゆりかもめならぬ、ゆすりかもめか。

やっとの思いで、セントラルにたどり着いた。ほっとしたのも束の間、そこから駅の北側に抜けるのが大変だった。北側に行くためには、改札を抜けなくても行ける通路があるはずだが、その道がどこなのかわからない。こういう時は、とりあえず駅の横を回り込むように歩けばいいはずだ。

右へ右へと歩いて行くと、竜宮城のような中華料理店・シーパレス[※⑦]が見えてきた。それにしても、どんだけ横長の駅なんだよ！　どうやって北側に抜けるんだよ！　セントラルの裏側の湾岸地帯は、いわゆるアムスの裏側である。アムスの裏側を書いているつもりなのに、アムスの裏側に行けないなんて……この世はかくも理不尽なのか。

●ブリブリ男、キャンプ場に還る

ようやくフェリー乗り場[※⑧]に着く頃には、時刻は8時を回っていた。日が落ちないので気づかなかったが、恐らく1時間以上も歩き回ったのではないか。まだまだブリブリである。

フェリーに乗っている間は、「水路」に集中することにした。水面《みなも》をじっと見つめていれば、誰にも文句を言われないだろう。恐らく視線が定まっていないし、目も充血しているから、見る者によってはイカレた奴だとバレてしまいそうだ。

対岸に到着すると、そこからは道なりに歩いてキャンプ場を目指した。

どこからともなくサイケな音楽が聞こえてきた。思わず吸い寄せられそうになったが、ぐっとこらえて歩みを続ける。

道端で喧嘩をしている夫婦の前を過ぎる。同じく喧嘩中の犬の前を通過。自分1人だけピースな気分で申し訳ないけれど、お家に帰るまでが遠足なのです。ドレミファソラシド・アムネシア。けれどなんだか、たまらなくマンチーになってきた。

お腹が減ったのでスーパーへ。ブリブリのまま店内をうろつきまわる。どれがチーズかバターかよくわからない。どれがマーガリンかもよくわからない。店員に聞いてなんとか購入。「ピーナッツはどこですか？」と聞くと、「ない！」と若い店員はそっけなく言った。

ウソだろ？　こんなにデカいスーパーなのに、ピーナッツがないってどうなのさ⁉

しばらく探してみると……やっぱりあった！　平気でウソつく店員が信じられない。

更にレジの店員の中には、いかにも不機嫌そうに顔をしかめている者がいた。眉根を寄せてにこりともしない。一応バーコードを通してくれたものの、10ユーロを出したのに、何か気になることがあるようで、視線はあらぬ方向を向いている。

しばらくして、ふと思い出したように紙幣を見つけてくださった。その後レジ袋に商品を詰めていったのだが、日本のようにサッカー台が別の場所にあるわけではないので、すぐに詰め終えないと、次の客に迷惑をかけてしまう。焦る焦る……。

どうにか買い物を終えて外に出ると、中学生くらいの悪ガキグループがいた。彼らは子供が前を通ると、蹴りを入れて因縁をつけていた。幸いにも子供はすぐに去り、大事には至らなかった。トラブルに巻き込まれないように、私も速やかにその場を後にした。

「カメラを盗まれないように、気をつけろよ」

別れ際にMr.ヒッピーは言ったのだ。

「絶対鞄の中に入れておけよ」

私は彼の忠告を思い出し、鞄の中をまさぐってみた。

大丈夫、カメラはまだ入っている……もうすぐミッションは終了なのだ。

進路がブレないように、前方を歩く犬の姿を目印にして歩き続けた。その犬が、突然道端の茂みで野糞をした。飼い主は糞を取ることもなく、しれっとした表情で去っていく。ヤリ逃げならぬ、クソ逃げかよ……。目撃者の私の方が気まずくなってしまうほどの、堂々とした逃げっぷりである。

進路がブレないように、前方でガリガリと石畳をこするスーツケースの音を目印にして歩く。後ろから聞こえる誰かの口笛は極めて不快だが、スーツケースの小気味良い音は癖になりそうだ。どうやら私は、スーツケース教の信者らしい。教祖様に従えば、道に迷うこともないだろう。

店を出てから2時間後、ようやくキャンプ場にたどり着いた。ありがたや……とにかくお家に帰ったのだ。

【注釈】

※①**セントラルステーション**…アムステルダムの中心に位置する鉄道の駅。各種特急電車などの発着駅であり、街のランドマーク的な存在。

※②**ヒーヘンボス**（Camping Vliegenbos Amsterdam）…【住所】Meeuwenlaan 138

※③**大変お得**…ただしアムスのキャンプ場には、最長で3週間までしかいられない。期限を迎えたら、他のキャンプ場に移るのもありだ。私はセントラルからトラム（路面電車）で10分の「ジーバーグ」というキャンプ場を利用した。こちらもハイシーズンの料金で1泊12ユーロとお得だ。[ジーバーグ（Camping Zeeburg Amsterdam）]【住所】Zuider IJdijk 20

※④**外出**…私のように、マリファナがキマったまま表を歩くのは非常に危険なので、初心者は十分注意が必要だ。外出は店でたっぷり休んでからにしよう。

※⑤**自意識過剰**…マリファナを吸うと他人の視線が気になったり、自分がラリっているのがバレているのではないかなど、疑心暗鬼になることがある。そんな時は「心配するな。みんな自分の人生に必死で、お前のことなど誰も見ていない」と言い聞かせてみよう。

※⑥**マグナ・プラザ**…ダム広場のそばにあるショッピングセンター。

※⑦**シーパレス**（**Sea Paleece**）…アムスで人気の中華料理店。炒飯や麻婆豆腐で17ユーロほどからある。【住所】Oosterdokskade8【営業時間】12時～23時

※⑧**フェリー**…セントラルステーションの裏側には、北側のエリアへ行くためのフェリー乗り場がある。料金は無料で、私が使っていた乗り場までは所要5分ほど。自転車も一緒に乗せられるので便利。

アムステルダム基本マップ

【大麻について学べる施設】

❶ハシシ・マリファナ＆ヘンプ博物館　❷カンナビス・カレッジ　❸センシシード

第二章
コーヒーショップガイド

Coffeeshop Guide

初めてのコーヒーショップ

アムステルダムには、およそ170軒の**コーヒーショップ**※があり、これはオランダ全体のコーヒーショップの約3割を占めている。コーヒーショップがマリファナの販売所だと聞いて、怖い場所ではないかと警戒する人もいるかもしれないが、実際はそんなことはない。大抵の店は普通の喫茶店とそう変わらない店構えで、市内の有名店ともなると、観光客で賑わっている。スリや置き引きなど、基本的なことに気をつけていればトラブルに巻き込まれることもないだろう。

店によっては、入り口にセキュリティが立っていることもある。その場合はパスポートなどのIDの提示を求められることがある。同様に、マリファナの購入の際にもIDチェックを受けることがある。これらはあくまで**18歳以上であることを確認する**※ためのもので、先述したように、マーストリヒトなど南部の一部の街を除いては、日本人でも問題なく購入できる。大抵の店はパスポートのコピーで構わないが、なかには原本しか受けつけない店もあるようだ。

ちなみに、現在37歳の私だが、今回取材で50軒近くの店を回ったところ、10軒に1軒はID提示を求められた。店によってはIDがなくても、年齢だけ答えれば入れてくれるところ

※**コーヒーショップ**
名前の由来は、元々仲間内で大麻を売る店を「ティーハウス」と呼んでいたのが派生して、「コーヒーショップ」になったと言われている。なお「coffee」と「shop」の間にスペースはなく、「coffeeshop」という一つの単語である。普通の喫茶店は「カフェ」と呼ぶ。

※**18歳以上であることを確認する**
コーヒーショップ「イエステフープ」など、ごく一部の店では、ネタの販売は18歳以上ならOKだが、店で吸うのは21歳以上というルールを設けているところもある。

もあった。ただし、アジア人は若く見られることが多いので、パスポートかコピーを持参するのが望ましいだろう。もっとも、入店を拒否されたところで凹むことはない。その場合は、「こんな私でもセブンティーンに見られたのか！」と大いに喜んでみよう。

コーヒーショップ「ヨーヨー」の店内。モデルルームのように美しい。

コーヒーショップに入ると、販売用のカウンターが1つか2つある。2つある店では片方がソフトドリンクコーナー、もう一方はウィードとハシシの販売カウンターになっている。以前はドリンクのみでも入店できる店がほとんどだったが、現在は半数近くの店が、何らかのネタを買わなければ入店できなくなってしまった。もちろん、一度その店でネタを買った場合は、2回目以降はその旨伝えればドリンクのみでも入店できる。出費は抑えつつも、どうしても店に入りたいという方は、一番安いミックスジョイント（3～5ユーロほど）を買うのがいいだろう。

18歳未満立ち入り禁止のマーク

コーヒーショップ「ピカソ」でくつろぐ若者たち。イギリスから来たそうだ。

ちなみに、このあたりのルールは店員のさじ加減ひとつで決まるようだ。通常はネタを買わなければ入店できない店でも、空いている時や独り客の場合は、※**ドリンクのみでも入店**できることがあった。

傾向的には、大手のコーヒーショップや、その反対に、地元民しか訪れないローカルコーヒーショップでは、ドリンクのみでも入店できるケースが多かった。マリファナは吸わないが、店の雰囲気だけ味わいたいという方は、そうした店を選んだ方がいいだろう。

次に煙草に関しては、レストランやバーと同様に、ほとんどの店が禁煙である。ジョイントを作る際には煙草を一緒に混ぜることも多いが、これに関しても認められていない。マリファナのみのピュアジョイントはＯＫだが、煙草と混ぜて吸うのは禁止という、何とも奇妙なルールなのだ。その代わりに、※**混ぜ物用のハーブ**を置いている店も多いので、ピュアジョ

※**ドリンクのみでも入店**
ただしドリンクのみで入店できても、他店で買ったネタは吸えない店もあるので、事前に店員に確認した方がいいだろう。

※**混ぜ物用のハーブ**
コーヒーショップの他、一部のバーに置いてある。無料で使える。

ジョイント用のハーブ

イントがきついという方はそちらを利用しよう。その一方で、一部の店ではガラス張りの喫煙室を設けている。喫煙室がない店でも、テラス席のある店では煙草を吸うことができる。

ポップな内装の「ラ・テルトゥリア」。観葉植物に癒やされる。

アルコールに関しては、どの店でも販売していない。これはマリファナとアルコールを同じ店で取り扱ってはいけないというルールがあるからだ。ただし一部の店では、コーヒーショップの傍に、マリファナを吸えるバーを設けており、そこではマリファナとビールを同時に堪能できる。※しかし酒とマリファナを同時にやることは、健康上あまりよろしくはない。バッドトリップにもつながりかねないので、初心者は十分注意が必要だ。

また、後述するスモーカーフレンドリーバーのように、ネタの販売は行っていないが、マリファナ喫煙がＯＫな店もある。こうした店では、どの店で買ったネタでも気軽に吸えるし、コーヒーショップよりも席に余裕があるので、

※**マリファナを吸えるバーを併設したコーヒーショップ**　「カシミアラウンジ」（102ページ）や「クラブ・スモーキー」（95ページ）などが代表的。

「ヨーヨー」の女性スタッフ（学生）。店員は親切でフレンドリーな人が多い。

酒好きの方にはオススメである。

お気に入りの店を見つけたら、店員に※**一押しのネタ**を聞いてみよう。

初心者はジョイントを買うのが手軽な方法だ。何度も言うが、調子に乗って強いネタには絶対に手を出してはならない。経験者でも、ブランクがある場合は同じだ。マリファナに耐性ができるまでは、効き目の弱いネタから吸うのが無難である。

ネタは※**1グラムから買える**店がほとんどだが、なかには最低2グラム以上買わなければならないという、商魂たくましい店もある。印象はよくないが、それはあくまでオーナーの方針なので、スタッフのサービスの良し悪しとは別問題だろう。こうした店でも、ジョイント1本を買えば入店できるので、さほど不便はない。

ネタを買ったら、早速一服となる。ジョイントを作るのが苦手なら、事前にパイプなどの

※一押しのネタ
コーヒーショップのメニューは移り変わりが早い。店によっては、毎月のように入れ替わるところもある。本書で紹介する店ごとの銘柄は、あくまで2017年8月現在のものなので、店員にその時のオススメを聞くのが無難だ。

※1グラムから買える
これとは反対に、一部の店では「5ユーロなら○○グラム」「10ユーロなら××グラム」といった具合に、価格決め打ちでネタの質によって量を変えているところもある。こうした固定価格の店は、値段も手頃で良心的なところが多い。また、店によっては「最低5ユーロ以上買う場合に限り、1グラム未満の少量単位での販売も可能」と

器具を持参するのがいいだろう。店によっては、ボングやヴェポライザーなどの器具があるので、気軽に借りて吸引できる。使い方は店員に頼めば親切に教えてくれるが、器具を破損してしまった時のために、事前に小額のデポジットを取られることも多い。

一服キメたら、後はあなたの自由だ。店内に流れるテレビを見たり、目を瞑って音楽に酔いしれたり、腹が減ったらケーキなどの※**フードメニュー**を食べたり、何もせずに道行く人々を観察して優雅な時間を楽しんだり……コーヒーショップの楽しみ方は様々である。

タイプ別コーヒーショップガイド

アムステルダムにあるコーヒーショップから、個人的に気に入った店をタイプ別に分けてみた。あくまで主観的なものなので、参考程度にどうぞ。

①王道コース：「バーニーズ」／「グリーンハウス」／「デ・ダンプクリング」

右の3店舗は、ハリウッドスターなども訪れる有名店だ。いずれの店もカンナビスカップで入賞を争う名店で、ネタのクオリティも文句無し。また、アムスの中心街からほど近く、アクセスもいい。ただし人気店なので混雑していることが多い。

いったサービスをしているところもある。いろんなネタを少しずつ試してみたい方は、その旨スタッフに相談してみよう。

※**フードメニュー**
すでにいい気持ちになっているなら、スペースケーキは要注意。お菓子だと思って食べていると想像以上にキマってしまうこともあるので、ノンマリファナのスナックを選択しよう。

②ブリブリコース：王道コース3店／「ブーレヨゲス」／「ブッシュドクター」／「グレイエリア」／「カツ」／「イビザ」／「イエステフープ」／「グリーンプレイス」

とにかくブリブリになりたい！　そんなあなたにオススメなのが、アムスでもトップクラスのネタを誇る右記の店だ。地元の愛好家の中では、品質・値段共に「ブーレヨゲス」がダントツの人気だった。ただし、非常に小さな店なので、テイクアウトで利用しよう。

③レディースコース：「ヨーヨー」／「シベリア」／「ラ・テルトゥリア」／「ブロンクス」

野郎たちでごった返した店なんてもってのほか！　そんなあなたのために、※**女性でも気軽に入れる**店をあげてみた。「ヨーヨー」はコーヒーショップのイメージを覆すモデルルームのような内装が魅力的だ。「シベリア」は気さくな女性店員とカフェのような店構えで、気軽に立ち寄れる。「ラ・テルトゥリア」は、観葉植物とポップな調度品を備えたお店。「ブロンクス」はシックなカフェのような内装で、ゆったりと過ごすことができる。

④インパクトコース：「カシミアラウンジ」／「ブッシュドクター」／「スモーキー」／「レジン」

普通のコーヒーショップじゃつまらない、インパクトのある内装が見たい！　という方にオススメな店だ。「カシミアラウンジ」は広々としたアジアンテイスト、「ブッシュドクター」は落書きだらけの店内、「スモーキー」は広大な闇に浮かぶネオンが美しく、「レジン」

※女性でも気軽に入れる
今回コーヒーショップを訪れて感じたのが、女性客の増加である。10年前、コーヒーショップはあくまで男性客が中心で、女性は店に入ってもマリファナには口をつけないことが多かったが、今回の取材では積極的にマリファナを吸う女性の姿をよく見かけた。

「420カフェ」の女性客

※ケチで有名
英語で「ダッチ・アカウント」がワリカンを意味するように、オランダ人はケチで有名。晩御飯はフライドポテトばかりだし、洗剤のついた食器も水を節約するためにす

は黄緑色のライトと森をイメージした独特の内装で、テンションが上がる。**ケチ**※**で有名な**オランダ人だが、**内装にはこだわり**※があるらしく、センスもずば抜けている。

緑の光に包まれた「レジン」の店内。奥には木のオブジェがある。

⑤シガレットコース：「カシミアラウンジ」／「ルスランド」／「ゲットダウン・トゥ・イット」／「グリーンプレイス」／「プリーダミ」／「ドルフィンズ」／「ブルーバード」

煙草も吸える喫煙室を備えた店をあげてみた。穴場は「ルスランド」。**ダム広場**※近くの好立地ながら、広々とした喫煙室を備えており、ソファ席なのでくつろげる。

⑥まったりソファコース：「カシミアラウンジ」／「イージータイムス」／「スーパースカンク」／「イビザ」／「ルスランド」／「バーニーズ・ラウンジ」／「ダンプクリング2」

コーヒーショップを評価する上で、重要な要

すがない。オランダ人の家に招かれて、缶入りのクッキーを出されたら2枚以上食べると失礼になる、などという話もある。

※内装へのこだわり
オランダの家庭は夜になってもカーテンを開けて、家の中を見せていることが多い。あまりたいした料理もしないため、キッチンはモデルルーム並に清潔。キッチンですら「魅せるもの」と意識しているようだ。

※ダム広場
アムステルダムの中心部にある広場。第2次世界大戦の犠牲者を慰める戦没者慰霊塔（通称「白い巨塔」）がある。付近の階段は旅行者のたまり場になっていて、かつては「あしかの丘」とも呼ばれていた。60～70年代にかけて世界中から集まったヒッピーが、「あしか」のようにここでゴロゴロしていたためにその名がついたという。

素の一つに「**椅子**」[※]がある。右の店舗はどれもゆったりとしたソファ席があり、長居に向いている。最後の2店以外は、さほど混雑していないのでくつろげるだろう。

⑦キャバクラコース：「イージータイムス」／「プリーダミ」／「ニューアムステルダム」

ここはキャバクラか？　と思わず目を疑ってしまう内装の店だ。「イージータイムス」は天蓋つきのソファもある店で、ピンクのネオンやカラフルなクッションがいかにも下世話な雰囲気。「プリーダミ」も、ピンクな壁にソファの内装。更に毒々しいのが、「ニューアムステルダム」だ。マイナーな店だが、紫色のブラックライトと、ド派手なソファに目を奪われる。内装だけでも、お姉ちゃんの残り香を味わいたいという方にオススメである。

【総合（個人評価）】

第1位：カシミアラウンジ　第2位：ヨーヨー　第3位：バーニーズ・ラウンジ

第4位：イージータイムス　第5位：レジン

有名店[※]はネタの質は文句なしなのだが、混雑していることが多く、落ち着いて過ごせないのが常だ。そこで、あえてマイナーな店を選んでみた。

1位の「カシミアラウンジ」は、草・酒・煙草の三種の神器が味わえる貴重な店だ。店は

※**椅子**
コーヒーショップの中には、まるで長居することを拒否するかのように、むき出しの硬いベンチをポンと置いているようなところもある。

※**有名店**
ちなみにカンナビスカップの優勝回数は、グリーンハウス（8回）、バーニーズ（8回）、デ・ダンプクリング（2回）、グリーンプレイス（1回）、ヌーン（1回）となる。

広々としており、どの座席にもゆったりとしたクッションがある。少々遠いがオススメだ。

2位の「ヨーヨー」は、光溢れるモデルルームのような内装が魅力的だ。今回取材で回ったなかでも、ずば抜けて美しい店だった。ネタの値段が安いのも好感が持てる。

3位の「バーニーズ・ラウンジ」は、デートにもオススメなムーディな店だ。薄暗い店内には背もたれの長い完璧なソファ席がある。小さな店だが本店ほどは混雑していないだろう。

4位は「イージータイムス」。**ライツェ広場**※近くにあるこの店は店内が広く、ゆったりとしたソファ席が心地よい。ネタの種類も多く、長居に向いている点を評価した。

5位は「レジン」。セントラルに近いこの店は混んでいることが多いが、有名店ほどではないので席は確保できるだろう。店内を覆う黄緑色のライトが異世界へと誘ってくれる。

アムステルダム・コーヒーショップ30選

さて、次のページから、私が実際に足を運んだアムステルダムのコーヒーショップを30軒ご紹介しよう（店舗の位置については、136ページの地図参照）。ネタの値段に関しては、グラム表記のないものは全て1グラムあたりの値段になっている。評価はあくまで主観的なものなので参考までに。また、「ドリンクのみ入店可」の情報は店員のさじ加減による場合も多いので、こちらも目安程度にどうぞ。

※**ライツェ広場**
アムステルダムの中心部から南西に位置する広場。周辺には市立劇場や映画館、カジノなどがあり、夜になると賑わいを見せる。

ライツェ広場

Amsterdam Coffeeshop Best 30

01 シベリア

Siberië

【住所】Brouwersgracht 11
【営業時間】9時～23時（月～木）9時～24時(金土)10時～23時(日)
【音楽】ダブ、クラシック他
【その他】禁煙、無料 Wi-Fi、ドリンクのみ可
【ネタ】24K（12ユーロ)、カサブランカ（9ユーロ）他

店の雰囲気：★★★
ネタの種類：★★★★
インパクト：★★★
総合評価：★★★

【まったりとした和みの空間 落ち着いたカフェ風のお店】

セントラルステーションから徒歩9分、シンゲル運河を越えた先の運河沿いにこの店はある。奥に長い造りの店内は、床も調度品もウッド調で、木の温もりに溢れている。壁に飾られた幾何学的なアートや、テーブルの上の花がさりげなく店内を引き立てており、まるで下北沢のカフェのようなお洒落な雰囲気だ。

入り口入って右手に、4～6人がけのテーブル席が4卓並び、奥にも丸椅子の並ぶ席がある。販売カウンターは奥にあり、私が訪れた時は、若い女性スタッフが3名いた。

マリファナのメニューは壁にかけられた液晶パネルタイプだ。ネタごとにTHCの含有率や、効果をイラストつきで紹介しているのでわかりやすい。まったりインディカ系が好みならオレンジの顔マーク、いち早くぶっ飛びたい方は赤い顔マークのサティバを選ぼう。

ネタはミドルクラスが中心で、人気メニューは、スーパーシルバーヘイズ（12ユーロ）、ハシシならタンジェリン（10ユーロ）とのこと。色々なネタを少しずつ試してみたい方は、最低5ユーロ以上であれば1グラム未満でも買えるので、スタッフに相談してみよう。

コーヒーやお茶、スイーツも充実しているので、女性客にもオススメの店だ。

【上】女性が喜びそうなウッド調の内装
【下】メニューは最近増えた液晶パネル方式

Amsterdam Coffeeshop Best 30

02 レジン

Resin

【住所】Hekelveld 7
【営業時間】9時～25時（月～金）10時～25時（土日）
【音楽】ポップス他
【その他】禁煙、ドリンクのみ可
【ネタ】キャンディクッシュ（14.5ユーロ）、チーズ（12ユーロ）、レジンヘイズ（15ユーロ）他

店の雰囲気：★★★★
ネタの種類：★★★
インパクト：★★★★★
総合評価：★★★★

緑の光で現実逃避！ 徒歩5分で異世界へGO！

セントラルから徒歩5分のお店。中に入ると、店内を彩る緑の光に圧倒される。店名が意味する「樹脂」の名の通り、壁際のソファもクッションも黄緑だ。

奥に行くと天井が吹き抜けになっていて、大きな木のオブジェがある。それを囲むように切り株に見立てたテーブルと、緑のクッションが並んでいる。入り口は狭いが、驚くほど奥に長い造りの店だ。店内の壁画も木だらけで、もちろん本物の観葉植物も飾られてある。そんな中、テレビからサッカーの映像が淡々と流れていたのがシュールだった。できればディスカバリーチャンネルに替えて欲しい。

販売カウンターは入り口入って左にあり、スタッフも親切。ネタはホワイトウィドウ（8・5ユーロ）など、立地のよさに反してお買い得。アイソレーターも10～25ユーロ、スペースケーキも5ユーロだ。店の窓には空港までのタクシー送迎案内（45ユーロ）のビラが貼られていた。まるでここでブリブリになって、国に帰れなくなる者のことを予期しているかのような、見事な気配りである。

アムスに来たら、ひとまずレジンへ足を運ぼう。プールに入る前に消毒液に浸かるように、これからコーヒーショップを巡る者は「レジン」の光を浴びるのだ。

【上】緑のライトで照らされた幻想的な店内
【下】店の奥には巨大な木のオブジェもある

Amsterdam Coffeeshop Best 30

03 プリーダミ

Prix d'Ami

【住所】Haringpakkerssteeg 3
【営業時間】7時～25時
【音楽】ヒップホップ、ラップ他
【その他】喫煙室、無料Wi-Fi、ビリヤード台あり、トイレの使用（0.5ユーロ）、ドリンクのみ可
【ネタ】バナナクッシュ（15ユーロ）、G -13ヘイズ（14.5ユーロ）他

店の雰囲気：★★
ネタの種類：★★★★
インパクト：★★★
総合評価：★★★

広いソファルームが人気 ビリヤードも遊べる店

セントラルから徒歩5分にある、3階建ての店。入り口には強面のセキュリティがいて、IDチェックを求められることもある。防犯上の理由で帽子やフード、サングラスの着用は厳禁。携帯電話も通話は禁止なので気をつけよう。

販売カウンターは1階奥にある。手前がドリンクで、ネタの販売は奥だ。アイソレーターが12・5ユーロからある他、ドクター・グリンスプーン（17ユーロ）や、S5ヘイズ（13・5ユーロ）などの他店ではあまり見ないネタもある。値段は、店名の「友達価格」の名ほどお得だとは思えないし、名店に比べればTHCはやや低めだ。

2、3階には広々としたフロアがある。淡いピンクの壁の室内には、ゆったりとしたカウチソファが並んでいる。BGMはブラックミュージックが中心で、そのせいか黒人客が多かった。3階には喫煙室とビリヤード台（1時間7・5ユーロ）もある。カウンター席もあるが、椅子が高くて落ち着かない。ソファスペースでは、方々からモクモクのろしがあがっていて、なんだか入りづらい雰囲気だ。

この店は混んでいることが多く、初心者は近づきがたい印象を受けるだろう。だが時にはソファでくつろぐブロンド美女も見かけるので、一見の価値はある。

【上】1階のスペース。いつも混雑している
【下】2階は人気の広大なソファスペース

Amsterdam Coffeeshop Best 30

04 420カフェ

420 Cafe

【住所】Oudebrugsteeg 27
【営業時間】10時～25時
【音楽】クラシックロック他
【その他】禁煙、無料Wi-Fi、ドリンクのみ可
【ネタ】ニューヨークディーゼル（13ユーロ）、ブルーベリー（11ユーロ）、420ヘイズ（14ユーロ）他

店の雰囲気：★★★★
ネタの種類：★★
インパクト：★★★
総合評価：★★★

【懐かしの名曲が胸を打つ！いぶし銀の優良店】

セントラルから徒歩6分の優良店。店名の「420」の由来は諸説あるが、かつてカリフォルニアの高校生が放課後の4時20分にパスツールの銅像の前に集い、マリファナを吸ったからというのが有力だという。以来「420」は大麻を表すスラングになった。

ウッド調の床とテーブル席の並ぶ店内は、華やかさはないもののオーソドックスなバーといった感じで渋い。奥にある半地下のスペースは、天窓から差し込む柔らかな光が美しい。BGMはクラシックロックが中心だ。

この店はネタの種類こそ少ないものの、インディカ・サティバ半々の420ヘイズ（14ユーロ）などのオリジナルメニューもある。人気のネタはサティバネビルズヘイズ（14ユーロ）とのこと。立地がよいので値段は高めだが、クオリティは文句なし。露地栽培のネタが多いので、大地の恵みを感じたい方にもオススメだ。他には、レモン味のスペースケーキ（7ユーロ）も強力で人気が高い。

女性スタッフがいるせいか、他店よりも女性客の姿が目立った。こじんまりとした店なので混んでいることも多いが、不思議と落ち着く店だ。なお、スパイ広場近くにも「420コーヒーショップ」という支店がある。

【上】古いバーを思わせるウッディな造り
【下】オリジナルのマッチやライターが渋い

Amsterdam Coffeeshop Best 30

05 ブルドッグ・ザ・ファースト ブルドッグ・パレス

The Bulldog The First /The Bulldog Palace

【住所】Oudezijds Voorburgwal 90
【営業時間】8時～25時（パレス店は9時～）
【音楽】オールディーズ他
【その他】禁煙、ドリンクのみ可、パレス店のみ飲酒可
【ネタ】シルバースターヘイズ（12ユーロ）、テンプル（12ユーロ）他

店の雰囲気：★★★
ネタの種類：★★★
インパクト：★★★
総合評価：★★★

【創業1975年　チェーン展開する老舗の有名店！】

ブルドッグは、コーヒーショップの他にもバーや、お土産屋、ホテルなどを経営する大型チェーン店だ。1975年創業の1号店は、飾り窓近くにある「ブルドッグ・ザ・ファースト」。

番地である「90」の数字が入ったド派手な壁画が目を引くが、中はアンティークなカフェのような雰囲気がある。木製のテーブル席の並ぶ店内には、椅子やソファに乳牛のカバーが施され、天井の梁には、世界各国のお札がべたべたとぶら下がっている。

1階奥がドリンクカウンター、地下がマリファナカウンター、店の右隣はお土産販売用のカウンターとなっている。ネタの種類は、G-13ヘイズ（12ユーロ／0.9グラム）、ホワイトウィドウ（12ユーロ／1.3グラム）など。この店のホワイトウィドウは、他店に比べて威力が強いのが特徴だ。

店内の壁にはブルドッグの歴史を示した写真や、お客からの感謝の手紙、店内で亡くなったスタッフの写真など、至る所にブルドッグ愛を感じる店である。なかには、30年以上も前に日本の輸入代理店から送られた手紙（喫煙グッズを輸入したいので、カタログとサンプルを送ってください）といった物もある。

地下には、「オレンジ空襲警報」という展示物があり、ショーケースの中に果物のオレンジが入っている。これはかつてマリファナが違法だった時代に、警察のガサ入れが入った時に行われていた苦肉の策らしい。1階のバーテンダーが、地下にいるマリファナディーラーに、食器用エレベーターの昇降口からオレンジを落として、ガサ入れのことを知らせていたのだ。警察が地下に降りる前に、ディーラーや、マリファナ愛好家たちは

ド派手な外観とはうってかわって、落ち着いた雰囲気の店内。老舗コーヒーショップの格式と伝統を感じる。

本文で紹介した「オレンジ空襲警報」。その他、日本の大麻ディーラー（？）からの感謝状など洒落た展示物が飾られている。

ネタや道具をこっそり処分したというわけだ。そのような歴史を残すために、この店では今でもマリファナの販売はあえて地下で行っているのだという。

お酒を飲みたい方は、ライツェ広場に面した「ブルドッグ・パレス」に足を運ぼう。ここではビールと共にマリファナを吸うことができる。マリファナの販売はしていないが、隣の「ブルドッグ・ハブリ」で買える。バーの入り口にはセキュリティが立っており、外のテラス席はいつも混み合っている。なかは広々としており、内装も1号店よりポップだ。入り口はジュークボックスの形をしており、2階はDJブースになっている。

ビールは2・8ユーロからあり、ハンバーガーやワッフルなど、フードメニューも充実している。1号店に比べれば空いていることが多く、奥のガラス戸の向こうは特に落ち着くスペースだ。

ちなみに表の壁にある「Politiebureau no.14」という文字は、オランダ語で「14番目の警察署」を意味している。かつて警察のガサ入れに散々苦しめられたブルドッグだが、その後マリファナの販売が認められるようになると、お世話になった警察署の跡地をあえて購入したようだ。なんとも痛快なストーリーである。

両店とも観光客で混んでいるが、ドリンクのみの入店でも大歓迎とのこと。時間に余裕があれば、訪れてコーヒーショップの歴史を肌で感じてみよう。

【上】アルコールが飲める「ブルドッグ・パレス」
【下】店内にはオシャレなバーカウンターも

Amsterdam Coffeeshop Best 30

06 グリーンプレイス

Green Place

【住所】Kloveniersburgwal 4
【営業時間】8時～25時
【音楽】チルアウト他
【その他】喫煙室、無料Wi-Fi、ドリンクのみ可
【ネタ】スカイウォーカー・オージー（15ユーロ）、シルバーバブル（10ユーロ）、クリスタル（10ユーロ）他

店の雰囲気：★★★★
ネタの種類：★★★
インパクト：★★★
総合評価：★★★

カンナビスカップ優勝を誇る、都会の隠れ家的名店

運河沿いにあるこの店は、特に目立ったインパクトはないものの、都会の隠れ家的なバーのような雰囲気がある。店はこじんまりと奥に長い造りで、小さなカウンター席と2人がけのテーブル席が並んでいる。椅子もテーブルも黒でまとまっており、薄暗い店内は壁の照明と蝋燭の灯りで浮かび上がっている。

販売カウンターは入って右。メニューを見ると、2013年カンナビスカップ優勝のロレックス・オージー（16ユーロ）がある。これはこの店が出した一品だ。

他にはバットマン（17ユーロ）にジョニー・ブレイズ（16ユーロ）に、ブルーベリーヤムヤム（13ユーロ）に、アムネシア666（9ユーロ）など、聞いたこともないレアネタの姿も見られる。品数は少ないが、マニアックな品種を扱った面白い店だ。メジャー店に比べれば知名度は低いものの、ネタの質は極めて高い。激ヤバのムーンロックスも35ユーロと、他店に比べれば手頃な値段で買える。

奥には喫煙室があり、煙草も吸えるソファ席がある。青白い照明と揺らめく蝋燭の灯り、さりげなく飾られたブッダの置物に、趣味のよいチルアウトなど、シンプルだがクールな印象を受けた。デートにもオススメしたい店だ。

【上】シンプルだが落ち着いた空間
【下】店の奥には煙草も吸える喫煙室がある

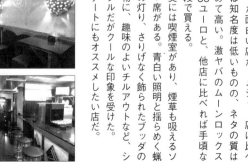

Amsterdam Coffeeshop Best 30

07 ブルーバード

Bluebird

【住所】Sint Antoniesbreestraat 71
【営業時間】9時30分～25時
【音楽】ハウス、ポップス他
【その他】喫煙室、無料Wi-Fi、ドリンクのみ可
【ネタ】コーシャークッシュ（12.5ユーロ/1.3グラム）、レモンヘイズ（12.5ユーロ/1.1グラム）他

店の雰囲気：★★★
ネタの種類：★★★★★
インパクト：★★★
総合評価：★★★★

良質なネタを提供するコスパ抜群の人気店

「ブルーバード」は、中心街の喧騒を離れた静かなエリアにある。1階にはカウンター席とテーブル席が2卓あり、外にもテラス席がある。植物や鳥をモチーフにした壁画を見ながら階段を上ると、右手に販売カウンターがある。気さくな店員にドリンクだけでもOKかと尋ねると、全然OKという返事が返ってきた。

メニューは30種類以上と種類豊富で、値段も安い。ネタの最低購入量は物によって違ってくるが、どれも大体1グラム前後だ。たとえばG・13で12・5ユーロ（1・3グラム）。これは1グラムあたりに換算すると、およそ9・6ユーロとなり、非常にお得である。

人気はアムネシアヘイズ（12・5ユーロ／1・3グラム）、レモンヘイズ（12・5ユーロ／1・1グラム）など。他店にはない珍しいネタや、メルティング・ポット（25ユーロ／0・4グラム）などのスーパーアイソレーターもある。ドリンクメニューも豊富で、ハーブティーやスムージーなど、かなりの種類がある。オススメは絶品のミルクシェイク（3・8ユーロ）だ。その他2階にはガラス戸で仕切られた喫煙室もある。ここにはソファがあるのでくつろげるだろう。人気店なので混雑していることが多いが、初心者でも入りやすく、財布に優しい店だ。

【上】太陽光が降り注ぐ明るい店内【下】煙草も吸える喫煙室。ソファ席で居心地抜群

Amsterdam Coffeeshop Best 30

08 ゴア

Goa

【住所】Kloveniersburgwal 42
【営業時間】10時～25時
【音楽】ポップス他
【その他】禁煙、無料Wi-Fi、ドリンクのみ不可
【ネタ】ゴリラグルー（36ユーロ/2グラム）、ハニークリーム（20ユーロ/2グラム）他

店の雰囲気：★★
ネタの種類：★★★★
インパクト：★★
総合評価：★★★

【アジアンな内装の人気店！客入りは良いがコスパは？】

運河沿いにあるこの店は立地がよく、ドアも開けっ放しのためか、いつも客足が絶えない。薄暗い店内はアジアン調の内装で、提灯型の照明がぶら下がっている。壁に描かれた女性の絵や仏像のオブジェなど、随所にアジアへのこだわりを見せている。椅子のデザインもお洒落だが、背もたれが固いので長居には向かないだろう。

販売カウンターは奥にある。ドリンクのみの入店は不可で、ジョイントは4ユーロからある。メニューは種類豊富だが、残念ながらウィードもハシシも最低2グラムからしか購入できないようだ。

おまけに、値段は他店に比べて高め。店のオススメは、インディカ系のゴリラグルー（36ユーロ／2グラム）だが、グラムあたりに換算しても、他店よりも2～3ユーロは高い。ハシシはモロッコ、インド、レバノン、アフガン産を取り揃えており、オランダ産のアイソレーターも40ユーロからある。

こじんまりとした店のため、いつも混雑しているが、ネットではスタッフが無礼だと叩かれている店で、私が訪れた時も上から目線な印象を受けた。その昔はスタッフの愛想もよく、カフェのように落ち着いた雰囲気の店だっただけに残念だ。個人的には、オススメできない。

【上】ひときわ目を引くアジア人女性の絵
【下】アジア風のテイストに統一された内装

Amsterdam Coffeeshop Best 30

09 バスジョエ

Basjoe

【住所】Kloveniersburgwal 62
【営業時間】10時～25時
【音楽】レゲエ他
【その他】禁煙、無料Wi-Fi、ドリンクのみ不可
【ネタ】マスタークッシュ（16ユーロ）、ブルーチーズ（14ユーロ）、エーデルワイス（9.5ユーロ）他

店の雰囲気：★★★★
ネタの種類：★★★★
インパクト：★★★
総合評価：★★★★

【フレンドリーなスタッフのいるアットホームなお店】

「バスジョエ」は、コーヒーショップの並ぶ運河沿いにある店だ。市内西部にも2号店があるが、セントラルに近い本店の方が有名だ。かつては「いちばーん」「ブリブリ」など、片言の日本語を話す名物オーナーがいたが、彼は店を売って祖国スリナムへ帰ってしまった。

しかし、バスジョエイズムは継承しているようで、スタッフは非常に愛想がいい。黒を基調とした店内には、ゆったりとしたソファ席があり、奥にもコの字型のソファスペースがある。運河沿いの往来を眺められる窓際の席や、常連客と肩を並べて語らえるカウンター席もオススメだ。煙草は外のテラス席で吸える。

メニューは種類豊富で、スーパーレモンヘイズ（16・5ユーロ）や、スーパーアイソレーター（30ユーロ）などの強力なネタもある。質は問題ないのだが、値段がやや高いのが難点だ。スーパーシルバーヘイズ（15ユーロ）など、相場よりも2～3ユーロは高い。メニューを見ると、どのネタも2グラムの値段で書かれているが、これはスタッフと交渉次第で1グラムからも購入可能だ。

お金のない方は、ミックスジョイント（4ユーロ）を買うのがいいだろう。値段が高めなのが残念だが、スタッフとの距離が近く、非常に居心地のいい店だ。

【上】黒を基調にしたクールな店内
【下】通りにのぞむ窓際の席は一番のオススメ

Amsterdam Coffeeshop Best 30

10 グリーンハウス・セントラム／ユナイテッド

Green House Centrum/ Green House United

【住所】Oudezijds Voorburgwal 191
【営業時間】10時～25時
【音楽】チルアウト他
【その他】禁煙、無料Wi-Fi、ドリンクのみ可
【ネタ】スーパーシルバーヘイズ（14ユーロ）、テンプルボールズ（12.5ユーロ）他

店の雰囲気：★★★★
ネタの種類：★★★★
インパクト：★★★★
総合評価：★★★★

【サービス満点、ネタ抜群！ セレブも訪れる超有名店！】

ダム広場から徒歩5分。カンナビスカップ常連で名高い「グリーンハウス・セントラム店」は、結晶や鉱石をモチーフにした内装だ。店の奥には優勝記念カップの他、ここを訪れた多くのスターの写真が飾られている。マイク・タイソンにエミネム、リアーナ、パリス・ヒルトン、ジョージ・クルーニー、ジャミロクワイ、レッチリ……など、世界的大スターが目白押しだ。その合間に、この店一押しのネタ、「スーパーレモンヘイズ」氏のバッズ写真がセレブ気取りで飾られているのが面白い。

ドリンクカウンターは手前にあり、マリファナカウンターは奥にある。ネタの種類は豊富で、ウィードなら2008、09年カンナビスカップ王者のスーパーレモンヘイズ（14・5ユーロ）を始め、11年2位のハワイアンスノー（18ユーロ）、14年3位のピュアクッシュ（18ユーロ）などの名品を揃えている。アイソレーターもキャンディクッシュ・アイス（18ユーロ）や、サワークッシュ・フルメルト（60ユーロ）など、値段はやや高めだが破壊力抜群の一品を揃えている。ただし、この店は立地がよいので混雑していることが多いだろう。

もっと静かな店が好みという方は、ハールレンメル通り沿いの「ユナイテッド店」がオススメだ。こちらは「セントラム店」よりもはるかに広い。

店は奥に長い造りで、ネタの販売カウンターは入って左にある。奥にはドリンクカウンターがあり、フラペチーノ（3・5ユーロ）とミルクシェイク（4ユーロ）が絶品だ。フードメニューも充実しており、和牛バーガー（16ユーロ）やサーロインステーキ（18・5ユーロ）などの贅沢な一品もある。

グリーンハウス・セントラムの店内の様子。テーブルや椅子はもちろん、壁の装飾など細部までこだわった内装だ。

店内の壁には、過去に同店を訪れたセレブの写真がズラリ。下の写真はご存知、ハリウッドスターのジョージ・クルーニー。

内装は、アフリカをベースにした独自路線だ。店内右手の壁には象形文字がデザインされており、壁沿いに長いソファ席がある。板張りの床の一部にはガラスがはめ込まれ、その下には鯉が泳いでいる。奥には半地下と半2階に続く階段があり、地下の方は木製のテーブル席のある部屋で、壁にはデルフト焼きのタイルでできた帆船の絵が飾られている。

半2階の部屋は、アフリカ調の木彫りのお面や彫像などが飾られており、天井には星座をモチーフにした絵がある。なんだか大富豪の秘密基地にでも迷い込んでしまったような雰囲気だ。

どちらの店のスタッフも今回取材した中でピカイチの愛想の良さだった。特に、「ユナイテッド店」のイケメンスタッフの笑顔が忘れられない。マリファナを心から愛してやまないという情熱と、誇りのようなものが伝わってくる。

スタッフの1人に「ドリンクだけでも入店はOKか?」と尋ねると、「もちろんOK。だってここはコーヒーショップだもんね」という返事が返ってきた。

なお、グリーンハウスは他に2店舗ある。ウォーターループ広場に近い「ナマステ店」は、オリエンタルな内装の小さな店だ。快適なソファがあり、人気が高い。「パイプ店」はアムス南部にある店で、ダム広場からはトラムで15分ほど。やや遠いが、広々としたソファでくつろげる。時間のある方は足を運んでみよう。

【上】グリーンハウス・ユナイテッドの店内
【下】笑顔の素敵なイケメンスタッフ

Amsterdam Coffeeshop Best 30

11 ルスランド

Rusland

【住所】Rusland 16
【営業時間】8時～24時30分
【音楽】ハウス、トランス他
【その他】喫煙室、無料Wi-Fi、ドリンクのみ不可
【ネタ】ケイシー・ジョーンズ（13ユーロ）、ビッグブッダチーズ（15ユーロ）他

店の雰囲気：★★★
ネタの種類：★★★★
インパクト：★★★
総合評価：★★★

【広々としたソファが売りの穴場コーヒーショップ！】

店名の「ルスランド」はロシアを意味するオランダ語で、店のある通りの名前に由来している。1975年に誕生した同店は、「ライセンスNO．001」を持つ合法的に誕生したコーヒーショップ第1号店だ。ダム広場からは徒歩7分だが、その割には空いていることが多い。

販売カウンターは入って左。ドリンクのみの入店は不可だが、ジョイントは3ユーロからある。メニューはウィードなら、THC23・6％の24Kゴールド（16ユーロ）、ハシシなら44・8％のマロケンチーズ（19ユーロ）、その他66・6％のムーンロックス（50ユーロ）など、強力なネタを揃えている。

階段上がって半2階のスペースには、コの字型の大きなソファ席が2つあり、座り心地もいい。内装はシンプルで、アッパーライトで照らされた壁にウッディな床に、黒いソファと落ち着いた雰囲気だ。階段の上には、プーチンの絵も飾られている。

半地下のスペースには、ガラス戸で仕切られた喫煙席があり、煙草も吸える。こちらも広々としたソファがあるので、くつろげるだろう。

なお、トイレを利用する際はスタッフに鍵を借りる必要がある。大きな特徴はないが、長居したくなる穴場の店だ。

【上】座り心地のよいゆったりとしたソファ席
【下】お店にはネコの姿も。まさかブリブリ？

Amsterdam Coffeeshop Best 30

12 アブラクサス

Abraxas

【住所】Jonge Roelensteeg 12-14
【営業時間】8時～25時
【音楽】ハウス、トランス他
【その他】禁煙、無料Wi-Fi、ドリンクのみ可
【ネタ】アムネシアレモン（14.5ユーロ）、チーズ（14ユーロ）、アップルジャック（13ユーロ）他

店の雰囲気：★★★
ネタの種類：★★★
インパクト：★★★
総合評価：★★★

【絶品のブラウニーが人気 若者客で賑わう大型店！】

ダム広場のそばにある2階建ての店で、非常に狭い通りに面している。店名のアブラクサスとは、鳥の頭を持つ神のことで、選ばれた者を天国に連れて行く存在と言われている。

中に入ると、すぐにマリファナ販売カウンターがある。愛想のいい店員に聞くと、オススメはアムネシアヘイズ（13ユーロ）とのこと。立地がよいだけに値段もやや高めで、ホワイトウィドウは11ユーロ。ハシシは、インド産のマラナクリーム（18ユーロ）や、ネパールクリーム（14ユーロ）などがある。

1階右手にはドリンクカウンターがあるが、メインのチルスペースは2階で、店内の左右にある螺旋階段を上っていく。2階にはコの字型のソファスペースが2つある。片方は布張りでもう一方は木製だが、共に背もたれが固い。内装は、壁に埋め込まれた小石のデコレーションや、歪な木材でできた丸椅子など、ハンドメイド感に溢れている。

この店のオススメは、スペースケーキのブラウニーだ。効果は弱いが、味はアムスNO．1と言われるほどなので初心者向きだ。ドリンクメニューも充実しているが、いつも混雑しているのでちょっと一服に立ち寄るのがいいだろう。

同じ通り沿いには、お土産屋もある。

【上】どこかアートな雰囲気が漂う手作り感あふれる内装【下】通りに面した席もいい

Amsterdam Coffeeshop Best 30

13 ソフトランド

Softland

【住所】Spuistraat 222
【営業時間】9時～25時
【音楽】テクノ他
【その他】禁煙、無料Wi-Fi、ドリンクのみ不可
【ネタ】ビッグブッダチーズ（12ユーロ）、ホワイトウィドウ（8ユーロ）、キングハッサン（14ユーロ）他

店の雰囲気：★★★
ネタの種類：★★★
インパクト：★★★★
総合評価：★★★

ここは宇宙船なのか!? ハイパーな内装の個性派店

ダム広場から徒歩5分の店。入り口のドアを抜けると、目にも鮮やかなオレンジ色の壁と、シルバーのダクトが視界に飛び込んでくる。

うなぎの寝床のような店内には、スペイシーなソファ席や、背もたれの長い椅子がある。店名のソフトランド（軟着陸）の名の通り、着陸した宇宙船のような雰囲気の内装だ。店内の水槽の中では、なぜかペットの亀が飼われている。これぞリアル・ミュータント・タートルズか？

販売カウンターは奥にある。ドリンクのみの入店は不可で、最低3ユーロのミックスジョイントの購入が必要らしい。人気メニューは、サティバ系のソフトランドセージ（14ユーロ）とのこと。この店のオリジナルで、多幸感とエネルギーのバランスに優れた一品だという。

あまり知られていないが、この店はかつてカンナビスカップで3位に輝いたこともあるので、品質は折り紙付きだろう。

昔からネットに力を入れている店で、かつての店名は「Yazoo」だった。以前はワイドモニタのパソコンがずらりと並んでいたが、時代の流れなのか現在は無料のWi・Fiのみ。ダム広場から近い割には空いていることが多く、私が訪れた時は1人客がそれぞれまったり吸っているという雰囲気だった。

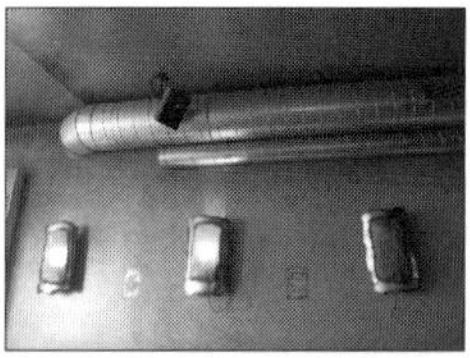

【上】オレンジの壁から飛び出たシルバーのダクト【下】店内はサイバーパンクなイメージ

Amsterdam Coffeeshop Best 30

14 グレイエリア

Grey Area

【住所】Oude Leliestraat 2
【営業時間】12時〜20時
【音楽】クラシックロック他
【その他】禁煙、ドリンクのみ不可、ジョイント販売無し
【ネタ】エクソダスチーズ（13ユーロ）、NLX（12ユーロ）、イエローキャブ（10ユーロ）他

店の雰囲気：★★
ネタの種類：★★★★
インパクト：★★★★
総合評価：★★★

【これぞカオスの極み！行列のできる大麻販売店】

ダム広場から徒歩6分のこの店は、ラッパーのスヌープ・ドッグなども訪れる名店で、アメリカ人に人気がある。ステッカーとお客が巻紙に残したメモだらけの店内は非常に狭く、小さなテーブル席が3卓とカウンター席があるだけ。人気店だけにいつも寿司詰め状態なので、テイクアウトで利用しよう。

メニューは他店にはないネタが多い。スタッフの一押しは、DOG（16ユーロ）や、シルバーバブル（13ユーロ）とのこと。一見不良の溜まり場のような店だが、ネタの質はピカイチだ。

ある日の午後、店に足を運ぶと、ラーメン二郎並みの行列ができていた。雨が降ってきたのに、さっぱり開かない。そのドアには、「ヘンタイカメラ作動中」という謎のステッカーが貼られてある。

ようやくスタッフが出てきたと思ったら、彼は店の前でジョイントをふかし始めた。上から目線の気もするが、不思議と悪い気はしない。店の前では、既に一発キメてラリった爺さんが「私は知っている！　まもなく陽の光が降り注ぐだろう！」と空に向かって独り言をわめき始めた。そんな我々の姿を、バスツアー客が物珍しそうに眺めては写真を撮っていった……。ジャンキーさんはこの店に来れば、心の友ができるかも!?

【上】狭い店内は良質なネタを求める客でいつも大混雑【下】壁は一面ステッカーがビッシリ

Amsterdam Coffeeshop Best 30

15 バーニーズ／バーニーズ・ラウンジ

Barney's / Barney's Lounge

【住所】Haarlemmerstraat 102（本店）
Reguliersgracht 27（ラウンジ店）
【営業時間】9時〜25時（ラウンジ店は9時30分〜25時）
【音楽】ポップス、ジャズ他
【その他】禁煙、無料Wi-Fi、アップタウン、ラウンジはドリンクのみ可
【ネタ】ブルーチーズ（18ユーロ）他

店の雰囲気：★★★★★
ネタの種類：★★★★
インパクト：★★★★
総合評価：★★★★★

カンナビスカップ常連店！カップルでも楽しめる店！

「バーニーズ」は、「グリーンハウス」と共に数多くの名草を生んだカンナビスカップ常連店だ。

セントラルからハールレンメル通りを進んでいくと、通り沿いの右手にまず初めに見えるのが「バーニーズ・ファーム」だ。ここはバーで生ビールが味わえる。草は買えないが、ピュアジョイントを吸うのはOKで、お土産も売っている。「バーニーズファーム」を過ぎると右手に、「バーニーズ・コーヒーショップ」がある。店内はこれといった特徴のない小さなお店だ。テーブル席が並んだ奥には、カンナビスカップの優勝カップが燦然と輝いている。メニューは20種類以上あり、選ばれた精鋭たちが揃っている。

インディカなら、2014年カンナビスカップ王者のクッキーズクッシュ（18ユーロ）。ハイブリッドなら、11年王者のリバティヘイズ（17ユーロ）に10年王者のタンジェリンドリーム（16ユーロ）。サティバなら、08年第2位のユートピアヘイズ（15ユーロ）と思わず目移りしてしまう。

ハシシもブランド力に優れ、14年輸入ハシシ部門第2位のキャラメラクリーム（18ユーロ）に、08年王者のトリプルゼロ（26ユーロ）など……なんとも贅沢なラインナップだ。

アイソレーターもどれもカンナビスカップで入賞したもので、価格は32〜60ユーロとのこと。値段は高めだが、クオリティはアムスでもトップクラス。人気店だけに、朝一で行っても行列ができているので、テイクアウトで利用しよう。

お腹がすいたら、斜向かいにあるバーニーズ・アップタウンへ足を運ぼう。ここはマリファナの販売はしていないが、店内でのマリファナ喫煙は可能だ。黒

超有名店だけあっていつも大混雑。ゆったりと楽しみたい人は「バーニーズ・ラウンジ」の方がいいだろう。

コーヒーショップらしからぬ、シックな「バーニーズ・アップタウン」の店内。モクモクジョイントをふかす女性客の姿も。

とグレーを基調としたシックな内装で、バーカウンターの裏にはずらりとボトルが並んでいる。なんだかダイニングバーのような大人な雰囲気だ。

革張りのソファはゆったりとして座り心地もいい。店の奥には、仏像のある中庭に面したアジアンテイストなテーブル席もある。アルコールやフードメニューが充実している上に味もよいのだが、アイリッシュ・ブレックファースト（15・8ユーロ）など、値段は高め。

最後にご紹介するのは、「バーニーズ・ラウンジ」だ。レンブラント広場から徒歩5分のこの店は、静かな立地にあるコーヒーショップだ。本店と同じネタが買える上に、あまり混んでいないことが多いのでオススメである。

店内は奥に長い造りで、内装はアップタウンと同じく、黒とグレーで統一されている。カウンター席の脇を抜けると、背もたれの長いソファ席が並んでいる。小さなテーブル席が9卓あるのだが、このソファが実に心地よい。ほどよい暗さの照明と、蝋燭の灯りも魅惑的だ。私が訪れた時は、曲はオールディーズを中心に超まったりで、テレビからはアメコミドラマが流れていた。カップルはもちろん、1人でも長居したくなるだろう。こじんまりとした店だが、個人的にはアムスでもトップ3に入るチルスポットだ。

コーヒーショップを語る上で、バーニーズは外せないだろう。

【上】レンブラント広場近くのバーニーズ・ラウンジ【下】店内にあるアムス一の快適ソファ

Amsterdam Coffeeshop Best 30

16 パラドクス

Paradox

【住所】Eerste Bloemdwarsstraat 2R
【営業時間】10時～20時
【音楽】ジャズ、フュージョン他
【その他】禁煙、ドリンクのみ可
【ネタ】ワッパ（5ユーロ/0.4グラム）、タイ(5ユーロ/0.8グラム)、アラスカアイス（5ユーロ/0.4グラム）他

店の雰囲気：★★★★
ネタの種類：★★★
インパクト：★★
総合評価：★★★

最強のスペースケーキを備えたカフェのようなお店

アンネ・フランクの家から徒歩5分。観光客のあまり来ないエリアにこの店はある。

店内はカフェのような内装で、座り心地のいいソファが4卓ある。レンガ調の壁には、森の写真や、アムスの街並みの写真が飾られており、天井にはファンが回っている。「逆説」という反骨的な店名に反して、まったりと落ち着く店だ。

メニューを見ると、レモンヘイズ（5ユーロ／0・4グラム）など、少量単位で買えるのが嬉しい。エース（5ユーロ／0・5グラム）というウィードや、ウォッシュ（12ユーロ／0・8グラム）というハシシなど、珍しい品種もある。

スタッフ一押しは、自慢のスペースケーキだ。このケーキには、ウィードがなんと1グラムも入っている。他店の倍以上の量だ。かなりの破壊力があるので、初心者は4分の1程度でも十分だろう。

この店で以前「シベリア」で声をかけられた、地元のおじさんと再会した。彼は無名の俳優だが、ロシア人ミュージシャンのPVに出演したこともあるらしい。その後も、おじさんとは「ソロ」という店で出くわした。毎日ブリブリの彼は静かで落ち着いた店を好むようである。アムスに来たら、自称リチャード・ギアのこのおじさんを探してみよう。

【上】田舎の喫茶店のような温かみのある空間
【下】自称リチャード・ギアのおじさん

Amsterdam Coffeeshop Best 30

17 イエステフープ

1e Hulp

【住所】Marnixstraat 194
【営業時間】7時～25時
【音楽】ヒッピホップ他
【その他】禁煙、無料Wi-Fi、ドリンクのみ可
【ネタ】G 13（13ユーロ）、コッシャークッシュ（15ユーロ）、ムーンロックス（40ユーロ）他

店の雰囲気：★★★★
ネタの種類：★★★★
インパクト：★★★★
総合評価：★★★★

コスパ抜群！ 洗練された内装の隠れた名店

トラム17番Marnixstraat駅近くのこの店は、中心街からはやや離れているが、良質のネタを安価で提供する名店である。販売カウンターは入り口入って、右手にある。ウィードは、ゴーストトレインヘイズにコーシャークッシュ、ブルードリームにゴリラグルー#4（いずれも15ユーロ）など、アメリカで人気の高い品種を揃えている。ブルース・バナー（15ユーロ）や、エネミーオブザステイト（12ユーロ）など、他店では見ないレアネタもある。ミックスジョイントが2・5ユーロなど、値段は非常に安い。「応急処置」という店名にふさわしく、マリファナに飢えた者たちに速やかに潤いを与えてくれる名店だ。

内装はオリエンタル&アラビア調。半2階のソファスペースは緑と赤で統一されており、窓枠やランプシェードの装飾もクールだ。余計なものを一切排した内装で、壁には「メイキングメモリーズ（思い出作り）」と一言ある。1階にも座り心地のよいソファ席があるが、こちらは天井が低くて薄暗いため、秘密基地のような雰囲気がある。

地元の若者で混雑していることも多いが、平日の昼間は割と空いている。なお、中でマリファナを吸うためには21歳以上が条件となっているのでご注意を。

【上】オリエンタルな雰囲気のソファ席
【下】壁には「思い出作り」との標語があった

Amsterdam Coffeeshop Best 30

18 ラ・テルトゥリア

La Tertulia

【住所】Prinsengracht 312
【営業時間】11時～19時（日月定休）
【音楽】イージーリスニング他
【その他】禁煙、ドリンクのみ可
【ネタ】ヒマラヤンゴールド（12ユーロ）、マスタークッシュ（12ユーロ）、N.Y.C.ディーゼル（12ユーロ）他

店の雰囲気：★★★★★
ネタの種類：★★
インパクト：★★★★★
総合評価：★★★★

【緑溢れるポップなお店！ 癒やしのローカルショップ】

観光客がほとんど来ない静かな運河沿いに、この店はある。まず目に入るのは、淡い空色に塗られた美しい外壁だ。ゴッホをモチーフにした絵だが、通りすがりのおばさんも思わず足を止めるほどの不思議な魅力がある。店内は吹き抜けの2階建てで、赤いパイプ椅子やモノトーンな床のタイル、ポップな絵画など、50年代のアメリカのレストランを彷彿とさせる雰囲気がある。要所要所に観葉植物が配されており、大きな窓から自然光が差し込んでいるのも心地よい。

ちなみに店名は、スペイン語で文学や美術などの芸術、または社会問題について語り合う会合を意味するらしい。その名のとおり、この店ではブリブリのまま知的な会話を楽しみたいものだ。

販売カウンターは1階にあり、スタッフも親切。ネタの種類は少ないが、マンゴーヘイズ（12ユーロ／0.9グラム）など、プリパックされたネタは、いずれも12ユーロか5ユーロで買える。絶品のサンドイッチも10種類以上あり、値段も2.8～4ユーロと安い。

入店はドリンクのみでもOKで、他店のネタを吸ってても構わないとのこと。

まさしくコーヒーショップの鑑のような店だ。営業は日中のみなので、白昼の日差しを浴びながら一服してみよう。

【上】窓ガラスから差し込む太陽光が心地よい
【下】観葉植物が飾られた吹き抜けの店内

Amsterdam Coffeeshop Best 30

19 ドルフィンズ

The Dolphins

【住所】Kerkstraat 39
【営業時間】10時～25時
【音楽】R＆B、ポップス他
【その他】禁煙、無料Wi-Fi、ドリンクのみ不可
【ネタ】マラケシュ・エクスプレス（15ユーロ）、ロイヤルドルフィン（13ユーロ）他

店の雰囲気：★★★
ネタの種類：★★
インパクト：★★★★
総合評価：★★★

笑顔の女性スタッフがいる海底洞窟風のお店

「ドルフィンズ」はライツェ広場から徒歩4分にある、海底洞窟をイメージした内装の店だ。名前のとおり、イルカや海をモチーフにした装飾が至る所に見受けられ、金魚も泳いでいる。

　1階には小さなテーブル席が並び、奥に販売カウンターがある。スタッフは女性ばかりでいずれも好印象。3人共、背中に「420」と書いた揃いのTシャツを着ており、なんだか部活の合宿にでも来ているような健康的な雰囲気だ。マリファナに嫌悪感を持つ人でも、この店に来れば心変わりするかもしれない。

　ネタの種類は非常に少ないが、他店ではあまり見ないものを揃えている。サティバ系のテスラパワー（15ユーロ／1・2グラム）や、ホワイトドルフィン（14ユーロ／1・2グラム）などのオリジナルメニューもある。その質には定評があるものの、値段は高め。スペースマフィンで9ユーロ、ミックスジョイントで4・5ユーロだ。地下は広々とした喫煙室になっており、煙草も吸える。座り心地のよいソファ席が6つあり、壁一面に広がるイルカの壁画も幻想的だ。1階にはカラフルなヴェポライザーが並び、無料で利用できる（デポジットとして10ユーロ必要）。女性客も多く、健全な雰囲気の店なので初心者にオススメだ。

【上】まるで海の底のようなカラフルで幻想的な店内【下】ヴェポライザーの貸出もあり

Amsterdam Coffeeshop Best 30

20 デ・ダンプクリング ダンプクリング2

De Dampkring/ Dampkring 2

【住所】Handboogstraat 29（本店）
Haarlemmerstraat 44（2号店）
【営業時間】10時～25時（2号店は8時～25時）
【音楽】ハウス、トランス他
【その他】禁煙、無料Wi-Fi、ドリンクのみ可
【ネタ】カリミスト（12ユーロ）他

店の雰囲気：★★★★
ネタの種類：★★★★★
インパクト：★★★★
総合評価：★★★★

映画『オーシャンズ12』にも登場した超人気店！

オランダ語で「雰囲気」を意味するこの店は、ハリウッド映画『オーシャンズ12』の劇中にも登場した人気店だ。決して広くはない店だが、内装はお見事。壁に施されたオレンジ色のサイケなペイントに、キノコのような形のランプシェード、分子模型のような照明に、タロットカードが似合いそうなテーブルと、随所に個性を覗かせている。そんなサイケな空間を白黒のブチ猫（ボウイ君）が、我が物顔で行き来しているのもまた面白い。彼はこの店の住人で、ファンクラブもあるほどなのだ。

手前がドリンク、奥がマリファナコーナーとなっている。メニューは30種類以上もあり、他店にはないレアネタを揃えている。ウィードなら、A5（14・5ユーロ）やメキシカンヘイズ（14・5ユーロ）など、どれもクオリティは完璧。有名店の割には良心的な値段なのも嬉しい。

いつも混んでいる店なので、早い時間に行くのがオススメだ。

夜に行くと、ドリンクを頼むだけでも一苦労だ。なかでもミルクシェイク（4・75ユーロ）とホットチョコレート（3ユーロ）が絶品で、そのためか他店に比べて女性客も多い。ちなみに私が訪れた時には、親子4人の家族連れもいた。家族4人で仲良くジョイントを回す姿は、傍から見ていると感慨深いものがある。

人混みが苦手な方は、ハールレンメル通り沿いの「ダンプクリング2」がオススメだ。こちらは本店よりは空いていることが多い。店は3階建てで、黒や茶で統一されたシックな内装だ。本店と同様にセキュリティのため、帽子着用での入店は厳禁である。

メニューは本店とは異なっている。元々は同じメニューだったが、最近この

バーカウンターの上を我が物顔で闊歩するボウイ君。開店から閉店まで客足が途絶えない、アムス屈指の人気店だ。

オレンジを基調とした店内。うねうねとした壁の模様、独特な形状のランプシェードがサイケデリックな気分に誘う。

店は「コーヒーショップ・アムステルダム」という店名に変わったらしい。どうやら本店の創立者が一度は店の権利を売ったが、再び2号店の共同経営者として名を連ねることになったようだ。だが権利的な問題で、「ダンプリング」の屋号を使えなくなった模様である。

　入って右手にマリファナカウンターがあり、ドリンクは奥で買う。革張りのソファは座り心地がよく、所々に観葉植物があるのも嬉しい。3階の奥には窓に面した席もあり、眼下の往来を眺めながらの一服もまた乙なものだ。私が訪れた時には、ブリブリのままなぜか腕立て伏せを始める男がいた。怠惰なのかストイックなのかよくわからない人だ。

　こちらの店もメニューは種類豊富。ウィードなら「オーシャンズ12」というネタもある。柑橘系の風味ながらも、効き目はストロングなヘイズだ。ハシシのオススメは、オリジナルのリーフマンシリーズだ。手頃な値段ながらも、ファンの多い名作である。

　なお、「アムステルダム」のオーナーは、スパイ広場近くのコーヒーショップ「テュイード・カマー」の創設者でもある。この店は、良質のネタを扱う名店として知られている。この2店は同じメニューなので、生まれ変わった「アムステルダム」の質の高さは折り紙付きだろう。どちらのダンプクリングも、一度は足を運んでおきたい名店だ。

【上】ハールレンメル通りの2号店【下】本店とは違って、落ちついたシックな内装だ

Amsterdam Coffeeshop Best 30

21 イージータイムス

Easy Times

【住所】Prinsengracht 476
【営業時間】9時～25時
【音楽】トランス・ポップス他
【その他】禁煙、無料Wi-Fi、ドリンクのみ可
【ネタ】ムーンシャインヘイズ（15ユーロ）、ストロベリーヘイズ（14ユーロ）他

店の雰囲気：★★★★
ネタの種類：★★★★★
インパクト：★★★★
総合評価：★★★★★

まるでキャバクラ!? ゆったりソファが嬉しい店

ライツェ広場から徒歩4分にあるこの店は、キャバクラのような内装の店だ。入り口入って左手に販売カウンターがあり、店内の中ほどまではカウンター席が続いている。奥に広々としたソファ席もあるが、セントラル近くの店とは違って、客もまばらであることが多い。

内装を見ると、天蓋つきのソファにカラフルなクッション、紫の蝋燭立てに、壁を照らすピンクのライトに、クリスマスツリーの飾りにでもありそうな丸い形の照明器具など、気分はお姫様だ。音楽も女性シンガーのポップスなどチャラめである。

とにかくチャラい店だと思われがちだが、この店は侮れない。ネタは種類豊富で、グリーンクラック（15ユーロ）に、コーシャークッシュ、スカイウォーカー・オージー、ゴリラグルー＃4（いずれも16ユーロ）など、Aクラスのネタを揃えており、値段もお手頃。ツーリストの評価が高い店なのも頷けるだろう。

女性スタッフのオススメは、キャンディクッシュ（14ユーロ）とのこと。ドリンクメニューでは、甘いホットチョコレート（2・5ユーロ）が人気のようだ。

居心地がいいためか、クッションを枕にしてスマホをいじくる客もいた。思わずずるずると長居してしまう店だ。

【上】どことなくキャバクラを思わせるような内装【下】天蓋つきのソファとクッション

Amsterdam Coffeeshop Best 30

22 スーパースカンク

Super Skunk

【住所】Prinsengracht 480
【営業時間】8時～25時（日曜8時～24時）
【音楽】ハウス、レゲエ他
【その他】禁煙、無料Wi-Fi、ドリンクのみ可
【ネタ】ラーフィングブッダ（12.5ユーロ）他

店の雰囲気：★★★
ネタの種類：★★★★★
インパクト：★★★★
総合評価：★★★★

【ブラックミュージックが売りのメローなお店】

「スーパースカンク」は、「イージータイムス」から1軒挟んで隣にある。あちらがキャバクラなら、こちらはブラックミュージック中心のまったりなお店だ。

マリファナカウンターは入り口入ってすぐにあり、奥には広々としたソファ席がある。ロウソクの灯りでほのかに明るんだ店内には、ガンジャを吸う女神様の壁画や、魔法使いの小道具のような金色の丸テーブル、紫がかったクッションなど、胡散臭い調度品が並んでいる。しかしソファの座り心地がよいせいか、ブリブリと長居したくなる店だ。

ネタの種類は豊富で、ロレックス・オージー（18・5ユーロ）や、店名にもなっているスーパースカンク（13・5ユーロ）など様々。注目すべきは、他店で二の足を踏んでいるダブを置いていることだ。ワックスやシャッターが90～120ユーロで買える。

ヤバイものを置いている店だが、スタッフはとても愛想がいい。親日家の女性スタッフの息子の名前は、日本語の「うみ」から取った「カイ」とのこと。私は頼まれて、漢字で「海」と書いてやった。コーヒーショップで一児の母とこんなにほのぼのとしたやり取りをするなんて……。「イージータイムス」と共に、ネットでも高評価の優良店である。

【上】まったりと長居したくなる店内
【下】ガンジャを吸う女神様がお出迎え

Amsterdam Coffeeshop Best 30

23 ゲットダウン・トゥ・イット

Get Down To It

【住所】Korte Leidsedwarsstraat 77
【営業時間】9時30分～25時
【音楽】ポップス、トランス他
【その他】喫煙室、有料PC、無料Wi-Fi、ビリヤード台あり、ドリンクのみ不可
【ネタ】ホーリーグレイル（16ユーロ）、AK-47（9.5ユーロ）他

店の雰囲気：★★
ネタの種類：★★★★
インパクト：★★★
総合評価：★★★

【ガラケーネット難民大集合 PC常備の嬉しいお店】

ライツェ広場から徒歩0分の地下にある店。入ってすぐにマリファナ販売カウンターがあるが、ネット利用のみの場合は、ネタを買う必要はない。パソコンは3台あり、ネットは1・6ユーロ（20分）で利用可能。印刷代も込みだ。

ガラス戸の向こうには、煙草もOKな広々とした喫煙ルームがある。こちらに入るためには、何かネタを買う必要がある。一番安いのは、4ユーロのミックスジョイントだ。

中には木製のテーブル席が並んでいるが、座り心地は固くてよくない。

BGMのボリュームも大きすぎるし、指の中に人間が埋まった手の絵も不気味だ。空調が効きすぎて夏場は寒いのも難だが、ここにはビリヤード台（1ゲーム／2ユーロ）や、マッサージ機（2ユーロ）もある。

メニューを見ると、アメリカで人気のガールスカウトクッキーズ（14・8ユーロ）や、ソマリ（14・5ユーロ）といったレアネタがあって驚いた。しかしネタの質にはやや問題のある店なので、期待はできないだろう。

女性スタッフは感じが良かったが、男性スタッフは無礼な印象を受けた。それでもパソコンが使える貴重な店なので、ガラケーユーザーは重宝するだろう。

【上】店内は古い場末のバーのような雰囲気
【下】いまや懐かしのレンタルPCもある

Amsterdam Coffeeshop Best 30

24 スモーキー / クラブ・スモーキー

Smokey/Club Smokey

【住所】Rembrandtplein 24
【営業時間】10 時～ 25 時
【音楽】ポップス、レゲエ他
【その他】禁煙、無料 Wi-Fi、トイレの使用（0.5 ユーロ）、ドリンクのみ可（クラブ喫煙室有り、飲酒可）
【ネタ】パイナップルヘイズ（26 ユーロ /2 グラム）他

店の雰囲気：★★★
ネタの種類：★★★
インパクト：★★★★★
総合評価：★★★

幻想的なネオンがまぶしい酒、草、煙草が味わえる店！

レンブラント広場に隣接。大きなネオン看板が目を引く店だ。広大な店内では、幻想的なネオンライトが光っており、電飾で彩られた天井も魅力的だ。立地がよいのでいつも観光客で混雑しているが、内装は一見の価値があるだろう。

ただし肝心のネタはツーリストプライスで高い。ウィードは2グラムからの購入で、ホワイトウィドウでグラム12ユーロと、他店より2、3ユーロは高い。また、質に関しても評判が悪い。コーラも3ユーロと高く、2階のトイレ利用時にも0・5ユーロ必要だ。

1軒挟んだ右手には、系列の「クラブ・スモーキー」がある。こちらは酒とマリファナを同時に味わえるバーで、ビールは3ユーロからある。黒を基調とした店内はカラフルな光で彩られ、その名の通りクラブのような雰囲気がある。夜には、DJによるダンスイベントも行っているらしい。

赤いド派手なソファもあり、2階は有料のVIPルームになっている。1階奥の喫煙室では、酒、草、煙草の三種の神器が同時に楽しめる。椅子はないが、昼間は空いているのでオススメだ。

ネタの値段は高いが、ドリンクのみでも入れるのが吉。光溢れる店内を是非ご堪能あれ。

【上】ネオンが輝く「スモーキー」の店内
【下】隣接の「クラブ・スモーキー」は飲酒可

Amsterdam Coffeeshop Best 30

25 ブッシュドクター　ブッシュドクター・アムステル

The Bushdocter / The Bushdocter Amstel

【住所】Thorbeckeplein 28（本店）
Amstel 36（アムステル店）
【営業時間】9時～25時
【音楽】ヒップホップ、レゲエ他
【その他】禁煙、ドリンクのみ不可
【ネタ】ブルーチーズ（25ユーロ/2グラム）、ブッシュドクタードリームス（30ユーロ/2グラム）他

店の雰囲気：★★★
ネタの種類：★★★★★
インパクト：★★★★★
総合評価：★★★★

【質の高いネタを揃えたユニークな内装の名店！】

「ブッシュドクター」は2店舗ある。

まずはレンブラント広場近くの店舗だ。こちらはオレンジ色の看板が目印の4階建ての建物だ。

入ってすぐに販売カウンターがあり、ドリンクのみの入店は不可とのこと。一番安いネタはブルーベリージョイント（4ユーロ）のようだ。

急勾配の階段を上って上階へ上がると、地獄の果てのような空間が広がっている。

壁や椅子など、あらゆる場所が大量の落書きやステッカーで埋め尽くされており、めまいがしそうだ。退廃的な店だが、壁に飾られた仏像のレリーフと、表の景色を眺められる窓だけが気分を和ませてくれる。まさしく、地獄に仏だ。

椅子は木製で背もたれは固い。また、4階の屋根裏部屋は風通しが悪いためかややむっとしていた。一方冬場は寒いので、長居には向かないだろう。階段の手すりも壊れていたし、清潔感に欠けるのもマイナスポイントだ。そのせいか私が訪れた時も店内はガラガラで、表のテラス席ばかり混んでいた。

この店が放つダークな雰囲気は一体何なのだろう？　後述する「ヨーヨー」が天国なら、この店と「グレイエリア」は明らかに悪魔に支配されている。

2店舗目は、川沿いにある「アムステル店」だ。

こちらはサイケデリックな内装が目を引く店だ。店内の壁はライトグリーンに塗り込まれ、蔦や植物の模様が描かれている。こじんまりとした店内には小さなテーブル席が並び、椅子はメタリックなシルバーの丸椅子だ。奥の天井には、スペイン人アーティストによって描かれた不気味な女の顔の絵がある。

よく言えばモザイクアート、悪く言えばゴミ箱をぶちまけたような、強烈なインパクトの内装。

椅子は木材むき出しのベンチ。長時間座っていると尻が痛くなるので、あまり長居には向かないかもしれない。

販売カウンターは左手奥にある。こちらは空いていたためか、ドリンクのみでもOKだった。メニューは先の店舗と同じでクオリティも抜群。しかし、ウィードの場合、ほとんどのネタが、最低2グラムからしか購入できない。ブルーベリー（11ユーロ）と、スカイウォーカー・オージー（15ユーロ）は1グラムから売ってくれるらしいが、不満は残る。1グラムあたりの値段に換算しても、G・13で15ユーロと値段はやや高めだ。

一方、ハシシは1グラムから購入できる。モロッコ産のスーパーポルム（10ユーロ）やスカンキー（16ユーロ）、ブラックハシシのマラナクリーム（18ユーロ）、キングネパール（20ユーロ）などがあり、どれも良質。それで物足りない方には、破壊力抜群のムーンロックス（60ユーロ）やグランダディ（70ユーロ）などのアイソレーターもある。更には、その上をゆく禁断のワックス（THCは70～80％）まである。モービーディック、ブルーチーズなど様々な品種があるが、どれも値段は95ユーロと、1万円では足が出てしまう。物好きな方以外は、手を出すべきではないだろう。

「ブッシュドクター」は2店舗とも、長居には向かない店だ。しかしネタの質には定評があるし、本店の壁画は見る者を圧倒するので一見の価値はある。

倦怠期のカップルや、非日常を味わいたい方にオススメの店だ。

【上】ブッシュドクター・アムステルの入り口。
【下】店内はスライムのような緑色をしている。

Amsterdam Coffeeshop Best 30

26 ブーレヨゲス

Boerejongens

【住所】Utrechtsestraat 21
【営業時間】7時～24時45分（土日は9時～24時45分）
【【音楽】テクノ他
【その他】禁煙、ドリンクのみ不可
【ネタ】ブルーマジック（16ユーロ）、ガールスカウトクッキーヘイズ（13ユーロ）他

店の雰囲気：★★★★
ネタの種類：★★★★★
インパクト：★★★
総合評価：★★★★

【アムスNO．1の呼び声が高い、地元民オススメの店！】

アムス在住の愛煙家に「最強のコーヒーショップはどこか？」と尋ねると、決まってオススメされるのがこの店だ。1ヶ月の滞在でなんと4人の地元民から「ブーレヨゲス」の名前を聞いたのだ。

同店は市内に3店舗あるが、セントラルに一番近いのはレンブラント広場近くの店舗だ。早速店に行くと、小さな店にもかかわらず行列ができていた。中に入ると、1階は販売カウンターのみで、蝶ネクタイを締めたスタッフが忙しなく働いている。なんだかワインのソムリエみたいで、非常に清潔感がある。販売カウンターもホテルのフロントのような雰囲気があり、「農場で育った少年」を意味する店名に反して実にスマートな店だ。

メニューは液晶パネルで、品種ごとにスタッフが切り替えてくれる。ジョイントだけでも10種類は軽く超えており、豊富な品揃えだ。ビッグブッダチーズ（11ユーロ）に、アムネシアヘイズ（11ユーロ）、スーパーシルバーヘイズ（9・5ユーロ）など、相場よりも値段が安い。ちなみに、スタッフ一押しはパイナップルヘイズ（11ユーロ）とのこと。

2階には小さなソファスペースがあるが、当然ながら席は埋まっていた。ネタの質は文句なし。コスパ抜群なので、テイクアウトで利用しよう。

【上】ホテルのフロントのようなマリファナカウンター【下】窓際の席はまったりポイント

Amsterdam Coffeeshop Best 30

27 カツ

Katsu

【住所】Eerste van der Helststraat 70
【営業時間】10時～24時(月～木)10時～25時(金土)11時～24時(日)
【音楽】クラシックロック他
【その他】禁煙、無料Wi-Fi、ドリンクのみ可
【ネタ】ブルーベリースカンク(10ユーロ)他

店の雰囲気：★★★★
ネタの種類：★★★★★
インパクト：★★★
総合評価：★★★★

【我が道を行くラインナップアムス随一の品揃えの名店】

トラム16番Albert Cuypstraat下車、徒歩4分。中心街の喧騒を離れた場所にあるこの店は、ド派手な青い外装が目印の店である。オーナーは親日家で、店名の「カツ」は日本語の「勝つ」が由来となっているらしい。

販売カウンターは、階段を少し下った左手にある。メニューは全部で3つもあり、40種類ほどのネタがある。料金はほとんどのネタが明朗会計の10ユーロで、メキシコヘイズ(0・9グラム)、ハワイヘイズ(0・8グラム)、ブラックウィドウヘイズ(0・8グラム)など、珍しいネタが豊富にあり、目移りしてしまう。ネタの質も文句無し。我が道を行く、コスパ抜群の店だ。

ウッド調のカウンター席と小さなテーブル席の並ぶ通路を抜けると、奥にソファ席がある。ロックバンドの写真や、サイケな絵画、窓越しに見える謎の池など、雑然とした内装ながらも妙に落ち着く空間だ。ここには、各国の特徴をイラストで紹介した不思議な地図もある。日本の売りは、桜、寿司、芸者、相撲、太鼓、新幹線、ロボット工学、タカアシガニとのこと。店内にはヴェポライザーもあり、気軽に利用できる。人気店なので混雑しているが、コスパ抜群なので、テイクアウトでの利用もありだろう。

【上】ウッド調のカウンターとテーブル席
【下】話題のCBDオイルも置かれている

Amsterdam Coffeeshop Best 30

28 イビザ

IBIZA

【住所】Hemonystraat 16
【営業時間】10時～25時
【音楽】ハウス、レゲエ他
【その他】禁煙、無料Wi-Fi、ドリンクのみ可
【ネタ】チョコロコ（20ユーロ/1.7グラム）、スペースロック（50ユーロ/1.4グラム）他

店の雰囲気：★★★★
ネタの種類：★★★
インパクト：★★★★
総合評価：★★★★

【強力なネタを揃える郊外の人気店。広いソファ席あり!】

トラム4番 Stadhouderskade 駅下車。「イビザ」はアムスの南側、静かな立地にある店だ。

入って右手に販売カウンターがある。私が訪れた時はスタッフの目はすわっており、明らかにブリブリのようだ。私はドリンクのみでも入店できたが、これはスタッフ次第らしい。メニューを見て驚いた。THC24%のグリーンクラックを筆頭に、ロレックス・オージークッシュ、ブルードリームなど、そのほとんどがTHC20%を上回るA級品ばかりなのだ。値段はどれも20ユーロで、ネタによって1・2～1・5グラムと量が変わる。手頃な値段の割にはクオリティは抜群で、遠方から訪れるファンも多いようだ。

1階にもテーブル席があるが、よりまったりしたい方は階段を上がって半2階へ行こう。そこには、昭和の喫茶店のような大きなソファスペースが広がっている。内装は実にやぼったいし、壁のあちこちにかけられた鏡も気になるところだ。しかし、夜になるとライトアップされてぐっとクールになる。半地下にも、個室めいた雰囲気のソファ席がある。

BGMはレゲエなどのスローテンポな曲が多めで、ゆったりとくつろげた。この店で一服すれば、誰もがずぶずぶとソファに沈み込んでしまうだろう。

【上】青を基調としたテーブル席が並ぶ1階
【下】半2階のソファ席。まったりできる

Amsterdam Coffeeshop Best 30

29 ヨーヨー

Yo-Yo

【住所】Tweede Jan van der Heijden-straat 79
【営業時間】12時～19時（金土は20時まで）
【音楽】イージーリスニング他
【その他】禁煙、無料 Wi-Fi、ドリンクのみ可
【ネタ】チーズ（10ユーロ）他

店の雰囲気：★★★★★
ネタの種類：★★★
インパクト：★★★★★
総合評価：★★★★★

【アムスのコーヒーショップでもっとも美しい店】

「イビザ」から徒歩圏内のこの店は、観光客が来ないローカルコーヒーショップだ。店内に足を踏み入れた瞬間、モデルルームのような内装に驚くだろう。無垢材のフローリングに、黒と赤とウッド調で統一された調度品、キュートな絵画に色とりどりの花々……。コーヒーショップの不健全なイメージを全く感じさせない、女性的な店だ。さすがはアートギャラリーも兼ねた店だけのことはある。

ネタを吸えるスペースは、入り口入って白いカーテンで遮られた手前の部分だ。ここにはテーブル席が3卓あり、ゆったりとしたソファもある。席数は少ないが、客入りは多くないので問題ないだろう。白いカーテンを潜るとカフェスペースがあり、こちらも圧倒的にお洒落。自然光に溢れた店内は、そのまま写真スタジオとしても利用できそうだ。

販売カウンターは奥にある。5ユーロ札1枚で、アムネシアヘイズ（0・5グラム）などのおなじみのネタが買えるので、大変お買い得だ。激ウマのホットサンド（ハム&チーズ）などのフードメニューがあるのも嬉しい。

笑顔の素敵な女性スタッフによると、店名の「ヨーヨー」は小説のタイトルから取ったとのこと。昼下がりの陽光を浴びながら、まったりとキメたい店だ。

【上】コーヒーショップとは思えないほどセンスのいい内装【下】ネタを吸えるスペース

Amsterdam Coffeeshop Best 30

30 カシミアラウンジ コーヒーショップ・カシミア

Kashmir Lounge/ Coffeeshop Kashmir

【住所】Jan Pieter Heijestraat 85-87
【営業時間】10時～25時（月～木）10時～27時（金土）11時～25時（日）
【音楽】ハウス、トランス他
【その他】喫煙室、無料Wi-Fi、ドリンクのみ可、ラウンジのみ飲酒可
【ネタ】アムネシア（12ユーロ）、カシミアクリーム（14ユーロ）他

店の雰囲気：★★★★★
ネタの種類：★★★★★
インパクト：★★★★★
総合評価：★★★★★

【コーヒーショップのキング 草・酒・煙草が揃った名店】

個人的にはアムスナンバーワンはこの店だ！ 場所はアムスの西側、トラム17番のJan Pieter Heijestraat駅から徒歩1分にある。

「カシミアラウンジ」の内装はインド調で、ブッダやガネーシャの装飾があちこちにある。蝋燭が揺らめく店内は昼間でも薄暗く、幻想的だ。この店はマリファナ販売はなし。自前の草を持ち込み、酒や煙草と共に楽しむことができる。

店内には中央にドリンクカウンターがあり、左手の奥には扇形のベンチコーナーがある。クッションが敷かれているのは嬉しいが、椅子はやや硬い。しかし、ここから眺める表の白光が非常に美しい。右側のスペースにはDJブースがあり、夜にはイベントが行われている。中心街の店に比べてお客も少ないので、ゆったりと過ごせるだろう。

煙草を吸う方にオススメなのが、奥にあるガラス戸で仕切られた喫煙ルームだ。個人的には、ここがアムス市内のベスト・カンナビススポットだ。ガネーシャの壁画の描かれた室内には、座禅を組んだ仏像がある。壁沿いにはソファスペースがあり、ふかふかのクッションもてんこ盛りだ。大きな窓に面した席では、ビールと煙草とウィードの三種の神器をやりながら、王様気分で人間観察もできる。そして何より、この店は音がいい。草・酒・煙草に、良質な音が加わればもはや言うことなしだ。

欠点をあげるとすれば、冬場の喫煙室は少々寒いこと。また、地下のトイレの個室に入る際は、スタッフに言って鍵を借りる必要がある。

「カシミアラウンジ」の正面には、同名のコーヒーショップがある。ここでは草とソフトドリンクのみ購入可能だ。うな

「カシミア」の名前の通り、インドからインスパイアされた内装。蝋燭の光が揺らめき、幻想的な雰囲気だ。

アムス市内のベスト・カンナビススポットに挙げたい、喫煙室。ふかふかのクッションがてんこ盛りで天国のようだ。

ぎの寝床のように細長い店内には、手前と奥に2つのベンチ席とカウンター席がある。ガラス戸の奥は、煙草も吸える喫煙ルームになっている。

平凡な店だが、ネタは驚くほど充実しており、40種類以上もある。ウィードは、クリスタル（11ユーロ）にキリングフィールズ（12ユーロ）にアルティメット（12・5ユーロ）など、レア物のネタを揃えている。

オススメは、プランケン（10ユーロ）だ。体全体にじんわりとくるインディカ系の特色を帯びながら、後半になるほど効き目に伸びがある。体がゆらゆらと揺れ、その割りには頭は正常で、会話も普通に楽しめる。

ハシシも多種多様で、モロッコ、アフガニスタン、アフリカ、トルコ、レバノン、ネパール、インド、メキシコなど世界各国から仕入れている。

雰囲気、音楽、親切な店員、そして変わり種プランケンを備えたカシミアラウンジを、私はアムスNO．1コーヒーショップに推したい。

最後に、この店に書かれていた言葉で締めくくりたいと思う。

「愛とは、幸せの扉を開くマスターキーだ。幸せとは、心の中に嫌な出来事の記憶を一切持たない芸術のことである」

嫌な記憶は全てマリファナで溶かして、この店に置き去りにしてしまおう！

ハヴァ・ナイストリップ♪

【上】【下】カシミアラウンジの向かいにあるコーヒーショップ・カシミア。ネタはこちらで。

ぶらりローカルコーヒーショップ巡り

ローカルコーヒーショップとは、観光客がほとんど来ない地元民中心のコーヒーショップのことだ。30選で紹介したヨーヨーや、ラ・テルトゥリアがこれにあたる。

明確な定義があるわけではないが、地元民の集まる店には次のような特徴がある。

- **中心街や観光地から離れた静かな環境にある。**
- **観光客がほぼいないので、店内が静か。空いていることが多い。**
- **ネタの種類は少ないが、値段が安い。ソフトドリンクも2ユーロほど。**
- **ドリンクのみの入店でもOK※。**

客層が地元民ばかりだからといって、日本のスナックのように、ツーリストが突然飛び込んでも、特に好奇な目を向けられることはないだろう。アムステルダムの喧騒がウソのように、まったりと過ごすことができる。移動にやや時間がかかるが、アムスの騒がしさに疲れたら足を運んでみよう。

次に紹介する店は、いずれも中心街から徒歩か**トラム**※で行ける店だ。

※**ドリンクのみの入店でもOK**
ただし、他店で買ったネタが吸えるかどうかは店による。

※**トラム**
アムスっ子の足、トラム。ブリブリな時は轢かれないように気をつけよう。

移動に便利なトラム

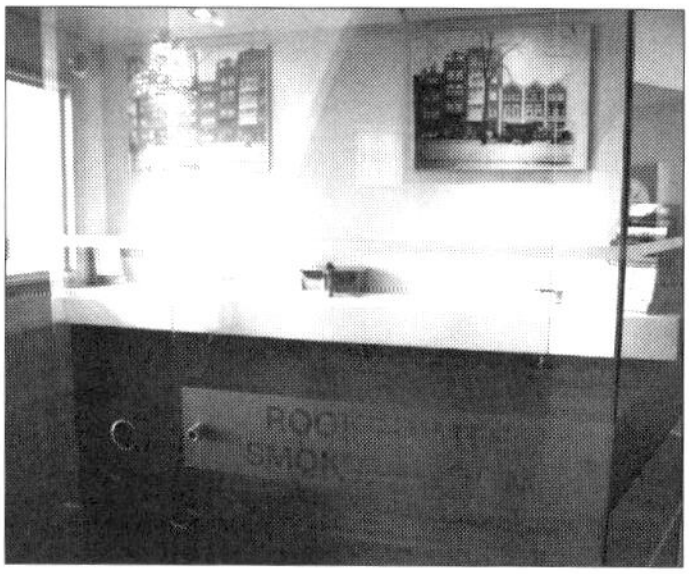

【左】ジョニーの店内。座席は３席のみ。【右】マリファナと煙草はガラス張りの喫煙室で。

❶ジョニー[※] オススメ度：★★

ジョニーはアムステルダムの西側の静かなエリアにある。店名の「ジョニー」は、オーナーの名前にちなんでいるらしい。白を基調とした清潔感のある内装だが、丸椅子のカウンター席が3席しかない非常に小さな店だ。目を引くものは吹き抜けの天井とシャンデリアくらいなものだが、窓際の席に座れば、表の往来をまったりと観察できるだろう。私が訪れた時は、すぐ前の公園で、子供がシーソーで遊んでいてなんとも微笑ましかった。

販売カウンターは奥にある。中心街では10ユーロはするホワイトウィドウも、8・5ユーロという安さだ。メニューはローカルショップにしては種類が多く、30種類近くもある。マンゴーヘイズ（9・5ユーロ）など、特にフルーツ系のネタが充実している。

マリファナと煙草は、ガラス張りの喫煙室でのみ喫煙でき

※ジョニー
【店名】Johnny
【住所】Elandsgracht 3
【営業時間】10時～24時

ジョニー

【左】ピンボールやビリヤード台のある喫煙室。【右】喫煙室には懐かしのレースゲームの姿も。

る。立ち飲みならぬ、立ち吸いの店だ。ちょっと一服がちょうどいい、地元民御用達の店である。

❷スピリット※　オススメ度：★★★★

アメコミの『ザ・スピリット』のキャラクターの看板が目を引く店だ。店内は広々としており、ピンボールや、レーシングゲームなどのゲーム機が充実しているのが珍しい。

メニューは20種類弱あり、ホワイトウィドウは10ユーロ。値段はローカルショップにしては高めだが、クッシュ系のメニューが充実しており、その質にも定評がある。煙草は奥にあるガラス戸の向こうで吸える。喫煙室にしては珍しく広々としており、大きめのテーブル席が4卓ある。ここではビリヤードもできる（1時間10ユーロ）。

店内の壁画は、海や湖を描いたものだったり、アメコミ風だったりとどこか田舎臭く、レトロな印象を受けた。コーヒーショップらしくない、アメリカの学食のような雰囲気の

※スピリット
【店名】The Spirit
【住所】Westerstraat 121
【営業時間】10時～25時

スピリット

【左】白と黒を基調にしたターミネーターの店内【右】マリファナのメニュー

店だ。

❸ターミネーター※　オススメ度：★★★

かの名画『ターミネーター』を店名にしたこの店は、アムスの西側の静かなエリアにある。

入り口入って右手にターミネーターの壁画があり、メニューにも同様のイラストがある。だがターミネーターの存在感はその程度で、後は誠に殺風景な店だ。店内は白と黒をベースに、ベージュのタイル調の壁紙を施した、いたって地味な作りである。ちょうど改装中だったらしく、ソファは全てビニールで覆われていた。

奥のガラス戸の向こうでは煙草も吸える。ソフトドリンクとスナックは、カウンターではなく自販機のみでの購入となっているようだ。

メニューは8種類だが値段は安い。アムネシアヘイズで10ユーロ、人気メニューのチーズが9・5ユーロといずれもお

※ターミネーター
【店名】Terminator
【住所】Admiraal de Ruijter-weg 104
【営業時間】9時～25時（火～土）、10時～25時（日月）

ターミネーター

【左】テュ・ケートルチェに飾られた仏像。【右】壁にはゴッドファーザーの絵が飾られている。

手頃。ミックスジョイントも2・5ユーロからあるのが嬉しい。安さに惹かれてか、地元の若者でそこそこ賑わっていた。

❹テュ・ケートルチェ※　オススメ度：★★★★

アムス北西部に位置するコーヒーショップ。「小さなやかん」を意味する風変わりな店名だが、内装には全く関係がない。

入ってすぐに販売カウンターがあり、壁には仏像のオブジェも見える。奥は広々としたスペースで木製のテーブル席が並び、背もたれのないベンチソファが置かれている。ここにはビリヤードもあり、1ゲーム1ユーロで楽しめる。

壁に飾られた『ゴッドファーザー』の絵や、窓際にある天使の像に盆栽など、オーナーの趣味を集めたような店だ。今ひとつまとまりのない内装だが、居心地は悪くない。

値段も安く、ドクター・グリンスプーンで15ユーロ、スー

※テュ・ケートルチェ
【店名】'T Keteltje
【住所】Marnixstraat 74
【営業時間】9時～25時

テュ・ケートルチェ

【左】ブロンクスの店内にはお洒落な階段が。【右】階段の下には秘密のスペースもある。

パーシルバーヘイズで10ユーロという気前の良さだ。なお、店内は禁煙で、店で買ったネタ以外は吸えないとのこと。静かな店なので、ゆったりとくつろげるだろう。

❺ブロンクス※ オススメ度：★★★★

「テュ・ケートルチェ」の近くにある店。

一見平凡な店構えだが、内装はシックなカフェのようで小洒落ている。黒とグレーを基調とした店内には、座り心地のよい椅子が並んでいる。観葉植物も所々に配されており、清潔感のある店なので女性にもオススメだ。

こちらも禁煙で、店で買ったネタ以外は吸うことができないとのこと。

注目すべきは値段。メニューは10種類しかないが、アムネシアヘイズで9ユーロ、ホワイトウィドウで8ユーロと、「テュ・ケートルチェ」を凌ぐ安さだ。人と同じように、外見に騙されてはいけない。

※ブロンクス
【店名】Bronx
【住所】Marnixstraat 92HS
【営業時間】10時〜24時

ブロンクス

【左】紫に染まったニューアムステルダムの店内。【右】まるで連れ込み喫茶のようなソファ。

❻ニューアムステルダム※　オススメ度：★★★★

一見田舎のホテルにでもありそうなダサい店名だが、店内の内装も妙にダサかっこいい。

ブラックライトで紫に染まった店内には、ド派手なソファ席が3卓並び、なんだかキャバクラにでも来たような錯覚を覚える。メニューは20種類ほどあり、バナナヘイズ（12・5ユーロ）など、フルーツ系のヘイズメニューが充実している。

スタッフの男性は非常に愛想がいい。近くに「**フラッシュバック**※」という、なんともインパクトの強い名前の店があったので、行き方を尋ねてみた。しかし残念ながら、「フラッシュバックはバカンス中」とのこと。なんでも8月のこの時期は、周辺のほとんどの店が3週間ほどバカンスを取っているらしい。

「フラッシュバックはバカンス中」……この響きが気に入っ

※ニューアムステルダム
【店名】Nieuw Amsterdam
【住所】Hoofdweg 226
【営業時間】9時〜24時

ニューアムステルダム

※フラッシュバック
ドラッグをキメてもいないのに、突然、幻覚や幻聴に襲われること。筆者の知人には、LSDをやった2週間後に、存在しないハイエナ風の獣に襲われ、肝を冷やした者がいる。

ミレニアムの販売カウンターと、モニタに映し出されたメニュー表

て、私はこの後ずっとぶつくさ呟いていた。

❼ミレニアム※　オススメ度：★★★

アムス西部の閑静な住宅街に、ミレニアムはひっそりとある。シンプルだが、どこか近未来的な印象を受ける風変わりな外観だ。

入って左手に販売カウンターがある。奥にドアがあり、その向こうが非常に薄暗い喫煙ルームとなっている。

喫煙ルームには小さなテーブル席が3卓並び、スポットライトのようなもので上から照らされている。撮影不可なのでお見せできないが、なんだか1人、反省会でもやれそうな不気味な雰囲気だ。

内装で目につくものといえば、壁の中央にある観音開きの小さな窓（装飾用）と、同じく壁に飾られたクラリネット風の謎の楽器、そしてブルカを被ったムスリム女性の顔を描いた壁画という、なんともシュールな組み合わせである。ちな

※ミレニアム
【店名】Millennium
【住所】Jan Hanzenstraat 109
【営業時間】10時～24時

ミレニアム

みにまもなく改装予定らしい。

メニューは15種類ほどあり、Aクラスのケイシー・ジョーンズで10ユーロ、ゴリラグルーで10ユーロと、信じられないほどの安さだ。他店よりも3～5ユーロは安いだろう。

ただし、ネタの質に関しては評価が分かれる店なので、過度の期待はやめておこう。

滅多に取材が来ることがないらしく、スタッフはどぎまぎしていた。

❽リスキービジネス※　オススメ度：採点不可

最後にもう一つご紹介。

リスキービジネス……まるでコーヒーショップの代名詞とも言えるような自虐的な店名である。店の入り口は、リスキービジネスらしく、厳重な二重扉に覆われている。これだけ重々しい雰囲気の店は珍しい。オーナーはこんなにビクビクしてまで、どうしてコーヒーショップなんか始めたのだろうか？

ガラス戸を抜けると、中には小さなカウンターがあるだけで椅子はない。

どうやらテイクアウト専門の店のようだ。これも警察の摘発を免れるための、リスクマネジメントなのだろうか？

更にスタッフに取材の意図を伝えたものの、なんと今回初めての取材NGだ。店内撮影N

※リスキービジネス
【店名】Risky Business
【住所】Bos en Lommerweg 163-A
【営業時間】10時～23時

Gの店は他にもあったが、取材自体NGとは前代未聞である。

メニューを見ると、「WW」という謎の品種がある。何のことかと思ったが、ホワイトウィドウを意味しているらしい。やはり、この暗号めいた記述も、リスクマネジメントなのか。

ますます店名に込められた意味が気になってきた。

リスキービジネス（日本語で「危険な仕事」）。取材不可のため、店内写真はなし。

しかしスタッフに尋ねると、意外な答えが返ってきた。店名の「リスキービジネス」は、トム・クルーズ主演の映画の名前にちなんでいるらしい。

後日調べてみると、邦題では『**卒業白書**』※という映画のようだ。劇中にはマリファナも登場するらしい。店名の由来は、単にオーナーがこの映画のファンだったからのようだ……。

お後がよろしいようで。以上、ぶらりローカルコーヒーショップ巡りでした。

※**卒業白書**
１９８３年製作のアメリカ映画。ヤリたい盛りの高校生が巻き起こす騒動を描いた青春コメディの傑作。トム・クルーズの出世作となった。「リスキービジネス」はこの映画の原題である。

スモーカーフレンドリーバー紹介

マリファナを吸いながら、ビールも飲みたい※。

そんなあなたにオススメなのが、先に紹介した「クラブ・スモーキー」のような**スモーカーフレンドリーバー**※だ。

アムス市内には、マリファナも吸えるバーがいくつもある。そうした店の場合、表に「SMOKE&DRINK」などと表記されているのが一般的だ。

ただし煙草に関しては、吸えない店も多いので事前に店員に確認しておこう。そうした店でジョイントを作る場合は、煙草の代わりに、店内にあるミックス用のハーブを利用するのがいいだろう。

それでは早速、市内のスモーカーフレンドリーバーをご紹介しよう。

いずれもセントラルから徒歩圏内の店だ。

①ドアーズパレス※　オススメ度：★★★

店名のとおり、ロックバンド「**ドアーズ**※」のグッズに溢れた店だ。

※大麻と酒の併用
平衡感覚が乱れたり、バッドトリップにもなりかねないので、初心者にはオススメできない。また、同時に使用すると、アルコールの酔いが勝って大麻の効果がわからなくなることもある。

※スモーカーフレンドリーバー
店名に「コーヒーショップ」と書いてあっても、バーであることが稀にある。「ダンプクリング2」近くの、「ラ・グロッテ」は、コーヒーショップと書いてあるが、実際はスモーカーフレンドリーバー。店名の通り、洞窟のような内装が特徴的だ。ちなみに、この店をコーヒーショップだと思い込んで入った私は、メニューを見るなり、危うく「チーズ」を注文しそうになった。カンナビスカップで入賞したこともある、インディカ強めのハイブリッド種である。ところが、実際には普通

【左】ゲーム機が並ぶドアーズパレスの店内。【右】喫煙室にはビリヤード台もある。

店は奥に長い造りで、板張りの床の上に小さなテーブル席と丸椅子が並んでいる。壁やショーケースには、ドアーズのポスターや写真がずらりと並んでおり、BGMももちろんドアーズだ。ピンボールやルーレット、テーブルサッカーゲームなどのゲーム機が豊富なのも特徴的で、ウッディな1階の内装はなかなかクールだ。

煙草とマリファナは、2階のスモーキングエリアで吸える。ガラス戸を開けると、ビリヤード台が2つある。席は壁際に丸椅子と小さなテーブル席が並ぶ程度で、あまりゆったりとくつろげるスペースではない。

ビールはハイネケンが2・5ユーロからあり、2階を利用した場合は、飲み終えたグラスは1階まで運ぶのがルールになっている。

ちなみに、「ドアーズパレス」の隣はゲイショップになっている。レザー製の犬型マスクや、全身をミイラのように拘束する衣装など、様々なゲイグッズで溢れているのでお好きな方はどうぞ。

にツマミのチーズであった。これをマリファナのネタだと勘違いする時点で、私は重症なのか。

※ドアーズパレス
【店名】The Doors Palace
【住所】Spuistraat 46
【営業時間】10時～25時（日～木）、10時～27時（金土）

ドアーズパレス

※ドアーズ
アメリカの伝説のロックバンド。60年代から70年代にかけて活動し、ローリング・ストーン誌による「歴史上最も偉大な100組のアーティスト」にも選ばれた。

ステッカーで無茶苦茶になった店内。トイレに続く通路も強烈だ（ヒルストリートブルース）

②ヒルストリートブルース※

オススメ度：★★★★

とにかく刺激が欲しい！　そんなあなたにオススメなのがこの店だ。店内は壁や天井、テーブル席など、至る所にステッカーがベタベタと貼られ、落書きがぐじゃぐじゃと渦巻いている。

マリファナは店内のどこでも吸えるが、煙草は1階と地下にある、ドアの向こうのスモーキングエリアで吸える。このエリアは、さながらストリートギャングのアジトのようだ。ゆったりとしたソファがあり、窓からは運河沿いの景色も楽しめる。しかし混んでいる場合が多いので、スペースの確保が大変だ。トイレへと続く通路は、更に過激で、尋常ではないほどの落書きの量だ。人によってはバッドトリップしてしまうのではないかと思われる通路だが、見る者の目を圧倒することは間違いないだろう。

※ヒルストリートブルース
以前この店はコーヒーショップで、警察署の隣（！）にあった。そこで警察署を舞台にした、同名のアメリカのテレビドラマを店名にしたようだ。

【店名】Hill Street Blues
【住所】Warmoesstraat 52 A
【営業時間】9時～25時（月～木）、9時～27時（金土）、10時～25時（日）

ヒルストリートブルース

明るく清潔なフリーワールド・エクスピリエンス。フードメニューも充実している。

こんな店に意中の彼女を連れていけば、あなたは引き出しの多い男として頼りにされるに違いない。ちょっと悪い大人の世界を覗いてみたい方に、オススメの店だ。

③フリーワールド・エクスピリエンス※

オススメ度：★★★

黒とグレーを基調としたシックな内装の店だ。以前はコーヒーショップだったが改装してバーになった。入って左手にバーカウンター、右手には表の景色を眺められるカウンター席がある。さほど広くはない店内に、ウッディなテーブル席が並んでいる。

煙草はNGだが、マリファナは、奥にあるガラス戸で仕切られた喫煙室でのみ吸える。ここには快適なソファ席があるが、混んでいる場合が多いだろう。

フードメニューも充実しており、シーシャもある。小綺麗なので女子にも入りやすい店だ。

※フリーワールド・エクスピリエンス
【店名】The Free World Experience
【住所】Nieuwendijk 30
【営業時間】10時～25時（月～金）、10時～27時（土日）

フリーワールド・エクスピリエンス

扇子が飾られているなど、和を意識した雰囲気のロスト・イン・アムステルダム

この店は美人店員が多いので、目の保養に来てみよう。

④ロスト・イン・アムステルダム※

オススメ度：★★★

「ロスト・イン・アムステルダム」は、ツーリストに人気の店だ。

薄暗い店内に入ると、左手にバーカウンターと、通りに面したソファ席がある。このソファには、シーシャとマリファナをキメた怠惰な人間がいつも溢れている。

奥には、布張りのソファがずらりと続くチルスペースがあり、こちらも薄暗い。マリファナは店内のどこでも吸えるが、煙草は外でしか吸えないようだ。

階段を下った半地下には脚を伸ばせるソファ席があり、店の飼い猫がクッションの上で丸くなっていた。床は赤い絨毯敷きで、ソファの布地にも赤が施されている。あちこちに扇子が飾られており、アジアン調の内装だ。

※ロスト・イン・アムステルダム
【店名】Lost in Amsterdam
【住所】Nieuwendijk 19hs
【営業時間】7時45分～25時（月～金）、7時45分～27時（土）、7時45分～24時（日）

ロスト・イン・アムステルダム

店内は薄暗い。通りに面した席は右写真のような眺め（ワンダーラウンジ）

ソファは背もたれが固く、座り心地はよくない。おまけに店内はむっとしているので、暑がりには向かないだろう。また、いつも混雑している店なので席を確保しづらいのも難点だ。

メニューを見ると、この店のキャッチコピーは「迷子になろう」とのこと。このメニューが曲者で、フルーツの輪切りを女性器に見立てた写真や、トランプ大統領が北朝鮮のあの人の髪型を真似た写真など、様々なパクリネタが溢れている。ドリンクメニューの値段は高い。コーラとコーヒーは共に4ユーロ。ビールは1パイント（0・57リットル）で6・3ユーロだ。同じような造りの店なら、次のワンダーラウンジの方がオススメだ。

⑤ワンダーラウンジ※

オススメ度：★★★★

ワンダー系列の店は全部で3店舗あるが、今回取り上げる

※ワンダーラウンジ
【店名】Wonder Lounge
【住所】Nieuwendijk 11
【営業時間】10時～25時（日～木）10時～27時（金土）

ワンダーラウンジ

カラフルな光が灯るワンダーバー２。シーシャバーだけあって水たばこがたくさんある。

のは「ワンダーラウンジ」だ。

こちらも「ロスト・イン・アムステルダム」同様、店内は薄暗く、入ってすぐのところに人をダメにするソファがある。カラフルなランタンの吊るされた1階にはソファが並び、いつもシーシャとマリファナを吸う客で賑わっている。この店も布張りのソファで、アジアンチックな内装だ。

煙草が吸える2階も同じくソファが並んでいるが、椅子はやや固め。窓際には座り心地のよいソファもあるが、私が訪れた時はいつも埋まっていた。

ビールは1パイントで5ユーロ、カクテルは8ユーロ〜。シーシャはブルーベリー、アップル、チェリーなどの種類があり、18ユーロ。

ちなみに、飾り窓地区にある系列の「**ワンダーバー2**※」も同じような内装をしており、こちらは煙草は奥のガラス戸の向こうで吸える。

3階建ての造りで、2・3階には窓もあるので、昼間なら陽の光が心地よいだろう。

ワンダーバー２

※**ワンダーバー2**
【店名】Wonder Bar Two
【住所】Lange Niezel 5
【営業時間】9時〜25時（月〜木）、9時〜27時（金土）、9時〜24時（日）

ブラックタイガーバーの店内。美人のモルドバ人店員（左）は必見。

⑥ブラックタイガーバー※

オススメ度：★★★★★

最後にご紹介するのは、ブラックタイガーバーだ。飾り窓地区にあるこの店は、特に突出したものがあるわけではないが、とにかく居心地がいい。

半地下の店内には、広々としたカウンター席やソファ席、ビリヤード台がある。

マリファナと煙草は、ガラス戸で仕切られた喫煙室で吸える。ここには広々としたソファがあり、まったりとくつろげる。座り心地もよく、文句なしのチルスペースだ。

上階にもバーカウンターがあり、ビールは1パイント5ユーロからある。こちらは天井の高い開放的な造りをしており、壁に描かれた絵もクールだ。

時々現れるモルドバ人の美人店員も、非常に愛想が良い。1人でも気軽に入れる名店だ。

※ブラックタイガーバー
【店名】Black Tiger Bar
【住所】Oudezijds Achterburgwal 23
【営業時間】10時〜25時

ブラックタイガーバー

最悪の店はここだ！　コーヒーショップ版ラジー賞決定

アムステルダムにあるコーヒーショップの中で、最悪な店はどこなのか？

10年前に取材した時、私の中で最悪の店の定義は、ドリンクのみの注文だと入店を断られる店であった。ところが時代は変わり、コーヒーショップの半数近くが、ネタを買わなければ入れない状況になってしまった。

だが、それでも、明らかに最悪な店が存在することは確かだ。雰囲気が悪い、店員の態度が無礼、ネタの質が悪い、値段が高い、不衛生など……様々な要素があるが、一番重要なのは店員の態度である。

前回の本で「**ラジー賞候補**※」にあげた店の中には、ここ10年の間に心変わりして、すっかりおとなしくなってしまったところもあった。

たとえばムント広場近くのS店は、10年前は趣味の悪い内装だった。入り口のドアには鉄製のチェーンがじゃらじゃらとぶら下がり、ドアを開ける度にチェーンの滝を潜らねばならなかった。おまけに、店の天井にはヌードグラビアなども貼られていて、非常に不快だった。

しかし10年ぶりに訪れてみると、改装されてすっかり小綺麗なバーのような店に様変わりしていた。ただし値段に関しては、ホワイトウィドウで13ユーロ、G-13は20ユーロと相場よ

※ラジー賞
アメリカの映画賞の一つ。毎年、アカデミー賞の発表の前に、その年の最悪だった映画に贈られる。最低作品賞、最低監督賞、最低主演男優賞などの部門があり、受賞者には質素なトロフィーが贈呈される。

りかなり高く、まだまだ反省が足りない模様である。

同様に、ダム広場近くのR店も変化していた。以前は、店員が無礼なことで有名な店だった。ネットのレビューでも叩かれまくりで、「スタッフにブルドックのネタを持っていると言ったら、『ここでブルドッグの糞を吸うのは許されない』と怒鳴られてしまった」など、かなり傲慢だったのである。

おまけにトイレのドアには、「タンポン捨てるな」とか「ここは公衆便所じゃねえぞ」など、人を食ったような注意書きが書かれていた。上から目線の店だが、肝心の便座の蓋は壊れていて、手を触れただけで**パカッと外れてしまった**※のだからなんとも説得力がない。

そんな店も今や改装して、明るいカフェのような店に様変わりしていた。例のトイレのドアには、「カスタマーズオンリー」と控えめな文字が書かれており、便座の蓋が外れることもな

改装して小綺麗になったS店。かつての面影はどこにもない。

※**パカッと外れてしまった**　パカリと外れた便器の蓋。写真は10年前に撮影したもの。

R店のトイレ

こちらも改装したR店。改心したのか、すっかり普通のコーヒーショップに。

い。マリファナの値段も、店員の態度も問題ない。時代は変わり、すっかり丸くなってしまったようだ……。正直最悪な店を求めてきただけに、なんだか期待はずれだった。

しかし、それでもまだアムスのどこかに最悪な店は眠っているはずだ。

そんなおかしな期待を込めながら、私は取材を続けた。その成果を早速ご紹介しよう。

①O店

O店はレンブラント広場近くにある店だ。※ネットではスタッフが無礼で、サービスが悪いと叩かれている店である。そんなわけで早速足を運んでみる。

店内は、グレーの丸椅子とテーブル席の並ぶ小洒落た内装だ。壁に貼られたステッカーを見ると、グループ客は最大でも5名までとのこと。あまり大きくはない店なので、居座られると面倒なのだろう。しかし、このようなステッ

※**O店の周辺**
このあたりは、ゲイの社交場が多いことでも知られている。

カーを見るのは初めてだ。

メニューを見ると、値段も問題なさそうだ。ドリンクだけでは入店不可とのことで、ミックスジョイントを頼んでみると、「ＩＤを見せろ！」ときつい口調で言われてしまった。パスポートがなかったので、10年前に出版した『裏の歩き方』の本を見せて、どうにか納得してもらった。

コーヒーショップO店。外観は清潔感があり、意外と悪くない。

しかし肝心のジョイントは、剥き出しのまま手渡された。[※]**ジョイントケース**がない店は、個人的には減点である。値段が安ければ問題ないのだが、できればどの店も用意して欲しい。

早速吸ってみると、ネタの質は問題なさそうだ。

ところが店内奥にある絵を見て驚いた。白塗りメイクをした老人が、得意げにジョイントを吸ったり、にんまり笑ったりとなんとも不気味な絵なのだ。こんなものを見せられたら、人に

※ジョイントケース
アムスのコーヒーショップでは、ジョイントは通常、左のようなケースに入れて販売されている。

ジョイントケース

O店の店内。壁に飾られた老人の似顔絵が気になる。

よってはバッドトリップしてしまうだろう。

店員がやや高圧的なことを除けば、大きな不満はないものの、なんとも不気味な店だ。

【最悪度★】

②B店

新教会※近くにあるこの店は、ネタの質も悪く、店員も無礼だともっぱらの噂である。

店内は薄暗く、場末のカフェのような見た目である。あちこちにインディアン調の内装が施され、カウンターの奥にはバッファローの頭蓋骨の置物もある。

意外なことに、ドリンク（2・5ユーロ）だけでも入店できた。店員の女性はややそっけないものの、ひどいというほどのものでもない。

ところがメニューを見て驚いた。Bクラスの**AK-47で15ユーロ**※、ジョイントも5ユーロ～と値段が高いのだ。更にネタも最低2グラムからしか買えないらしい。そのためか、メ

※**新教会**
王宮の北に位置する教会。15世紀に建てられたゴシック様式の教会で、アムスでは旧教会に次いで歴史がある。オランダ国王（女王）の戴冠式の舞台としても知られている。

【住所】Gravenstraat 17

新教会

ニューを見ただけで何も買わずに去っていく客が2組もいた。3階のソファ席には若者が集っていたが、恐らくアムスに来たばかりの何も知らない新参者なのだろう。

奥のストライプの日よけテントの店がB店（看板にモザイク処理をしています）

店の名前は、日本語で「神の祝福」を意味している。神の祝福を受けるためには、あくまでマネーが重要のようだ。

【最悪度★★】

③J店

計量所※のそばにあるこの店は、ネットでは極めて評判が悪い。

「この店は、同じネタを別の名前で売っている」

「糞の味のするネタがある」

「50ユーロ出したら、釣り銭を間違えられそうになった。文句を言ったら、お前は嘘つきだと言われた」……など。高評価もある一方で、具体的な悪評も目立つ店だ。

※AK・47で15ユーロ
たとえば「コーヒーショップ30選」で紹介した「バスジョエ」なら、AK・47は2グラムで20ユーロである。

※計量所
ニューマルクト広場にある歴史的建造物。1448年建立。かつては市場の計量所として利用されていたが、現在はカフェレストランになっている。
【住所】Nieuwmarkt 4

計量所

すべてにおいてダラしない雰囲気のＪ店（店名はモザイク処理をしています）

実際はどうなのだろうか？

立地がよいのでいつも混雑しているイメージがあったが、私が訪れた時は割と空いていた。メニューを見ると、値段はやや高めだ。ところがドリンクのみの注文でも、難なく入店できてしまった。しかしネタを買わないと知るや、店員の態度は一気にそっけなくなった。

店は2階建ての吹き抜けの造りで、壁一面に貼られた世界中の紙幣が目を引く。

トイレの便座は、なぜか※**怪しげなピンクの光**に包まれている。ゴミ箱からはティッシュの屑が溢れ、実に不衛生だ。おまけに、カウンター席に付いた手すりはぐらついている。やはり、この店はいい加減な店のようだ。

店員もブリブリのようで、客の前で平然とジョイントをふかしている。おまけに彼は接客そっちのけで、常連客としきりに盛り上がり始めた。愛想がいい店員なら吸っても別に構わないのだが、新参者にはそっけないのだから

強烈な色合いのトイレ

※**怪しげなピンクの光**
モノクロ写真ではわかりにくいが、トイレ全体が便意が引っ込むほど強烈なショッキングピンク色に染まっている。

質が悪い。

当然ながら、長居したい店ではなかった。ところが人によっては居心地のいい店のようで、地元のおじさんらしき人もいれば、10代と思われる陰気な姉弟も、この店に長居しているようだ。暗い目つきをした姉はスウェット姿で、弟は上下ジャージという身軽な格好である。

デブの弟は見た目も行動もさながら、アムス版**おかわり君**※のようだ。ハシシを買ったり、パイプにウィードを追加したり、ライターを買ってみたりと、常にそわそわと落ち着きがなかった。明らかにジャンキー姉弟だ。

何がよいのか不明だが、この店のような雑然とした雰囲気を好む人もいるようだ。


【最悪度★★】

④RC店

ここもネットでボロクソに叩かれている店だ。「店内の悪臭がひどい」、「音楽が不快で5分もいられない」、「店員は明らかにラリっている。地下鉄にいるジャンキーのようで怖い」、「ポニーテールの店員が、我が人生で出会った中でナンバーワンのゲス野郎だ」……など、あまりにもひどい叩かれぶりである。

店はダム広場の東側、運河沿いにある。

中に入ると、店内は薄暗く、こじんまりとしていた。噂で聞いていた悪臭もしないし、音

※**おかわり君**
日本のプロ野球・西武ライオンズのホームランバッター、中村剛也内野手のニックネーム。体型が似ていたというだけで、もちろん中村選手ご本人とアムスは何の関係もありません。

悪評の多いRC店。隣にはバーも併設（店名はモザイク処理をしています）

楽も普通だ。左手にテーブル席の並んだ奥に長い店内を進むと、販売カウンターがある。

そこに立っていたのは、ネットで叩かれていた※**ポニーテールのおやじ**だ。マリファナでラリっているのか、目がわずかに充血している。メニューを見ると、コーラは2・8ユーロとやや高い。ドリンクだけではNGとのことで、ジョイントを頼もうとすると、おやじは「IDを見せろ！」と迫ってきた。例によってアムス本を見せて取材だと告げると、渋々OKしてくれた。そこで一番安いジョイントを買おうとしたのだが、メニューを見るとなぜかジョイントが見当たらない。その旨ポニーテールに尋ねると、※**プリロールド**のグッズを買うように勧めてきた。それは筒状に紙を巻いた物で、葉っぱを詰めれば、すぐにジョイントが仕上がるという物のようだ。

そういう問題ではないのだ。コーヒーショップでジョイントを売っているのは常識だろ！

※**ポニーテールのおやじ**
年の頃は50代前半か。薄くなった頭髪を無理やり後ろでまとめた、恰幅のよいおやじである。メニューを見ている間も、猛烈な威圧感を感じた。こちらが客のはずなのに、なんだか炊き出しの行列にでも並んでいるような気分になった。

※**プリロールド**
あらかじめジョイント風に紙を巻いた物で、吸い口もついている。値段は1・6ユーロほど。

つまりこの店では、最低でも6ユーロはするネタを買わなければ、店内に座ることは許されないのだ。私は「それならいいや」とすごすごと店を後にした。

それから2週間後、私は再びこの店を訪れた。ネタを買ってでも店内の様子を探ろうかと思い直したのだ。ところがメニューを見ていると、ポニーテールはまたしても「ID見せろ！」と怒鳴ってきた。どうやら私のことを覚えていたらしい。

「ID見せないなら、今すぐに店を出やがれクソガキが！」

ものすごい剣幕だ。買う気がないのに、メニューを見ている不審な男だと思われたのかもしれない。だがそれにしても、その怒鳴りっぷりはないだろう。立地のよさから客足が絶えないので、**上から目線**※なのかもしれない。

コーヒーショップで、これほどまでに不快な思いをするのは初めてだった。

アムスに来たら、ポニーテールのおやじに気をつけろ！

【最悪度★★★★】

⑤RI店

最後に登場するのは、計量所の近くにあるRI店だ。この店も、店員が無礼だ、汚いなどと叩かれている。だが、あのポニーテールのおやじを超えるインパクトはあるのか。

店の外にはテラス席があり、ツーリストで賑わっていた。立地がよいので、この店もそれ

※**上から目線**
サービスの悪いオランダでは接客態度の悪さに、しばしば度肝を抜かれることがある。以前スキポール空港から、日本行きの飛行機に乗った時のこと。出発時刻ギリギリに到着した私は、航空会社の社員から「おまえのせいで、あたしは残業するはめになったのよ！」と怒鳴り散らされてしまった。事前に遅れる旨を連絡していたのだが、あまりに露骨な物言いに驚いた。またある時は、ハンバーガーショップで、黒人女性店員が終始しかめ面のまま接客してきた。ところが商品を受け取ると、彼女はいきなりわざとらしい作り笑顔で白い歯を見せてきた。瞬きしている間に見逃してしまいそうな、ほんの一瞬の笑顔である。もしかすると、マニュアルに「ラストは笑顔」という記述があったのかもしれない。

手前から２軒目が問題のRI店（店名はモザイク処理をしています）

なりに潤っているようだ。

入ってすぐに販売カウンターがある。やはり、ドリンクだけでの入店はダメらしい。そこでいつものようにジョイントを買おうとして、メニューを見て驚いた。

なんとジョイント（6ユーロ）も、スペースケーキ（5ユーロ）も※**お持ち帰り専用**なのだ。これは明らかに、ジョイントだけ買って店内に居座ろうとする客を排除するための悪しき取り決めである。つまりこの店に入るためには、※**最低でも10ユーロはするネタ**を買わなければならないのだ。これほどまでに上から目線の店は、ある意味面白い。私は金を払ってでも勉強させてもらおうかと思った。

ところがすぐにやる気が失せた。メニューを見ていると、中東系の店員が苛立ったように、カウンターをトントン指で叩き始めたのだ。行列ができているわけでもないのに、あからさまに早く買うように促している。メニューを

※**お持ち帰り専用**
アムスのコーヒーショップでは、一部のテイクアウト専用の店を除けば、店で売っているものは、店で吸ったり食べたりできるのが当たり前。「RI」のような店はかなり珍しい。

※**RI店のネタ**
ハイブリッド種の「ストロベリー・オージークッシュ」や「オージークッシュ」（共に15ユーロ）など、全部で20種類以上のネタがある。余談だが、オージークッシュの「OG」の由来は謎に包まれている。かつてカナダに

見始めてから、まだ10秒も経っていないというのに。そういや『半沢直樹』にもこんなシーンがあったっけな……。

というわけで、アムス・ワーストコーヒショップはＲＩ店に決定だ！

【最悪度★★★★★】

そんなわけで、ワーストコーヒーショップはＲＩ店、次点でＲＣ店という形となった。この2店の店員は、これまでの店とは比べ物にならないほど感じが悪い。

ちなみに後日、ネタを買ってＲＩ店に侵入を試みたところ、なかは思っていたよりも居心地がよさそうだった。店内の窓からは表の往来が眺められるし、ソファの座り心地も悪くない。しかし、テーブルの上には煙草のカスが散乱していて、非常に汚なかった。おまけに店員の会話を聞いていると、やたらと「ファック」を連発していて不快な気分になった。やはり、期待を裏切らない暴れぶりである。

おかしなもので、この店の階段の上には、少年が泣きべそをかいた不思議な絵がある。まるでこの店のひどさを物語っているような、悲しげな表情なのだ。

物好きな方は、アムスに来たら、「ダブルＲ」をハシゴしてみよう。

キーワードは「少年の泣き顔」と「ポニーテール」だ。

存在したマリファナサイト「OverGrown.com」から取ったという説や、産地のアメリカ西海岸の街にはギャングが多いので「Original Gangster」に由来しているという説、はたまた「Outdoor Grown（露地栽培）」や、「Organically Grown（有機栽培）」や、「Ocean Grown（海辺で育った）」などなど、諸説あり。

【アムステルダム取材日記②】

落ち着かないキャンプ生活

キャンプ開始から、3日が過ぎた。

安くて済むのは助かるが、ぎゅうぎゅう詰めにテントが張られたこの騒がしい環境は、終始落ち着かなかった。隣のテントの住人はラジオでずっとニュースを聞いているし、裏手のコテージでは、フランス人グループが歌っているし、夜中に正面のテントから聞こえてくる男の引き笑いも不気味だった。

週末のためか、キャンプ場の利用客も増え、隣のテントとの間隔はもはや50センチほどしかなかった。こんな状態では、どんなにエロい気分になっても、オ×ニーなんてできやしない。トイレットペーパーをガサゴソやっただけでも、隣の住人にバレてしまいそうな雰囲気がある。テントの中でのオ×ニーは、私にとってテントの中で打ち上げ花火をあげるほどの大騒動になっていた。

そんな私をあざ笑うかのように、翌朝キャンプ場にはコンドームの残骸が落ちていた。誰かが息を殺しながら、テントの中でセックスしていたらしい。大した度胸だ。

●マリファナはどこで吸えばいい？

同様に、キャンプ場には落ち着いてマリファナが吸える場所がないのも大問題だった。

狭いテントの中で吸うのは、匂いがつくので避けたかった。そこで初めはトイレの近くの灰皿で吸っていたのだが、零時を回っても人通りが絶えないので落ち着かない。女子便所の周りをジョイントを持ったままうろうろしていた私は、相当怪しかったに違いない。吸うなら吸うで堂々と吸えばいいのに、独り身の居心地の悪さを感じてうろうろしてしまうのだ。

おまけに、夜中にテントを抜け出すのが億劫だった。テントの中にはワイヤーが張り出されているものもあり、気をつけなければ簡単に引っかかってしまう。トイレに行くだけでも、さながら障害物競走なのだ。更にはキャンプ客の中には、小さな子供を連れた家族連れの姿もある。当然ながら、草を吸うことに後ろめたさを感じてしまうのだ。こんなキャンプ場で、一体どこで吸えばいいんだよ？

ところがそんな風に、気にしていたのは私だけだったらしい。4日目の朝、用事があって受付に行くと、スタッフのお姉さんに親しげに話しかけるおっちゃんがいた。

「いやぁ、昨日は吸いまくりでストーンしちゃったよぉ……」

おっちゃんが笑顔で語ると、お姉さんは「あんたも好きねぇ」といった感じで白い歯をこぼしている。それを見て、私はここがアムステルダムであることを思い出した。どうやらマリファナの喫煙に関しては、スタッフも黙認しているようだ。

なんだか、昨日一服先を探して肩身が狭くなっていたことが、馬鹿らしく思えてきた。私はこの冴えない太鼓腹のおっちゃんに、勇気をもらったような気がした。

●そこかしこで上がる大麻の狼煙

後で気づいたのだが、このキャンプ場では、真っ昼間からモクモクやっている連中が大勢いたのだ。キャンプ場の方々から香ばしい匂いが漂っていたし、夜中に隣のテントからゴボゴボとボングの音が聞こえてくることもあった。

なかには人の目など気にせずに、併設のレストランのテラス席で、真っ昼間から1人堂々とジョイントをふかす女性もいた。彼女は1人旅のようで、後日小さなテントを畳むと、自転車に乗って速やかにキャンプ場を去っていった。ものすごくかっこよかった。

更に、その上を行く達人もいた。ある日トイレに行くと、コンセントにスマホを充電しながら、床の上に座り込んでいる男がいたのだ。赤い目をしたジャンキー風の若者である。トイレの床に座り込むなんて、素人が真似できるものではない。けれどみんなそれぞれ、カンナビスライフを満喫していたようだ。

それから私は、夜になる度に、堂々とマリファナを吸うことに努めた。しかし日本人の悲しきサガなのか。それでもやはり、彼らのような開き直りは体得できなかった。

マリファナとは、つくづく不思議な植物である。

繁忙期、テントで溢れ返ったキャンプ場

ちびっ子もいるので気が抜けない

アムステルダム・コーヒーショップ案内

【コーヒーショップ 30 選】❶シベリア　❷レジン　❸プリーダミ　❹ 420 カフェ　❺ブルドッグ・ザ・ファースト　■5ブルドッグ・パレス　❻グリーンプレイス　❼ブルーバード　❽ゴア　❾バスジョエ　❿グリーンハウス・セントラム　■10グリーンハウス・ユナイテッド　⓫ルスランド　⓬アブラクサス　⓭ソフトランド　⓮グレイエリア　⓯バーニーズ　■15バーニーズ・ラウンジ　⓰パラドクス　⓱イエステフープ　⓲ラ・テルトゥリア　⓳ドルフィンズ　⓴デ・ダンプクリング　■20ダンプクリング２　㉑イージータイムス　㉒スーパースカンク　㉓ゲットダウン・トゥ・イット　㉔スモーキー　㉕ブッシュドクター　■25ブッシュドクター・アムステル　㉖ブーレヨゲス　㉗カツ　㉘イビザ　㉙ヨーヨー　㉚カシミアラウンジ

【ローカルコーヒーショップ】①ジョニー　②スピリット　③テュ・ケートルチェ　④ブロンクス　⑤ミレニアム　※その他のローカルコーヒーショップはマップ外

【スモーカーフレンドリーバー】[1]ドアーズパレス　[2]ヒルストリートブルース　[3]フリーワールド・エクスピリエンス　[4]ロスト・イン・アムステルダム　[5]ワンダーラウンジ　[6]ブラックタイガーバー

第三章
スマートドラッグ最前線

Report of The Smart Drugs

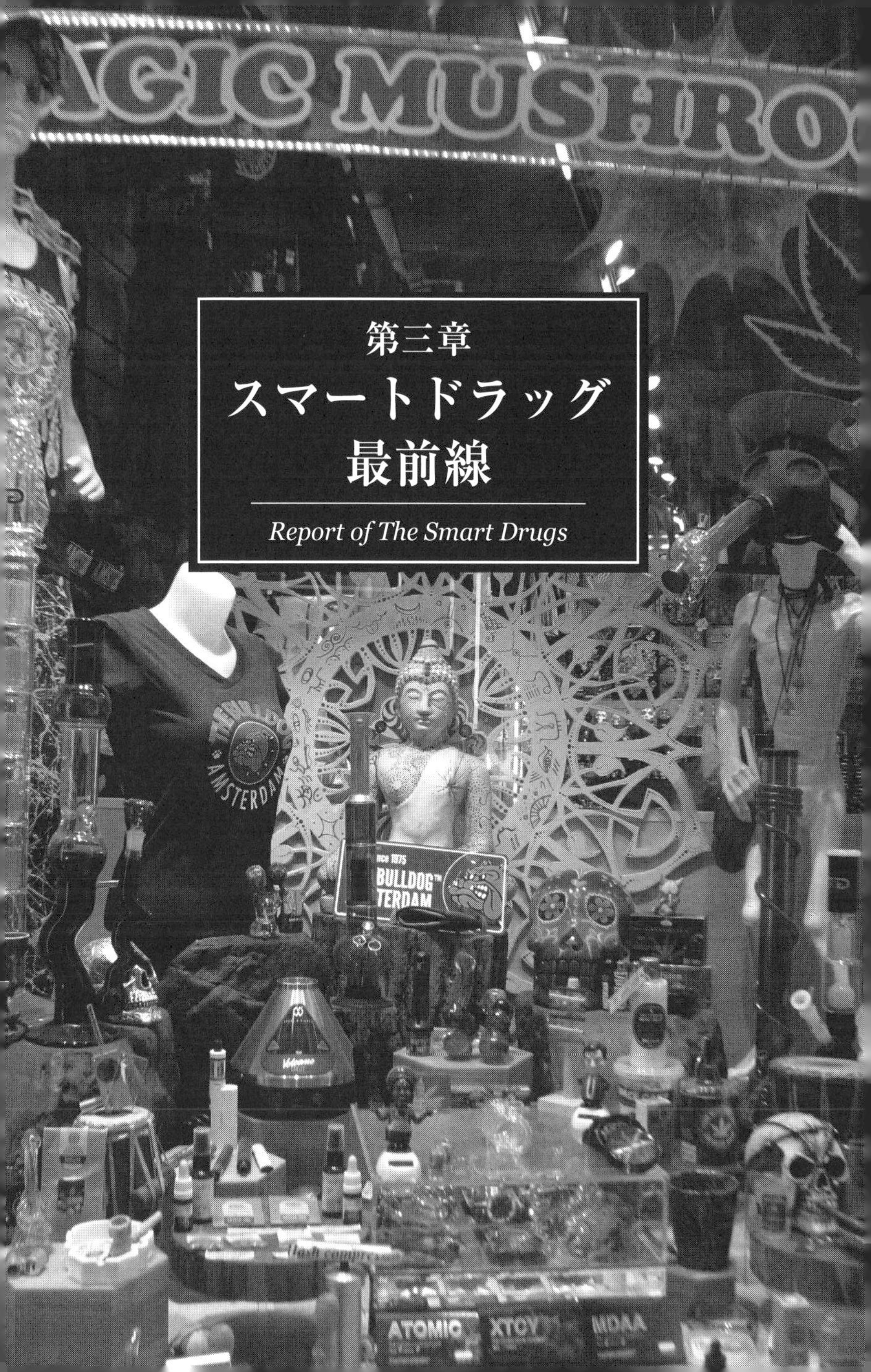

スマートドラッグ大国オランダ

オランダでは、マリファナ以外にも様々な「スマートドラッグ」を手にすることができる。

スマートドラッグというと、頭のよくなる薬やサプリメントのイメージを抱く方もいるだろうが、オランダで売られている商品はそうした物には限らない。

日本では違法なものだったり、あるいはまだ麻薬指定されていない物質を使ったグレーゾーンのドラッグもある。そのため、合法だからといって軽い気持ちで手を出すと、重度の後遺症など、手痛いしっぺ返しを食らう恐れもあるのだ。スマートドラッグは、マリファナよりも非常にリスクが高いので、使用に関してはくれぐれも自己責任でお願いしたい。

それでは、スマートドラッグはどこで買えるのか？

市内を歩くと、「スマートショップ」と書かれた店を度々目にする。なかには、日本発の世界的に有名なゲームキャラクターを店名にした店もあるほどだ。そうした店のガラスケースには、怪しげなクスリの数々が並んでいる。エクスタシーやコカインに似た効果のある※**アッパー系を売りにした物**や、ハーブ等のリラックス系、媚薬や栄養剤などのエナジー系など、様々な種類がある。

その他にも「ブラックストーンスプレー」など、怪しい名前の早漏防止薬があったり、マ

※**アッパー系を売りにした物**
「MDAA」や「XTCY」といった違法ドラッグを模した名前の商品や、怪しげなパーティーピルもある。ちなみに本家の「MDMA」「エクスター」とは、同じ合成麻薬の一種。多くは錠剤型をしており、摂取すると多幸感が数時間続く。「玉」「バツ」「ペケ」などとも呼ばれる。

リファナを吸いすぎて赤目になった時に、目に潤いを取り戻すための目薬といった物もある。なかには、※**コカインやLSDの純度を測るツール**も売られている。恐らく売人から買ったネタに、混ぜ物が入っていないかを確かめるために使うのだろう。

アムスのスマートショップのショーケース。怪しいクスリが無造作に並んでいる。

店頭に並ぶ商品の中にはナチュラル成分を原料にした安全な物もあるが、使用の際には必ず店員のアドバイスを聞こう。

また、オランダではOKでも日本では違法の物もあるので、軽い気持ちで持ち帰らないように気をつけよう。

次のページからご紹介するのは、私が実際に体験したスマートドラッグだ。

使用の際には、アルコールや、他の薬との併用はもちろん厳禁である。また、妊娠中の方や授乳中の方、高血圧・低血圧、心臓病、糖尿病や前立腺肥大症などの持病のある方も絶対に手を出してはならない。

※コカインやLSDの純度を測るツール
コカインやLSDは違法なのに、それらに関するツールは合法というのは面白いところだ。

ハッピーキャプスの「EUPHOR-E」

①ハッピーキャプス　EUPHOR - E（12ユーロ）

ハッピーキャプスは、ガラナなどを成分とするハーブ系のドラッグだ。全部で9種類あり、それぞれ効果が違う。ショップのスタッフによると、紫色のパッケージの「EUPHOR-E」はエクスタシーに似た多幸感が得られるらしい。カプセルは4つ入っているが、まずは2つほど摂取して、※**効かなかったら残りの2つを追加せよ**とのことだった。効果は4～5時間ほど続くようだ。

早速試してみたところ、摂取から1時間後、頭がわずかにぽわんとするような感覚が訪れた。マリファナのようなはっきりとしたパンチ力はない。頭がぽわんとしつつも、冷静な理性が頭の中に浮かんでいるという感じだろうか。しかし期待していたほどの多幸感はなく、これなら酒の方がよほどハッピーだと思われた。

※**効かなかったら残りの2つを追加せよ**
メーカー情報によると、1日に3カプセル以上摂取してはならないとのこと。

その後も2錠追加したが特に変化はなく、結局そのまま眠りについてしまった。エクスタシーの多幸感どころか、小さな幸せさえも得られなかった。こんなものに金をかけるなら、草むらで四つ葉のクローバーでも探した方が、よほど幸せになれるというものだろう。

ファンタジージョイント

ちなみにこのシリーズで一番サイケデリックな効果があるのは、オレンジ色のパッケージの「**TRIP-E**」[※]らしい。空腹時に服用すると、より効力が増すようだ。

私は効かなかったが、人によってはこのシリーズで多幸感を得たり、神秘的な体験をする人もいるようだ。またその逆に吐き気やめまい、震えなどのバッドトリップを体験する人も少なくない。くれぐれもご注意を。

②ファンタジージョイント（3・5ユーロ）

なんとも心をそそるネーミングの一品である。値段が3・5ユーロと安いのが気がかりだ

※ **TRIP-E**
その他のハッピーキャプスの種類には、エネルギーが湧き上がる「ENERGY-E」、多幸感を大きく増幅させる「SEX-E」、集中力を高める「BRAIN-E」などがある。

ハッピーキャプスシリーズ

が、それでもやはり気になる。成分はニガヨモギやダミアナというメキシコ産の低木、**パッションフラワー**※というハーブの一種を混ぜ合わせた物らしい。スタッフにその効果を尋ねると、彼はなぜかばつが悪そうに苦笑いを浮かべた。効果は期待できないとのことだ。それでもやはり、「ファンタジー」の響きに惹かれてしまう。商品の説明書きにも、「君のファンタジーワールドを探検しよう!」と力強い言葉が書かれているではないか。

早速持ち帰って吸ってみたところ、マリファナにも似た青臭さが口いっぱいに広がった。味はお茶のようでもあるが、妙にいがらっぽい。しみじみと口の中でお茶っ葉味の煙を味わっていると、ほろ酔いのような気分が訪れた……ような気がする。

結局効果はその程度で、ファンタジーな世界にはたどりつけなかった。

なんだかその昔、レンタルビデオ屋でバイトしていた時のことを思い出す。ある日、いかにも真面目そうなサラリーマンが、「完全無修正」と書かれたビデオを持ってきた。彼は「これって裏ですか? 捕まっちゃうんですか?」とドキドキした様子で尋ねてきた。私は「いや、全然モザイクありますよ。裏なんか置いたら捕まっちゃいますから」と苦笑いを浮かべて答えた。ここは歌舞伎町の裏ビデオ屋ではない。駅前にある普通の大型ビデオ店なのだ。おまけにパッケージにデカデカと「無修正」と書かれたビデオが、無修正であるはずもない。

「そうですか……ありがとうございます」

結局彼はそのビデオを借りていった。あの時、彼の中では、このビデオにはまだ何かある

※**パッションフラワー**
和名はトケイソウ。ハーブとして用いれば、心を落ち着かせ、痛みを和らげる効果があるとされる。ちなみに英名の「パッション」は「情熱」ではなく、「キリストの受難」の意味。

パッションフラワー

のではないかという思いがあったに違いない。まだ何か……モザイク越しに目を細めれば、新しい世界が覗けるのではないか……そんなわずかな期待があったに違いない。

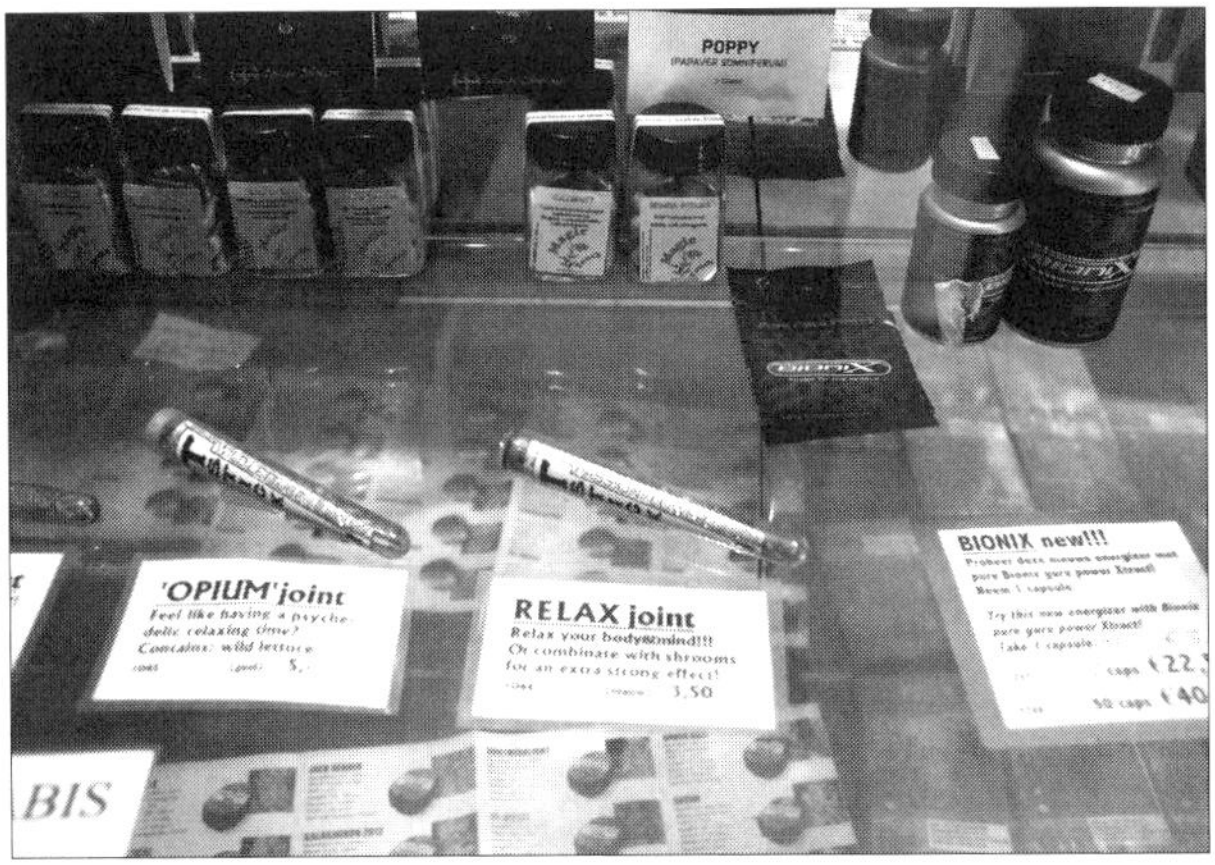

ファンタジージョイントの仲間たち。左にあるのが、オピウムジョイント。

しかし残念ながら、現実にはモザイク有りまくりなのだ。あの時のビデオと同じように、このファンタジーな珍品に関しては、店員の表情が全てを物語っていた。

ちなみに同シリーズには「オピウムジョイント」（5ユーロ）という物もある。こちらも本家の**阿片**※には遠く及ばないだろう。

③ラッシュ※（13・95ユーロ）

最後に、今回試してはいないが、有名な一品をご紹介しよう。

ラッシュは、日本でも2005年頃までは、ビデオクリーナーなどの名目で売られていた一品だ。現在日本では所持はおろか、海外から個人輸入しただけでも逮捕されてしまう指定薬

※**阿片（アヘン）**
ケシの実から採取した果汁を固めたもの。黒褐色の固形物で喫煙して使用する。服用すると、陶酔感と深いリラックス効果を得られる。この阿片を精製するとヘロインになる。

※**ラッシュ（RUSH）**
亜硝酸エステルを主原料とするドラッグ。ラッシュはアメリカの企業の製品名で、類似品も多いため、ひとまとめに「ニトライト系」と呼ばれることもある。たいてい小さな小瓶で販売されており、気化した蒸気を鼻から吸引して使用する。吸い込むと、数秒から数十秒、動悸が速まり、脳が圧迫されるような独特な酩酊感が生じる。日本では2006年に指定薬物入りしている。

セックスドラッグと並んで販売される「ラッシュ（RUSH）」

物になっている。最近でも、テレビ局のプロデューサーやアナウンサー、大学病院の医師が所持や密輸したことで話題となった。

このラッシュが、アムスのスマートショップでは公然と売られているのだ。

使用方法は、瓶の中にティッシュなどを詰め込んで容器の液体を浸し、匂いを嗅ぐだけ。

服用すると心臓がバクバクして顔が火照り、頭がぽわんとする。ラッシュには筋肉を弛緩させる効果もあるので、アナルファックがスムーズになるというメリットもあるようだ。ゲイの方に人気なのも頷けるだろう。それどころかラッシュを試した知人には、「友達と一緒にキメたら、いつの間にかお互いのチンコをしゃぶっていたよ」と語る猛者もいた。ちなみに彼はゲイではない。※**ラッシュをキメると、たまらなくエロくなる**ようだ。また、心臓がバクバクするせいか、女性の中には「ときめきを感じる」と表現していた人もいた。

※ラッシュをキメると、たまらなくエロくなる
射精時にラッシュを吸引すると、射精の快感が高まるという者もいる。

※DNX
『アムステルダム　裏の歩き方』初代の取材で体験。ピンク色をした液状のスマートドラッグ。駄菓子のゼリーのような容器に入ったものが2本セットになっており、1本摂取してから1時間後に残りの1本を摂取する。ショップのスタッフによるとエクスタシーに似た効果があるとの話だったが、過去に体験したことがない激し

好みはあれど、このラッシュはオススメできない。効果はわずか数十秒で終わってしまうし、シンナーのような独特の匂いを繰り返し嗅いでいると、一体何をやっているのだろうと惨めな気持ちになってしまう。またラッシュを服用し続けると、頭痛やめまい、心臓発作、時には失明してしまうリスクもあるのだ。

何度も言うが、スマートドラッグは決してナメてはいけない。私自身も随分前に「DNX」※というドラッグを試してバッドトリップしたことがある。頭が割れるように痛くなり、その痛みが数時間は続いたのだ。こうしたリスクがあるにもかかわらず、スマートドラッグ体験者に聞くと、「これならマリファナの方がはるかにいい」と語る人が多いのも事実だ。

しかし、なかにはマリファナと同じく人気の高い一品もある。

次にご紹介するのは、スマートショップで売られている不思議なキノコだ。

幻覚菌核「マジックトリュフ」とは？

10年前までスマートショップで売られていた人気商品に、「マジックマッシュルーム」がある。マジックマッシュルームとは、幻覚成分シロシビンやシロシンを含んだキノコの総称で、※**世界各地に様々な種類のものが自生**している。古くは※**シャーマン**が神のお告げを受ける

い頭痛に苦しめられ、地獄さながらのバッドトリップを味わうハメになった。

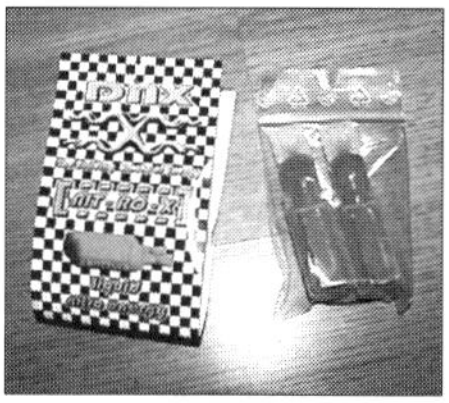

悪夢のDNX

※世界各地に様々な種類のものが自生
マジックマッシュの仲間は日本でも見かけることがある。かつて首相官邸で大量のヒカゲシビレタケが発見されて、大騒ぎになったこともあった。

※シャーマン
巫女や祈祷師、呪術者のこと。シャーマンはトランス状態に入ることで、神霊と交信できるという。

際に使用することもあったという、非常に幻覚性の強いキノコのことだ。このマジックマッシュルームは一時、日本でも大流行したことがある。当時は街中のヘッドショップや通販などで、普通に販売されていたのだ。

ところがその流行は思わぬ形で終焉を迎えることになる。2001年、人気俳優のIがマジックマッシュを食べたところ、精神を錯乱してコンビニに駆け込み助けを求めるという事件を起こした。その影響もあってマジックマッシュは危険視され、翌年には所持・使用が禁止されることになり、**日本から姿を消した**※のである。

アムステルダムでも、かつてはマジックマッシュが街中で公然と売られていた。しかし、2007年にキノコを食べた17歳のフランス人少女が、ビルから飛び降りる死亡事故が発生。また、マジックマッシュ絡みの救急車の出動件数が激増したこともあり、2008年より販売が禁止となった。寛容な国も、遂に手を打ったというわけだ。

しかし、さすがは商魂たくましいオランダ。それ以降は代用品として、「マジックトリュフ」という物を売るようになった。これはキノコではなく、「菌核」と呼ばれる物で、見た目を除けばマジックマッシュと違いはない。マジックマッシュは地上に出たキノコだが、菌核は地下に潜っている部分で、キノコと同じ幻覚成分を持っている。要するに、同じ生体の部位の違いだということだ。菌核の形状は茶褐色で麦チョコのような形をしており、値段は10~20ユーロ程。18歳以上ならば誰でも購入できる。

※日本におけるマジックマッシュルームに関する罰則
日本では、所持・栽培共に禁じられている。違反すれば使用・所持で7年以下の懲役、栽培なら1年以上10年以下の懲役となる。

それではマジックトリュフには、どのような効果があるのか？

マジックトリュフを服用すると、※幻覚が見えたり、色彩が鮮明になって、特に光が美しく見えたりする。聴覚も敏感になり、時には幻聴が聞こえることもある。感覚的には多幸感を伴う場合が多く、思わず笑い出してしまうこともあるだろう。またその逆に、現実世界への認識が変わるために、混乱してしまうこともある。そうした効果は摂取から30〜45分後に訪れ、3時間ほどで徐々に薄れ始め、5〜6時間ほどで消失する。

アムスのスマートショップで一番人気の「マジックトリュフ」

依存性に関しては※**大麻と同じく低い**。しかし、決して安心はできないものだ。

断っておくが、マジックトリュフは大麻に比べてはるかに危険なものである。多くの国がマジックトリュフを違法ないし、刑罰の対象から外すという曖昧な措置を取っているのに対し、その販売を認めているのは、オランダやブラジ

※**幻覚**
トリュフの幻覚成分・シロシビンを摂取すると、夢を見ている時と同じような脳の状態になるという。また、多幸感などが高ぶる一方で自我は薄れる傾向にあるらしい。

※**大麻と同じく低い**
マジックマッシュルームは、身体的依存度はほとんどなく、精神的依存度は大麻と同程度という。ちなみに、大麻の精神的依存度は、カフェインよりも低いとされる。

ルなどのごく一部の国だ。量を誤ればたちまちコントロール不能に陥るだろう。また、大麻が人間が本来持っている能力を鋭敏にするのに対して、トリュフは本来はありえない幻覚を見せ、幻聴を聞かせるのでバッドに入る確率は非常に高くなる。特に初心者は、迂闊に手を出してはならない物だということを十分肝に銘じておく必要があるだろう。

使用にあたっての注意事項は、次のようなものだ。

①静かで安全な環境で摂取すること。
②必ず用量を守ること。※
③精神的・肉体的に健康な時に使用すること。妊娠中も不可。
④酒や薬、その他のドラッグとの併用不可。使用時の運転も不可。
⑤最低でも、使用2時間前は必ず食事を控えること。また、トリュフはよく噛んで食べること。その方が効果が高まるし、吐き気も起きづらい。
⑥できれば、経験者同伴での使用が望ましい（1人でバッドに入るリスクを避けるため）。また、音楽などを聴きながらのトリップもよい。※
⑦トリップ中に恐怖や疑念など、負の感情を抱くこともあるが、それもトリップの一部で、すぐに消えることが多い。最悪のケースでも、6時間で必ず悪夢は消える。

※必ず用量を守る
小トリップなら4～7グラム、中トリップなら6～10グラム、大トリップなら10～15グラム。ただし、初心者は1回の使用で10グラムを超えてはいけない。

※筆者が選ぶトリップ時にオススメな一曲
小トリップなら4～7グラム、中トリップなら6～10グラム、大トリップなら10～15グラム。ただし、初心者は1回の使用で10グラムを超えてはいけない。
①「Us and Them」…ピンク・フロイド。抜群のフェイドで陶酔感が加速。
②「Across The Universe」…フィオナ・アップル。まったり感マックス。
③「Teardrop」…マッシヴ・アタック。続まったり。
④「Hayling」…エフ・シー・カフナ。深海を漂っているような気分。
⑤「Porcelain」…モービー。

トリュフを紹介する広告を見ると、「トリュフは自然がもたらす最高の体験の一つです。楽しんで!!」など、やたらと気分を盛り上げようとする言葉が書かれていることがある。このことからもわかるように、トリュフの効果は、その時の気分や環境によって左右されやすいのだ。使用の際は、できるだけ楽しむことを心がけよう。

マジックトリュフは温度に敏感なのか、たいていは冷蔵庫に保管されている。

　もし、一緒に食べた相方がネガティブなことを言い出したら、明るい言葉で励ましてあげよう。なお、バッドトリップが怖いという方は、事前にスマートショップで、「**バッドトリップストッパー**」※などを購入しておくのがいいだろう。ない場合は、ティースプーン4、5杯分の砂糖を入れたオレンジジュースなどでも代用可能だ。

　それでは、マジックトリュフにはどのような種類があるのだろうか?

　市内で売られている物のほとんどが、Sirius

映画「ザ・ビーチ」のサントラは全部イイ。

⑥「Andromeda」…シケイン。シケインにハズレ無し。

⑦「Battersea」…フーヴァーフォニック。ベルギーのエース。

⑧「The Calling Orkidea Remix」…ソーラーストーン。美しすぎるトランス。

⑨「The Closing Of The Year」…ウェンディ&リサ。映画「トイズ」テーマ曲。おとぎの国へ誘われる。

⑩「Blown」…ＬＦＯ。胎動のようなループ。

※**バッドトリップストッパー**　「マッシュルームストッパー」や「マジックストッパー」などとも呼ばれる錠剤で、バッドトリップに陥った時に使うと効果がある。内訳はブドウ糖タブレットや、セイヨウカノコウソウ（ハーブ）のタブレットなど。値段は3ユーロほど。摂取するとパニックは収まり、バッドトリップも早く終わる。

社とMcSmart社の2シリーズである。

まずは、※Sirius社のフレッシュボックスシリーズからご紹介しよう。

品種は8種類あり、値段の高い物ほど効力が強くなってくる。商品の名前を日本語に意訳すると、「スペースシャトルズ」、「イルカの歓喜」、「黄金教師」、「宇宙と結合」、「紫の雨」、「白いダイヤモンド」、「王室のベルーガ」、「最上級のおっ母さん」となる。なかには親しみやすそうな名前の物もあるが、クオリティとは別問題だ。初心者は絶対に、中級者向け以上の銘柄に手を出してはならない。

左記に、それぞれの商品の効果を示してある。名前の後の数字は、リーフレットに書かれた※**4種類の効果の数値を足したもの**だ。数値の合計に関係なく、基本的には効果が弱い物から順番に書いてあるので、あくまで参考程度にどうぞ。

【初心者向け】

スペースシャトルズ（29）：多幸感とエネルギーに溢れ、笑みが漏れる。幻覚効果は薄い。

ドルフィンズディライト（30）：中程度の幻覚体験ができる。初心者に人気。

【中級者向け】

ゴールデンティーチャー（33）：中程度の幻覚と幻聴体験。

※Sirius社
オランダのスマートドラッグ製造・販売会社。スマートドラッグやマジックトリュフの他、マリファナの種や栽培用品なども販売している。
【HP】https://www.sirius.nl/

※4種類の効果の数値を足したもの
リーフレットでは、マジックトリュフの効果を「幻覚」、「幻聴」、「笑い」、「エネルギー」の4つに分けていた。評価は10段階で、満点だと40点になる。

コズミックコネクターズ（32）：強烈な幻覚と中程度の幻聴が特徴。
パープルレイン（31）：強烈な幻覚と多幸感・笑い。

Sirius社のマジックトリュフ。「Freshbox」の文字が目印だ。

ホワイトダイヤモンズ（32）：強烈な幻覚とエネルギー。
ロイヤルベルーガ（33）：強烈な幻覚とエネルギー。「ベルーガ」とは、シロイルカのこと。

【上級者向け】
マザーズファイネスト（40）：収穫までに1年かかる特別なトリュフ。強烈な幻覚・幻聴・笑い・エネルギー。全ての効果が最上級。素人は絶対に手を出してはならない。

次にご紹介するのは、**McSmart社**※の製品だ。こちらの商品名をキャッチコピーと共に意訳すると、「タンパネンシス～賢者の石～」「メキシカーナ～神々の肉体～」、「アトランティス

※**McSmart社**
ホームページはあるが企業情報が書かれていないため、詳細は不明。スマートドラッグやマジックトリュフ、珍しいところではペヨーテなどの幻覚サボテンの種なども販売している。
【HP】http://mcsmart.com/

初心者は手出し無用！　McSmart社の最強の逸品「ハイハワイアンズ」

〜禁断の果実〜」、「マッシュロックス〜シビレタケ属ガリンドイ〜」、「ドラゴンのダイナマイト」、「オランダのドラゴン」、「ぶっ飛びハワイアン」など、B級映画顔負けのイカれた名前が並んでいる。

こちらも、フライヤーに書かれた※**4種類の効果の数値**を足した数字を書いた。

ただしこちらは、フレッシュボックスシリーズとは別会社の商品なので、それぞれの採点数値が最大で6ポイント、合計24点満点となっている。２社の製品を一概に比較することはできないのであしからず。

【初心者向け】

タンパネンシス（11）：内省的な気分になり、洞察力に優れているため「賢者の石」とも呼ばれる。幻覚効果は薄い。

メキシカーナ（12・5）：メキシコ産。多幸感に満たされ、笑みが漏れる。

※4種類の効果の数値
McSmart社の場合は、「幻覚」、「エネルギー」、「身体的効果」、「脳への効果」の４つ。

アトランティス（14・5）：中程度の幻覚体験ができる。世界的にも有名で人気が高い。


【中級者向け】

マッシュロックス（18・5）：中程度の幻覚体験があり、頭と体にくる。

ドラゴンズダイナマイト（19・5）：「マッシュロックス」より幻覚成分がやや強く、頭と体にくる。

ダッチドラゴンズ（19・5）：「ドラゴンズダイナマイト」と同等の効果がある。


【上級者向け】

ハイハワイアンズ（22）：ハワイ産。強烈な幻覚と多幸感があり、頭と体にくる。

マジックトリュフ・トリップ体験記

それでは、マジックトリュフを食べるとどうなるのか？

ここからは実際の体験記を書いていこう。

私が購入したのは、「アトランティス」（11・5ユーロ／10グラム）という品種だ。

スタッフによると、「ドルフィンズディライト」共に**初心者向けのネタ**※で、より深い世界

※**初心者向けのネタ**
繰り返しになるが、キノコのトビは独特。初心者向けだからといって、絶対に侮ってはいけない。

に行きたいならば、「コズミックコネクターズ」以上のネタがオススメだという。

しかし私には勇気がなかった。何度も言うが、マジックトリュフはシチュエーションによって左右されるケースが多いので、ぎゅうぎゅう詰めのキャンプ場という、最悪な環境にいる私は安牌を取ることにした。トリュフの効果は3時間程度のようだ。接種から4時間以上経ったら効果が落ちるので、それからは酒もジョイントもOKだという。

ちなみに、10年前に「ドルフィンズディライト」を食べた時には、**幻覚が見えた**※。

さて、今回はどのような変化があるのだろうか？

※　※　※

19時40分。スマートショップ「**ココペリ**※」にて「アトランティス」を摂取した。くるみのような食感で、酸味と渋みがある。飲み込んでもまだ舌に渋みが残ったので、ジュースを飲んでなんとかごまかした。

「楽しんでね。効いてきたら、多分壁に描いた雲の絵が動いて見えてくるよ」

スタッフの男はそんなアドバイスをしてくれた。さて、どんな変化が起きるのだろうか？

店内の女性客を眺めながら、私は不安をかき消すことに努めた。

スマートショップは、コーヒーショップよりも女性客が多いようだ。マリファナのとろん

※**幻覚が見えた**
以前食べた時は、ネットを見ればゆらゆらと文字が動いたり、パソコンのフォルダが夜逃げでもするような感じで飛び散ったり、風呂場のタイルのつなぎ目の汚れが、エイリアンのように形状を変えて楽しませてくれた。また、植物とも会話ができるような気分になった。部屋の観葉植物をじっと眺めていると、一枚の葉が蕾の横顔を見つめながら、まるで報われない恋に思い悩んでいるように感じられた。「頑張れよ」と、私はエールを送った。

※**ココペリ**
164ページ参照。

とした感覚よりも、トリュフのような神秘的な体験を女性たちは求めているのかもしれない。女の子だって、みんな普通にキノコを食べているのだ。だったらこの段階でビビっているわけにはいかない。

取材のために摂取した「アトランティス」。初心者向けのものだが、はたして…。

　私は奥にあるソファスペースで、変化が起きるのを待つことにした。

　隣のテーブル席に座った4人組の男は、壁に飾られた絵を見たり、**雲のペイント**※を見たりしている。彼らもキノコを食べているらしく、なんだかそわそわした様子だ。そのうちの1人が、床の上にごろんと寝転んだ。彼は仰向けの姿勢のまま目を見開いて、天井に描かれた雲の絵を眺めている。やはりこれは、視覚的な効果を狙ったペイントのようだ。

　40分後、なんとなくほろ酔いのようなまったりとした気分になってきた。しかし視覚的な変化は何も起きない。

　それから同じ席に、女1人、男2人のグルー

※雲のペイント
壁から天井にかけて、鮮やかな青空と雲が描かれていた。

ココペリの雲のペイント

プ客が座った。彼らも何か食っているのか、テーブルの下にある落書き帳を熱心に眺めている。暇なので、私も手に取って眺めた。

そこには、店を訪れたお客が書いたサイケデリックなイラストや、トリュフを食べた時の感想が書かれていた。イラストには、ジョイントをふかしたコブラ型の人間や、キリストをデザインしたボング、「コカイン・モーセ」という謎のキャラクター、※**一筆書きのシンプルなチンコ**、ページの綴じ目を女性器の割れ目に見立てたもの、「ヘロインキッズ」という怪しげなファッションブランドのフライヤーを貼ったもの、それからなぜか、※**シナプス**の神経伝達の様子を描いたイラストもある。

更には、ただひたすら小さな丸や、四角形を描いただけの絵もある。さっぱり意味がわからないが、多くを語らずとも、画伯たちがぶっ飛んでいることは伝わってくる。

他には、トリップ時に書いたと思われる短い走り書きもある。

面白いので、ちょっと紹介してみよう。

・現実か？　あるいはただの夢なのか？　人生のゴールは何だ？
・世界を俺の物にしたい。
・俺はまだ俺が誰なのかわからない。
・心臓がドキドキしているけど大丈夫。ちゃんと息もしているしね。あったかいよ。生き

※一筆書きのシンプルなチンコ
描いたのは19歳の少年。ページ下部には、しっかりとサインも入っていた。

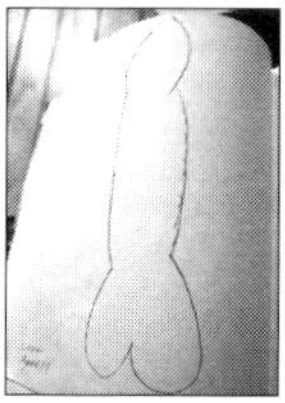
一筆書きのチンコ

※シナプス
神経細胞と神経細胞の間の接続部。

キノコ画伯のマッドな絵画集

人はキノコを食べるとどうなるのか。そのことを知る手がかりとして、「ココペリ」の落書き帳に残されていた世界各国のキノコ画伯たちのイラストをご紹介しよう。

ダンディーなキノコ紳士。自画像か？

エロ写真をベタベタ貼ってみました

謎の宇宙人。悪いヤツではなさそう。

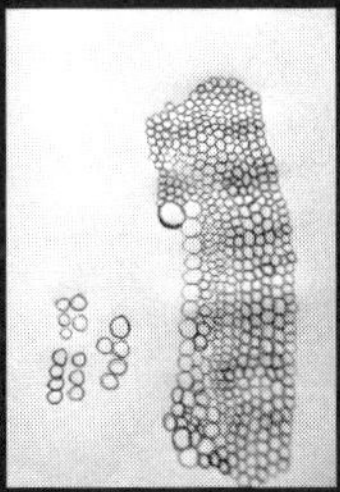

草間彌生風

キノコ前とキノコ後

宇宙人再び

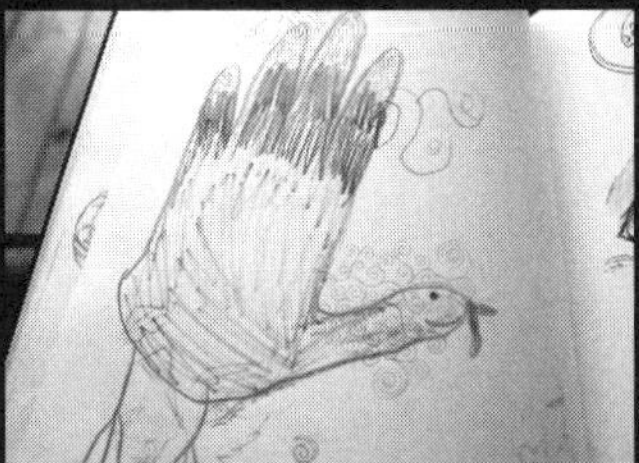

「ハロー！　僕は君の親指だよ」

キノコパワーでシナプスがギュンギュン

てるよ。こうやって私の意識は、「ここにいるんだよ」っていう権利を持っているんだね。私は器の中に住んでいるの。その器は尊重されなければならないの。けれど、本質のためには誤ってとらえてはいけないものなの。

・誰も未来はわからない。俺は未来を気にしない。俺は俺の現在にいて、今ここにいる。この素晴らしくもクソッタレな瞬間にいるのだ。

・おい君！　そう、君だよ。できるだけポジティブに、建設的に生産的に考えるんだ。君が今見たり体験したりしたものを、リアルな人生に応用するんだよ！　忘れんなよ！

・心配しないで。あなた自身のパラダイスを創りなさい。気楽に行きましょう。

・あなたの幸せをコントロールしなさい。

・おならに従うんだ！

……などなど、ラリった人のツボを押さえた言葉が溢れている。人種や国籍は違っても、みんな考えていることは一緒のようだ。なかでも特に印象に残ったのが、「あなたの**幸せをコントロール**※しなさい」という言葉だった。シチュエーションに左右されやすいトリュフは、自身の精神状態によってトリップの良し悪しが決まってくる。それだけに、コントロールすることが重要になってくるのだ。

摂取から45分後、遂に明確な変化が訪れた。体の内側からほとばしるようなエネルギーを

※幸せをコントロール
キノコを服用すると、体の内側からドドドドとエネルギーが湧き起こるのを感じる。しかし、それを多幸感だと感じるのは自分でコントロールできるうち。セーブが効かなくなると悪魔となってキバを剥くので、くれぐれもオーバードーズにはご注意を。

感じる。そのエネルギーを全身の皮膚が、ゆったりと包み込んでいるようなイメージがある。視覚的な変化はなかったが、体の中で何かが疼いているのはわかる。聴覚も敏感になっており、店内に流れるBGMが体に染み入っていくように感じられた。自分自身がスピーカーの一部になったような錯覚を覚える※。

　やがてBGMが止まると、突然店内に反省会のような雰囲気が流れた。誰もがソファに座ってぼーっとしたまま、思い思いに時を過ごしている。

　なんだかたまらなく静かになったので、私は表に出てみることにした。

　道行く人々※を眺めながら、よろよろと歩き始めた。みんな好き勝手に歩き煙草をしたり、好き勝手に箱ごとピザを抱えたまま食べながら歩いている。まだ年端もいかない子連れの家族が、飾り窓の前を闊歩していく……。

　ぶらぶらと歩いていると、いつの間にか日が

街を歩くと、何気ない光景にハッとさせられる。

※キノコの効果
その他にも、なんとなく物の輪郭がいつもよりくっきり見えるような気がしたり、頭がぽわ～んとしつつも心は穏やかで、この世界はリアルか夢なのか……色々哲学的なことを考えたくなってしまう。

※道行く人々
自由すぎる街・アムスでは時々奇妙な人を見かける。この時も、道端に落ちたフライドポテトの容器を拾う、ジャンキー風の婆さんを目撃した。容器は紙製で中身も入っていない。てっきりゴミ拾いでもしているのかと思ったが、婆さんは他のゴミには目もくれず、なぜか大事そうにその容器を携えたまま去っていった。

暮れていた。

レストランの明かりなどの光が、やたらと目につくようになった。今ノートにメモを残しているのだが、百均で買ったボールペンの金メッキですら、高貴なお姿に見えてくる。

レンガ畳の通りを歩いていると、どこからか鐘の音が聞こえてきた。通り沿いの店には、虹色の旗が掲げられている店も多い。もうすぐ※**ゲイ・プライド**が始まるのだ。

祝福に満ちた鐘の音と、風に揺れる※**レインボーフラッグ**に、世界の平和を見たような気がした。私は幸せな気分に包まれながら、更に歩き続けた。

体はふわふわとホバーリングでもしているような感じで、心は実に穏やかだ。マリファナでのストーンに比べると、頭は随分冷静である。

寿司屋の前を通ると、セレブ風の着飾った日本人カップルが食事しているのが見えた。

「オッス！　オラ、キノコの国から参りました！」

……などと声をかけるわけにもいかず、ふわふわとした足取りで歩く。

「キノコはキノコでも、誰でも哲学者になれるキノコがあるんですよ」

私は腹の中で独りごちた。頭はクリアー、体は心地よい「そわそわ感」に包まれている。

体は弾むが心は静か……これぞ、悟りを開いたキノコの境地なのか。トリュフの名前に、海を連想させる名前が多いのも頷けるのだ。私の心は、海の底にでも沈んでしまったかのように、深い静寂に包まれている。

※ゲイ・プライド
アムステルダムで毎年開かれるLGBTの祭典。詳しくは258ページ参照。

※レインボーフラッグ
LGBTのシンボルである6色の縞模様の旗。レインボー（虹）なのに6色のワケは、かつてサンフランシスコで2車線にまたがりゲイパレードをした際、色を割り切れるように1色捨てたから、とされている。

レインボーフラッグ

フェリー乗り場からの帰り道は、いつも以上に光の美しさに気づかされることになった。なかでも、通りの対岸にある洋館の窓の灯りに、とりわけ心を奪われた。

キノコを摂取して感じたのは、アムスの街が放つ光の美しさだった。

気がつくと、私は吸い寄せられるように、その窓に向かって歩き始めていた。だが、ここは交通量の多いオランダなので、もちろん気をつけなければならない。

私は自転車と車の動きに注意しながら、洋館の前にたどり着いた。レンガ貼りの外壁に、つる植物を這わせた**独特な雰囲気の家**※だ。白熱灯の灯りと、窓に施されたステンドグラスの彩りが美しい。こんなに素晴らしいものが近所にあったなんて……全く気づかなかった。

しばらく窓の灯りを眺めた後、何気なく家の正面に回り込んだ私は、更に驚かされることになった。よく見れば、門の形が「目」だったのである。まるで、私の心の奥底まで見透かしているようなおぞましい目だ。

※独特な雰囲気の家
あとで知ったが、ここは保育所だったようだ。

魔女の館のような独特な家

目の形をした門。キノコ状態で見ると異常な迫力で、圧倒されてしまった。

なんだこれは⁉　**フリーメイソン**※か**イルミナティ**※か？

すっかり畏怖の念を抱いた私は、しばらくその場から動けなかった。目の前の鉄門は、明らかに「あなたの全てをわかっていますよ」というオーラを放っている。

もしかするとこの家の住人は、瞑想やスピリチュアルに精通しているのかもしれない。サイケな体験をした時、「わかっている人」が創ったアートや音楽に触れると、なんだか心の友を見つけたような嬉しい気分になってしまう。深い感慨に包まれながら、私はその場を後にした。

やはりトリュフを食べると、異様な気分になるようだ。普段は見過ごしてしまうものでも、妙に心惹かれることがある。アパートのベランダに漏れた光の色とか、ベランダに置かれた自転車だとか、鉢植えの観葉植物だとか、様々な造形物のシルエットが、見事に浮き彫りに

※フリーメイソン
実存する秘密結社。世界を裏で支配していると陰謀論的に語られることが多いが、実態は社会貢献を主な目的とした友愛団体。よくフリーメイソンのマークとされる目のマークは、「プロビデンスの目」という名前。キリスト教で古くから使われてきた図案で、フリーメイソンの専売特許ではなく、アメリカも国璽として使用している。

プロビデンスの目（米１ドル札）

※イルミナティ
フリーメイソン同様、世界を陰で支配しているという秘

なっていて美しかった。

また別のアパートの2階では、※**カーテンを開け放った窓**がある。その家ではソファに座りながら、風呂上がりと思われるお姉さんが、長いカーリーヘアーをさらさらさらと、人目をはばかることもなくタオルで拭きながら、テレビを眺めていた。白熱灯の灯りで照らされたその光景は、なんだか映画のワンシーンのように見えてしまう。やはり、アムスは全てがアートな街なのだ。

午前0時。キャンプ場に戻った私は、シャワーと歯磨きを済ませて、寝袋の中に潜り込んだ。その頃にはトリュフの効果も薄れていた。まだ脳みそが深い洞察力と幸せの尾っぽに絡め取られているものの、そろそろお開きのようだ。「あなたの幸せをコントロールしなさい」……ココペリの落書き帳で見たメッセージが、頭の中に浮かび上がる。

「おしっ、日常に帰ろう！」

私はいつものように、ビールと共にジョイントをふかし始めた。なんだかたまらなくマンチーになったので、レイズのポテチをバリバリと胃袋に注ぎ入れた。

どうやら上質のシャンパンを味わった後には、締めのラーメンのようなものが食べたくなるらしい。人間とは、つくづく贅沢な生き物だ。

こうしてそのままお腹がいっぱいになって、すやすやと眠りについた。

幻覚は見なかったが、心もお腹も満たされた実に平和なトリップだった。


密結社。こちらも18世紀のヨーロッパに実在した組織だが、わずか9年で時の権力者に解散させられている。

※カーテンを開け放った窓 プロテスタントの多いオランダでは、「私は何も後ろめたいことはしていません」という宗教的な意味合いで、カーテンを閉めない家も多い。このような家では見られることを前提にしており、モデルルームのように小洒落たインテリアを揃えている。別に覗いても構わないのだが、住人がいる時はじろじろ見ないようにしよう。

お洒落な雑貨店のような店内。奥にはくつろぎのスペースもある「ココペリ」

オススメのスマートショップ一覧

最後に、市内のスマートショップをご紹介しよう。

①ココペリ※　オススメ度：★★★★★

ココペリは、セントラルから徒歩5分の人気のスマートショップだ。板張りの床の店内は、奥に長い造りで一見小洒落た雑貨屋のような雰囲気がある。スマートドラッグがもたらす怖いイメージとは、180度対極にあるソフトな内装だ。スタッフもとても親切で、初心者にもわかりやすく解説してくれる。

マジックトリュフは6種類と多くはないが、この界隈では値段が一番安い。スマートドラッグの他にも、この種の店を訪れる人にとっては垂涎ものの、シャーマニズムやアヤワスカに関するマニアックな本、仏像のオブジェなども売られ

※ココペリ
【店名】Kokopelli
【住所】Warmoesstraat 12
【営業時間】11時～22時

ココペリ

一見、土産物屋のような雰囲気の「マジックマッシュルームギャラリー」

ている。店の奥には空色に塗られたソファスペースがあり、ドラッグを摂取した後にまったりとくつろぐことができる。窓越しに、運河沿いの景色が見える絶好のロケーションだ。ここで寝そべったり長居しても、注意されないのが嬉しい。

ちなみに、店名のココペリとは、ホピ族が信仰する精霊で、豊穣の神のこと。可愛らしい名前の店だが侮るなかれ。アムスナンバーワンのスマートショップだ。

②マジックマッシュルームギャラリー※

オススメ度：★★★

その名の通りマジックマッシュルームの種類が豊富な店で、スパイ通り沿いとシンゲル運河沿いに2店舗ある。今回紹介するのは、セントラルに近いスパイ通り店だ。

キノコの看板が目印の同店は、ぬいぐるみなどのファンシーな雑貨も扱っている。

人工芝をあしらったショーケースの中には、媚薬や強壮剤

※マジックマッシュルームギャラリー
【店名】The Magic Mushroom Gallery
【住所】Spuistraat 249
【営業時間】10時～22時

マジックマッシュルームギャラリー

ブラックライトで光る服や、変わり種コンタクトレンズも扱う「エイリアンビジターズ」

など、様々なスマートドラッグが並んでいる。マジックトリュフは10種類あるが、値段はやや高め。人気は「ドルフィンズ・ディライト」（13・5ユーロ／10グラム）とのこと。
私が訪れた時は女性客ばかりだった。スタッフも女性だったためか、なかには「ＬＳＤ売ってる？」と真顔で尋ねる女性もいたのが驚きだった。

③エイリアンビジターズ※　オススメ度：★★★

ダム広場から徒歩2分の小さなお店。店名にもなっているエイリアンの等身大オブジェが、入り口の前で出迎えてくれる。ブラックライトで光った妖しい店内は、訪れる者たちの心を鷲掴みするだろう。商品は他店とは一線を画した品揃えで、エイリアングッズの他にはブラックライトで光る服や雑貨、ハロウィンなどで使われる変わり種コンタクトレンズもある。マジックトリュフは、Sirius 社の製品が売られている。他店と違って15グラム単位で売られており、値段はどれも20

※エイリアンビジターズ
【店名】Alien Visitors
【住所】Zoutsteeg 13
【営業時間】10時30分～24時

エイリアンビジターズ

ストイックな店構えの「エレメンツ・オブ・ネイチャー」。マジックマッシュの栽培キットも。

ユーロと高め。

スタッフの女性はタトゥーだらけのパンクなお姉さんで、ジョイントを吸いながら接客していた。内装もスタッフもぶっ飛んだ店なので、一見の価値はあるだろう。

④エレメンツ・オブ・ネイチャー※

オススメ度：★★★★

ヒルストリートブルースの隣にある同店は、うなぎの寝床のように奥に細長い造りをしている。さほど広くはない店だが、他店と違ってファンシーな雑貨類はなく、ストイックなまでにスマートドラッグやボングで埋め尽くされている。

マジックトリュフの種類は豊富で価格もリーズナブル。コズミックコネクターズが13ユーロ（10グラム）など、物によってはココペリよりもお買い得だ。この店には、他店では見られない珍しいスマートドラッグもあるので、物好きな方は訪れてみよう。

※エレメンツ・オブ・ネイチャー
【店名】Elements of Nature
【住所】Warmoesstraat 54
【営業時間】12時～23時

エレメンツ・オブ・ネイチャー

【アムステルダム取材日記③】

雨に打たれるモネール一家

キャンプ生活が始まって、10日が過ぎた。

その日取材を終えた私は、大雨の中1人フェリーに乗っていた。雨の量が半端ないが、地元のオランダ人の半分くらいが表のデッキに立って、雨に打たれている。フェリーには屋根つきのスペースもあるが、屋根の下でみんなでおしくらまんじゅうをするよりは、パーカー一つで雨を凌ぐ方が得策だと判断したらしい。その堂々たる振る舞いが、実に頼もしかった。

海に面したオランダは曇り空の日が多く、雨も多い。日本のように長く降り続く雨ではなく、しょっちゅう降ったりやんだりを繰り返している。このため、多くのオランダ人が傘も持たずに、雨を気にしない傾向にあるのだ。

雨なんか何とも思っていない、私はただ私の道を歩むだけ……そんな姿勢を体現していたのが、モネール一家だった。家族構成は中学生くらいのカーリーヘアーの女の子、その弟で小学生くらいの男の子が2人、そして彼らを率いるのがJリーグ・横浜フリューゲルスで活躍したサッカー選手・モネールによく似たスキンヘッドのパパである。パーカーを被っているのは一番小さな弟だけで、後の3人は全員ずぶ濡れだった。

フェリーを降りた一家は、初めは私の前を歩いていたが、子供の足の遅さを自覚したのか、モネールパパは私に先を行くよう促してくれた。憂鬱な雨の日こそ、しりとりなどしながら歩きたいものだが、一家は終始無言で歩き続けているようだ。

それから一家は横断歩道を渡り、対岸の道路を歩き続けた。

私が鞄から落ちたジョイントケースの蓋はどこにいったんだろ？　と、しばらく道端を探し回っている間にも、親子4人は黙々と歩き続けていた。

私は彼らのたくましさに胸を打たれた。私がジョイントケースの蓋はどこだとか、帰りの飛行機に乗る前は、荷物のチェックが必要になるな……うっかりジョイントを鞄に紛れ込ませてしまったら、大変なことになるな……などと色々くよくよ考えている間にも、モネール一家は、大雨の中ひたすら石畳の道を歩いていたのだ。その先には夢や希望や、横浜フリューゲルスが待っているのかもしれない。

あるいは、いつもの我が家が待っているのかもしれない。今日も我が家が待ち受けているならば、ずぶ濡れになりながらでも、ただ歩き続けるしかないのだ。

遠目に、モネールパパが黒人の若者と、すれ違いざまにハイタッチしているのが見えた。

どうやら顔なじみらしい。しかし挨拶はそれだけで、特に言葉を交わすこともなく、モネールパパは淡々と歩みを続けた。その横を子どもたちもひたひたと歩き続けている。

一体このモネールパパは何者なのだろう？　すれ違いざまにハイタッチなんて……かっこよすぎるじゃないか。

キャンプ場に戻ると、時刻は8時半を回っていた。例によってテントの数が増えている。

雨のアムス。オランダ人は傘をささない。

シャワーを浴びてテントの中でじっとしていると、雨粒の音が激しさを増してきた。おまけに雷まで落ちてきた。風の強さも相当なもので、通販で買った2500円のテントは、脅えるようにブルブルと震え続けた。

逆に言えば、私は一番よい時間帯に帰ってきたのかもしれない。雨に溺れず、そこそこに濡れそぼれて、面白いものを目にすることができたのだ。

スーツケースの中身をまさぐってみたが、そういえば傘もパーカーも雨合羽も持ってきていないことに気がついた。それでいいのだと思った。傘は忘れても、あの時見たモネール一家のたくましさと、雨の匂いは忘れたくなかった。

やがて雨の音が小さくなってきた。まだぽたぽたと雨粒が天井を叩く音がするが、峠は越えたようだ。私はそろりとテントのジッパーを開いて、外気を取り入れた。

湿った空気が鼻の周囲にまとわりつく。芝生の緑が、いつにも増してみずみずしい。

モネール一家は、無事お家に帰れたのだろうか？

その日以来、私は雨を見る度に、モネール一家のことを思い出すようになった。

これを書いているのは日本だが、偶然にも外では雨が降っている。日本の雨はアムスの雨と違って、当分止みそうにもない。空には暗雲が垂れこめているし、ますます激しい吹き降りになってきた。

しかし不思議と、そんなことはどうでもよくなってきた。今日も、モネール一家は雨の中を淡々と歩き続けているのだろう。

スマートドラッグ最前線マップ

【スマートショップ】
❶ココペリ　❷マジックマッシュルームギャラリー　❸エイリアンビジターズ　❹エレメンツ・オブ・ネイチャー

第四章
アムステルダム ピンクガイド

Amsterdam Pink Guide

「飾り窓」は夜のアムスの代名詞

オランダは、世界で初めて売春を合法化した国だ。

違法にしても売春はなくならないのなら、税金を徴収して、性病検査もしっかりやろうという、オランダらしい合理的なシステムである。アムステルダムにはおよそ７０００人の娼婦がおり、そのうち75%は東欧などの貧しい国々の出身である。

娼婦たちの集まる場所として有名なのが飾り窓だ。市内には４００弱の飾り窓があり、そのうち8割が「**デ・ワレン**※（レッドライト・ディストリクト）」と呼ばれるセントラルにほど近いエリアにある。しかし政府の浄化政策により、近年は飾り窓の数も減ってしまった。最盛期には５００ほどあった飾り窓も、今や**2割以上が閉鎖**※に追い込まれてしまった。数年前には娼婦たちが、飾り窓の存続を求めて抗議のデモを行ったほどだ。

しかしこの度現場を見て回ったところ、娼婦の数は減ったものの、相変わらず夜間帯には、ピンクのネオンがほとばしっていた。物珍しさに惹かれて見物する観光客の女性も、昔に比べて随分増えた。刺激に飢えたカップルのなかには、娼婦を巻き込んだプレイをする者も珍しくないというのだから驚きである。

娼婦たちの国籍は様々だ。オランダ人娼婦もいるが、多くは東欧圏やロシア、中南米系の

※デ・ワレン
アムステルダムには毎年６００万人が訪れ、そのうちおよそ6割が飾り窓地区を通ると言われている。そうなると、娼婦たちは年間数百万人の視線にさらされていることになる。実際に娼婦の客になる者は、デ・ワレンだけで1日２０００人以上に上る。

※2割以上が閉鎖
跡地は一般のショップになったり、空き店舗のままで不動産屋の広告が貼られていたりする。寂しい限りだ。

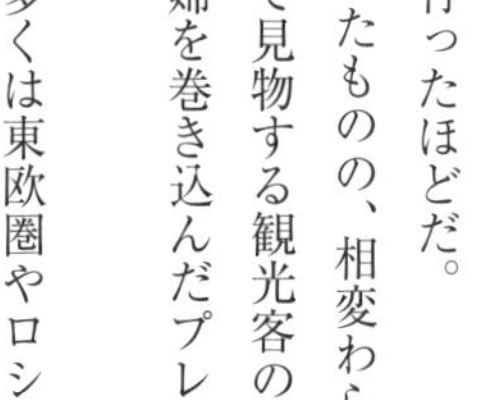

不動産屋の広告

娼婦たちだ。彼女たちは、日々の売り上げから1日あたり150ユーロほどの家賃を支払い、生計を立てている。大体の娼婦が週に4～6日、1日最大10時間働いており、売れっ子娼婦で1日16人ほどの客を相手にするようだ。単純計算でも、**家賃を引いて8万5000円**※ほどのあがりである。

飾り窓地区はアムスのポピュラーな観光スポット。男女を問わず見学に訪れる。

飾り窓の娼婦になるための条件は、21歳以上で、EU圏のパスポートかグリーンカードがあることだ。事前にオランダの商工会議所で登録する必要があり、面接もある。面接では、自立した人間であることが確かめられる。**人身売買や強制売春**※で働かされるわけではないことをチェックしているのだ。

飾り窓地区に行くと、娼婦たちはドア越しに下着姿で立っている。カーテンが閉まっている部屋は「お取り込み中」か、不在を意味している。システムはシンプルで、気に入った子がいれば、料金を確認して中に入る。プレイ内容も

※家賃を引いて8万5000円
これはあくまで売れっ子の稼ぎ。日本の風俗嬢の平均日給が3～4万円とされているので、決して割のいい商売とは言えないだろう。彼女たちは日本の風俗嬢と違って、店から支払われる最低保障がない。お茶をひいたとしても、家賃は払わねばならない。厳しい商売である。

※人身売買や強制売春
アムスの売春婦には、「ラバーボーイ」と呼ばれるポン引きに騙される女性もいるらしい。「ダンサーをやって一稼ぎしないか？」などと甘い文句に騙されたり、日本のホストやヒモのように、恋人のふりをした男の餌食になってしまう女性たちも多いようだ。華やかなピンクのネオンの裏には、そうした悲しい現実があるのも確かなのだ。

飾り窓を歩く観光客。覗いている方は、覗かれていることに気づかない。

大差はなく、ゴムフェラ&ゴムハメの15分で50ユーロというのが相場※だ。

　キスは性病感染予防のため不可だが、人によってはほっぺにチューくらいまでならOK。また、事前に娼婦が裸になるのか、ボディタッチはOKか、体位は変えられるのか確認しておくのがいいだろう。娼婦によっては、それぞれ別料金（20～50ユーロ）を取られることがあるからだ。その逆に、挿入や手コキだけなら30ユーロでOKという娼婦もいるようだ。

　ただし基本的に飾り窓の娼婦たちは、早くセックスを終わらせたがっていることが多い。服を脱いでベッドに上がると、コンドームを装着されて、フェラからそのまま挿入というパターンがほとんどだ。基本的に、味気ないものである。

　また、ドアを開けて交渉してみたが、他の子も見てから決めたいという方は、「Let me

※飾り窓の料金相場
なかには2人で組んで仕事をする娼婦もいる。その場合、どちらか1人を選ぶこともできるが、3Pの場合は2人分なので、当然料金も倍になる。

think about it.（ちょっと考えさせて）」などと言って、立ち去ればいいだろう。割とよくあるケースらしく、娼婦に嫌な顔をされることもない。その他注意点としては、飾り窓地区は※**写真撮影禁止**になっていることだ。また、娼婦と一戦交える者は、18歳以上に限られる。間違っても修学旅行の夜に、娼婦を抱いてはならない。

飾り窓のピーク時間は、17時～深夜1時頃だ。特に週末の21時以降は娼婦の数も多い。日中にも娼婦を目にするが、数がぐんと減ってくる。

娼婦を選ぶ時は、「携帯電話で話している娼婦」や「煙草を吸っている娼婦」や「後ろばかり見ている娼婦」は極力避けよう。こうした娼婦はサービスの質が悪い。

反対に、ドア越しに笑顔で見つめてきたり、お尻を振るなど積極的にアピールしてくる女性は、比較的サービスがよい傾向にある。ただしプレイ内容は限られているので、あまり期待しないのが無難だ。より高いサービスを求める方は、※**エスコートガール**を利用するのがいいだろう。

旅行者のための「飾り窓」エリアガイド

それでは飾り窓はどこにあるのか？

有名なのは、「レッドライト・ディストリクト」と呼ばれる中心街にあるエリアだ。

※**写真撮影禁止**
娼婦に見つかると、罵声を浴びせられたり、時にはカメラを運河に捨てられることもあるようなので気をつけよう。

※**エスコートガール**
値段はモデルのレベルにより様々だが、ある店の相場だと150ユーロ／1時間となっている。他には、FKKと呼ばれるサウナもある。オランダ南部のルールモントにあるFKK「YinYang」では、サウナの中に、東欧・ロシアなど20～30名の女性たちが待機している。料金は入場料60ユーロ＋プレイ代（30分／50ユーロなど）とのこと。

コーヒーショップ「ブルドッグ」の並ぶ「Oudezijds Voorburgwal」通り沿いをセントラルステーションからダム広場方面へ歩いていくと、旧教会が目に入る。※**この周辺**は黒人の太っちょおばさん娼婦たちのたまり場となっている。

旧教会を取り囲む「Oudekerksplein」沿いと「Enge Kerksteeg」の小路沿いには、全部で20数個の窓があるが、取り込み中でもないのにカーテンの閉まっている窓も多い。私が訪れた22時頃で10名ほどの娼婦がいたが、いずれもおばさんでルックスレベルは低かった。一体誰が買うのかと思われるような体型をしているが、なかにはマニアもいるらしく、それなりの需要はあるようだ。国籍はドミニカやベネズエラなど、中南米系が多い。料金相場は他の娼婦と同じで、15～20分で50ユーロ。※なかには目が合おうものなら、激しくドアを叩いて誘ってくる娼婦もいる。この通り沿いには「ＰＩＣ（売春情報センター）」もあり、定期的に飾り窓を巡るツアーも行っているので、興味のある方は訪ねてみよう。

旧教会を越え、スモーカーフレンドリーバーの「オールドチャーチラウンジ」の右手にある「Sint Annendwarsstraat」という小路に入ると、白人エリアだ。この通りを軸に右に1本、左に3本の小路があり、飾り窓が広がっている。このあたりはアムスの飾り窓の中でも、もっともルックスレベルの高いエリアだ。ゲームセンターの角を右に曲がって「Bethlehem-steeg」に入ると、※**ストリップバー**の看板が見える。左手に窓を見ながら歩き進むと、奥の右手には、屋根つきの屋内スペースがある。扉を抜けると、9戸ほど部屋があり、ロシア人や

※旧教会周辺
旧教会のそばには小さな娼婦の銅像や、乳房に手を這わせた謎の彫刻もある。暇があれば探してみよう。

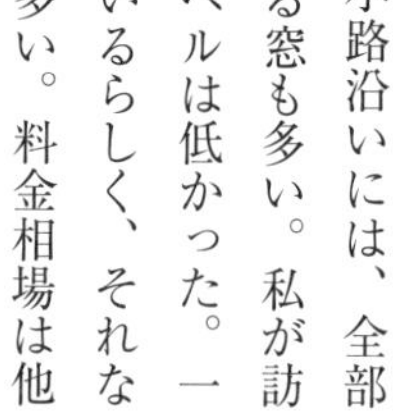
謎の彫刻

※黒人おばさんの相場
なかには30ユーロ（15分）の人もいたり、「いくらなら出せる？」とこちらに値段を決めさせるパターンもある。

※ストリップバー
「La Vie en Proost」。入場料は5ユーロ。ラップダンス10～20ユーロ。ビール6・5ユーロ。

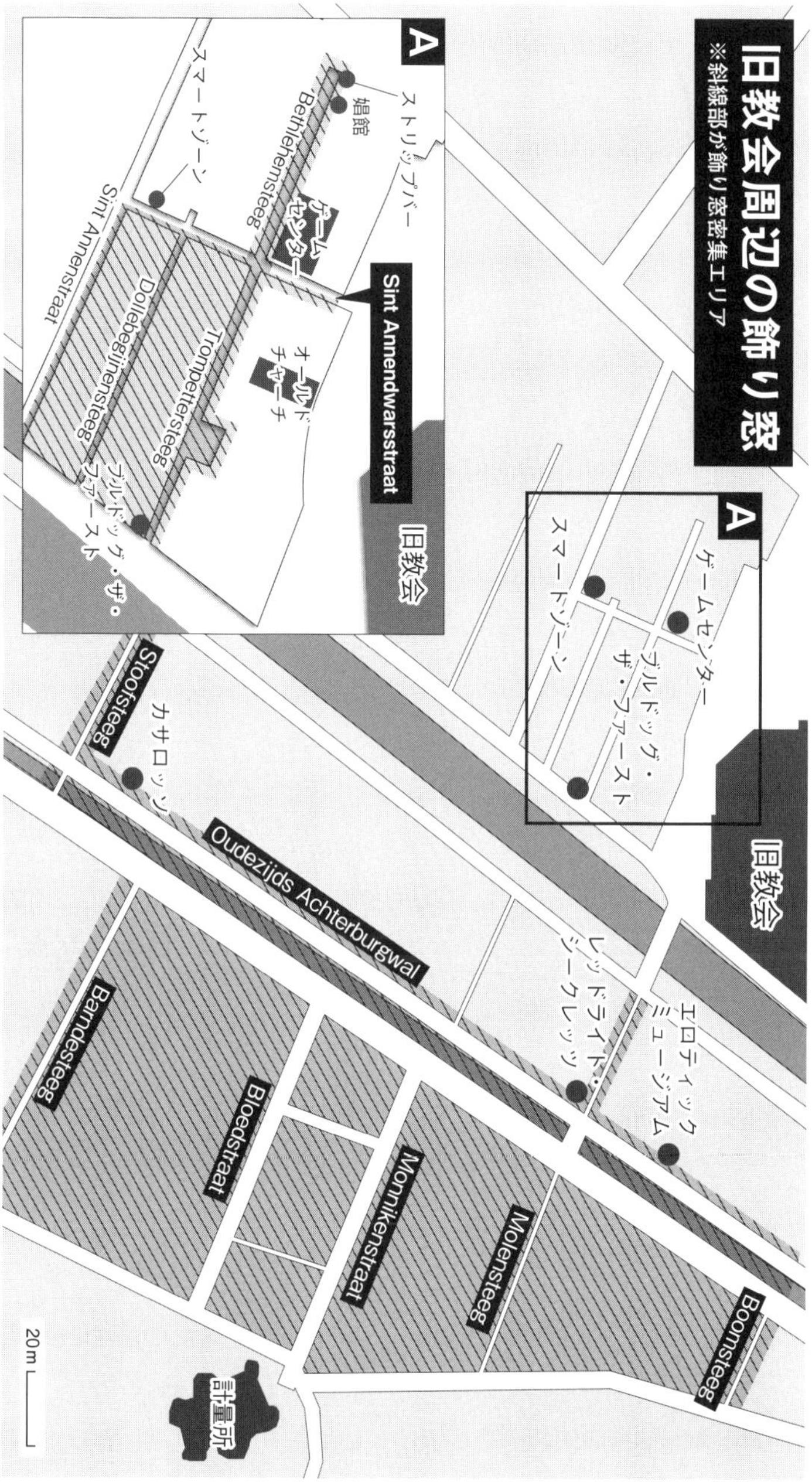
旧教会周辺の飾り窓
※斜線部が飾り窓密集エリア
A
ゲームセンター
スマートゾーン
ブルドッグ・ザ・ファースト
旧教会
レッドライト・シークレッツ
エロティック ミュージアム
Stoofsteeg
カサロッソ
Oudezijds Achterburgwal
Barndesteeg
Bloedstraat
Monnikenstraat
Molensteeg
Boomsteeg
計量所
20m
A
ストリップバー
娼館
Bethlehemsteeg
スマートゾーン
ゲームセンター
Sint Annendwarsstraat
オールドチャーチ
Trompettersteeg
Dollebegijnensteeg
Sint Annenstraat
ブルドッグ・ザ・ファースト
旧教会

ヒスパニック系の娼婦がいる。館内はぐるりと一周する造りになっているが、入場料などは特にないので安心して扉を潜ろう※。

娼館を出て、左に真っ直ぐ進むと「Trompettersteeg」という小路に出る。左右に9戸の窓が並ぶこの通りは、非常に狭い。かつては、壁に**ぐしゃぐしゃの落書き**※が描かれていて見ごたえがあったが、現在は「NO FUCKING PHOTOS」の文字ばかり並んでいる。

通りの終点まで来ると、運河のほとり、ブルドッグの隣に出る。

ブルドッグ左手の「Dollebegijnensteeg」にも窓が並び、白人娼婦を中心にスタンバイしている。流行りなのか、**黒縁眼鏡をかけた娼婦**※が多かった。スタイル抜群の眼鏡美女に声をかけてみると、国籍はマルタだった。

再び「Sint Annendwarsstraat」に出て左に曲がり、突き当たりのスマートショップ「スマートゾーン」の前を抜けて左に曲がると、「Sint Annenstraat」に出る。この通り沿いの左手にも窓が並んでいる。

再び運河のほとりに出たら、右に進もう。ブルドッグのお土産屋の前にある橋を渡り、運河を越えると、2つのセックスショップが目に入る。その間の「Stoofsteeg」には、左右にたくさんの窓が並んでいる。人種は様々だが、どこかくたびれた感じのする娼婦が多い。ただし、稀に美女もいるので油断はできない。

小路を抜けると、「Oudezijds Achterburgwal」という大通りに出る。左手には、ゾウの

※女性連れは注意
私が訪れた時は、すぐ前を冷やかしのカップルが歩いていたが、娼婦たちは露骨に顔をそむけていた。飾り窓地区では女性の観光客も多く見られるのだが、この狭い屋内スペースでは、女性の見学者は恐らく娼婦たちからシカトされることになるだろう。

※ぐしゃぐしゃの落書き
10年前は左写真のように荒れ放題だったが、現在はいくらか綺麗になっていた。

10年前の落書き

【左】目印のスマートショップ「スマートゾーン」【右】飾り窓が密集する「Stoofsteeg」

マークでおなじみの「**カサロッソ**」※がある。運河沿いのこの大通りにも、パラパラと飾り窓が並んでいて白人の娼婦が多い。このあたりは、上下2つに窓が並んでいる部屋があるのも特徴だ。全体的に、ルックスレベルは高い。

「Stoofsteeg」の前にある橋を渡り、運河沿いにセントラルステーション方面へ向かう途中、右手にある5本の小路はどれも飾り窓ストリートとなっている。

右手1本目の「Barndesteeg」は、左手にいくつか部屋があり、ヒスパニック系などがいる。右手2本目の小路、「Bloedstraat」の左側の窓は、**レディボーイ**※ゾーン。要するに男性が女装しているエリアだ。奥の右手は白人娼婦が多いが、左に曲がった「Gordijnensteeg」もレディボーイゾーンとなっており、一見女性だがご立派なイチモツを備えた者がいる。私が訪れた時は、出身はブラジルなどの南米系が多かった。

右手3本目の「Monnikenstraat」は計量所へと続く道で、東欧系の白人などがいる。4本目の「Molensteeg」は左右

※**黒縁眼鏡をかけた娼婦**
他の通りでも眼鏡娼婦を目撃したが、容姿に自信がありそうな美形が多かった。

※**カサロッソ**
セックスショーを見せる店。詳しくは202ページ参照。

※**レディボーイ**
オランダ全土には、およそ3000人のレディボーイ娼婦がいる。飾り窓での料金相場は他の娼婦と変わらず50ユーロ（15分）だが、娼婦によっては30分までOKという人もいた。

【左】狭い路地が飾り窓の見物客でごった返す

【右】飾り窓の中に置かれた娼婦が座るソファ

にたくさんの窓が並んでいるが、白人などのおばさん娼婦が多い。この通りを抜けると、中華街に出る。左斜め前方に見える中華料理「**ニューキング**※」は、安くてうまい中華が食べられる店でいつも混んでいる。

右手5本目の「Boomsteeg」沿いにも窓がある。しかしこの右手にある窓は、半地下の屋内の通路沿いに、5戸の窓が並んでいるタイプで、娼婦の顔は階段を下りなければよく見えない。私が通った時には黒人娼婦が1人佇んでいた。上から見ると、胸の谷間はよく見えるのだが、肝心の顔が建物の陰に隠れてしまってよく見えない。階段を4段下りて中の様子を窺うと、**容姿醜悪なデブおばさん**※であった。

再び運河沿いに戻り、セントラル方面に歩いて「**ムーラン・ルージュ**※」のあたりまで来れば、見どころは大体終わりである。運河沿いの左右に並ぶ窓を確認したら、最後に4本目の「Molensteeg」の前にある橋を渡ろう。運河を越えると、「Oudekennissteeg」という小路がある。この通りにも左右に窓が並んでいる。娼婦のレベルは低いが、この一帯の他の

※ニューキング
ボリュームたっぷりで美味しい中華が10～20ユーロで味わえる。
【店名】New King
【住所】Zeedijk 115-117
【営業時間】11時～22時30分

ニューキング

※容姿醜悪なデブおばさん
どうやらおばさんは地上を通る男たちを、胸の谷間で引きつけているらしい。なんだかアリジゴクみたいだ。その後も私と同じように階段を下っては、彼女の顔を確認するや、すぐに引き返して立ち

小路と同様、時々当たりの美女も目にするので注意が必要だ。小路を抜ければ、再び旧教会の前に出る。……ここまでがメインの飾り窓だが、ざっと見て回るだけなら、1時間もあれば十分だろう。

セントラル付近には、もう一つ飾り窓エリアがある。

「Nieuwezijds Voorburgwal」沿いにある「ウエストコードシティセンターホテル」右隣の商店の右手にある道、「Korte Kolksteeg」沿いには4戸ほど窓がある。

この小路を抜けて「Spuistraat」に出たところにある右手の建物は、2、3階まで部屋のある大きな娼館だ。しかし私が訪れた時には、おばさん娼婦が1人いるだけだった。上階にも娼婦がいる場合は、1階の扉を抜けて狭い階段を上ると、上の階の娼婦と交渉できる仕組みだ。建物の中に入ってから断るのもOKなので、安心して扉を開けよう。

3階まで飾り窓になった「Spuistraat」の娼館

去る者が多かった。哀れなおばさんである。

※ムーラン・ルージュ
セックスショーを見せる店。詳しくは208ページ参照。

運河沿いにも飾り窓が並ぶ。飾り窓を覗く男たちの眼差しは熱く、真剣だ。

この建物を背にして、左側に伸びる「Spuistraat」沿いにもいくつか窓が並んでいる。

「Spuistraat」をダム広場方面に進み、コーヒーショップ「**アブラクサス**※」に至るまでの左手に並んだ窓は、主にレディボーイゾーンだ。窓の数は少なく、私が歩いた時はレディボーイが1人いるだけだった。料金は20分で50ユーロ。値段を聞く前に、自ら笑顔でイチモツを指差して「レディボーイだけど大丈夫?」と教えてくれた。愛想がいいだけに、閑散とした夜道で孤独に働く姿が健気だ。

再び「Korte Kolksteeg」まで戻り、「Spuistraat」を渡って正面にある小路、「Korte Korsjespoortsteeg」を真っ直ぐ進むと、十字路に出る。この十字路沿いや、左手の「Oude Nieuwstraat」沿いにも窓があり、10数名の娼婦がいる。しかし、おばさんだらけでルックスレベルは低い。たった1人だけ黒人の若い美女がいて、彼女のみ客がついていた。

このあたりは人気も少なく、夜間帯に歩いているのは娼婦目当ての男たちばかりだ。

※**アブラクサス**
人気のコーヒーショップ。詳しくは81ページ。

客入りが悪いのか、暇を持て余したおばさん娼婦の中には、知り合いらしき男を部屋の中に招き入れて、話し込んでいる人もいた。当たり前だが、外から見れば声をかけづらい。今日はもうあきらめてしまったのだろうか。その他のおばさんたちもやる気がなく、薄暗い小路には終始あきらめの空気が流れていた。

しかしなかには、独自路線で勝負している人もいた。仮面舞踏会風のベネチアンマスクをつけた、※**怪しいおばさん娼婦**である。なんでも彼女は、「エロティックマッサージ」なるものをやっているらしい。内容は文字通りエロティックなマッサージの他に、フェラまたは挿入で、50ユーロ（20分）というものだった。フェラと挿入をする場合は、料金も時間も倍になるらしい。

再び「Korte Korsjespoortsteeg」まで戻り、左へ行くとシンゲル運河に出る。この運河沿いにもまばらに窓があるが、ルックスレベルはやはり低い。ぽっちゃり娼婦が1人淋しそうにしていた。前を通る人影はなく、客がつく気配は一向にない。彼女はこの長い夜をどうやってやり過ごすのだろうか？

以上がセントラル近郊の飾り窓だが、市内にはもう一つ飾り窓スポットがある。

トラム16番の「Ruysdaelstraat」※駅で下車し、進行方向とは逆のすぐ近くの交差点に行くと、運河沿いにピンクに光るネオンが目に入る。こちらは小規模な飾り窓だが、見学するだけでもなかなか刺激的な眺めだ。時間のある方は訪れてみよう。

※**怪しいおばさん娼婦**
決して美人ではないのだが、マニアックなプレイを好む者もいるらしく、カーテンが閉まっていることもあった。

※**「Ruysdaelstraat」駅**
セントラルからトラムで約25分。コーヒーショップ「カッツ」もここから徒歩圏内。

レッドライト・シークレッツ　～娼婦の実態に迫る～

飾り窓地区には「※レッドライト・シークレッツ」というものがある。２０１４年オープンのこの施設は、世界初の売春をテーマにした博物館だ。

さすがは※**金儲けのうまいオランダ**である。誰もが気になる娼婦の実態を堂々とさらけ出して、お金を頂こうというわけだ。

それでは早速、館内をご紹介しよう。

①館内の見所その１　～Q&A方式で娼婦のヒミツ～

受付を過ぎると、左手にトイレがある。ドアに書かれた性別が文字ではなく、パンツの写真で表されているのが面白い。このスペースでは、液晶モニタに映されたヴァーチャル娼婦がお出迎えしてくれる。

先へ進むと、初めに６分間の映像を見せられる。これは飾り窓地区のナイトライフを紹介した動画で、アムスに観光に来た男の１日を時系列で紹介している。パブでビールを飲んだり、セックスショーなどのエロスポットを満喫した後は、飾り窓に消えていくというオチだ。

クールなＢＧＭのプロモーションビデオだが、所詮はスケベな男の１日を追った再現ＶＴ

※レッドライト・シークレッツ
【店名】Red Light Secrets
【住所】Oudezijds Achterburgwal 60h
【営業時間】11時～24時
【入場料】10ユーロ（ネット予約で8ユーロ）。
【ＨＰ】http://www.redlightsecrets.com/

レッドライト・シークレッツ

※金儲けのうまいオランダ
アムステルダムには他にも、「Museum Vrolik」という人体解剖博物館がある。大学病

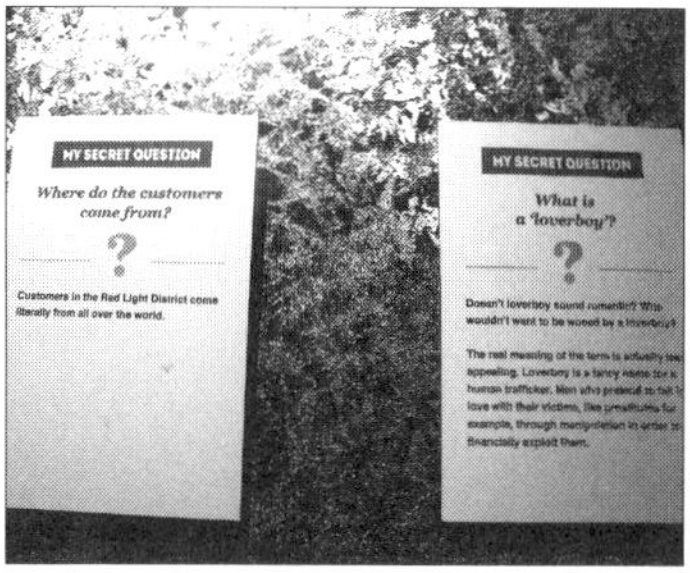

【左】博物館のエントランス【右】娼婦の生態を知ることができるQ&Aコーナー

Rにすぎない※。

その先には、飾り窓の部屋を貸し出すために使われていたオフィスを再現した部屋がある。

この部屋から壁にパネルが並んでおり、娼婦に対して疑問に思うことをQ&A方式で教えてくれる。たとえば、娼婦たちの多くが護身用の警報ブザーや催涙スプレーを持っているとか、娼婦の7割が既婚者ないしパートナーがいるだとか、仕事は平均して5年で辞めるだとか、娼婦は仕事が楽な**早漏君が大好き**※だとか……細かいことまで丁寧に書かれてある。

なかには、こんな掲示物もある。

【売れっ子娼婦になるための十か条】

①**姿勢**：唇を尖らせてお尻を動かしましょう。真っすぐ立って曲線美を強調します。

②**明るさ**：明るく見せることが大事です。殿方はぶっきらぼうな女性にはお金を使いません。

院内にある博物館で、なかではホルマリン漬けにされた奇形児たちの標本を見ることができる。しかし遺体へのリスペクトのため、館内の写真撮影は不可。ところが入り口近くでは、シャム双生児のポストカードや、写真集が販売されている。なかには立体眼鏡付きの「飛び出す奇形児写真集」もあるほどだ。オランダ人の商売根性にはつくづく驚かされる。

※**再現VTR**
ちなみに、以前は飾り窓地区に携わる人々のドキュメンタリーをやっていたようだ。窓の中で談笑する母親娼婦とその娘という、ショッキングな映像も見られたようなので、今の映像は少し物足りない気もする。

※**早漏君が大好き**
早漏君は娼婦にとってみれば、効率のいい上客。早い人で6分程で退出するそうだ。

③目立つ：モナリザのようにじっと座っていても注目されません。目立つことを忘れずに。

④接触：アイコンタクトしてみましょう。殿方が振り返ったら、まぶたで徹底的にアピール。

⑤笑顔：笑顔は大切ですが、笑い過ぎはよくありません。殿方が自分のことをバカにされていると思うかもしれないからです。

⑥唇：殿方の目を見つめながら、唇を優しく舐めてみましょう。

⑦手：手は大事です。体の曲線美を引き立てるように使いましょう。

⑧髪：ロングヘアーの方なら、髪をかきあげて後ろに投げる仕草でアピールしましょう。

⑨誘う：「私はあなたがホシイの……」と、物欲しそうに誘ってみましょう。殿方は、あなたにとってのオンリーワンなのです。手招きして誘ってみて。

⑩おさらい：胸、お尻、太もも……あなた自身を一番いい角度から見せましょう。やるべきことは全てやるのです！　恥ずかしがらないで！　見られることを楽しんで！

飾り窓で働く娼婦の大半が、この十か条を守っていないように思われる……。

②館内の見所その２　～飾り窓の内部～

階段を上がってじゃらじゃらとした珠のれんを抜けると、飾り窓の内部を再現した部屋がある。この部屋には**窓**※があり、運河沿いの往来を眺めることができる。娼婦目線で眺めてみ

※**娼婦の部屋の窓**
この窓の下は開いていることが多いので、外にいる連れにカメラを渡して娼婦ポーズを撮ってもらうことも可能だ。

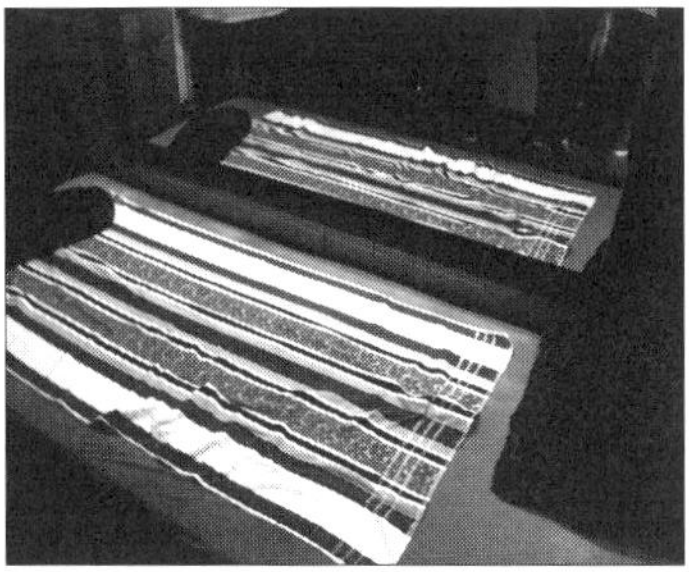

【左】娼婦の私物が置かれた洗面台の展示物【右】ベッドとクッションしかない飾り窓の内部

れば、見える景色も変わってくるだろう。

奥の部屋にはベッドがあり、棚の上にはデオドラントや洗口液、香水にコンドームなど、娼婦たちの必需品が並んでいる。以前この部屋を使っていたのはポーランド人の女性で、彼女は1日12時間、7年もの間ほぼ毎日ここで働き、その間に2万5000人の男たちと関係を持ったという。そうなると家賃を差し引いても、1億円以上の稼ぎはあるはず。ところが、実際にはポン引きの男にほとんど持っていかれてしまったらしい。結局、男は人身売買で逮捕されて彼女は自由の身となったが、他に仕事のあてもなく、引き続き娼婦を続けているのだという。**なんとも悲しいストーリー**※だ。

奥へ進むと、**高級売春宿を再現**※した部屋がある。広々としたベッドやバスタブがあり、枕元にはシャンパンまである。ヒョウ柄のクッションを置いた飾り窓の部屋とは大違いだ。

更に進むと、SM用の拘束具を展示した部屋がある。あまり知られていないが、娼婦とSMの繋がりは深いらしく、老いた娼婦はSMの女王様になることが多いらしい。

※なんとも悲しいストーリー
その一方で、仕事を楽しんでいる娼婦もいる。彼女は貯めたお金は学費にあてて、2年後には法律事務所で働く夢があるという。娼婦の仕事に誇りを持っていて、少しも恥じていないというのだから、大したものだ。

※高級売春宿を再現
展示されていたバスタブ。現在も現役で使われているのではないかと思うほど、生々しい雰囲気だ。

高級売春宿のバスタブ

娼婦の視線が体験できるモニタ（左）。トラウマクラスの薄気味悪さだ。

※**SMは奥深い世界**のため、女王様になるにはそれなりの金がかかるようだ。ある娼婦はSMマスターの元で見習いとして働き、授業料として3000ユーロ支払ったという。それでも、独立してからわずか数日で授業料を取り戻したそうだ。

③館内の見所その3　～娼婦からの目線～

次の部屋がこの博物館で一番面白い※。飾り窓に立つ娼婦が、男たちにどのように見られているかを再現した映像が流れている。いわば、男たちとの「対決」だ。

なかでも、何度も窓の前を行き来しながら見てくるハンチング帽の男が気持ち悪い。他にはカップルの通行人もいた。彼氏が思わず窓に目を向けると、彼女に怒られてしまうシーンでは、周囲の客から笑い声が漏れていた。

次の展示物は、一気に重たい気分になる。勤務中に殺されてしまった娼婦たちを弔う祭壇だ。オランダでは今でも、娼婦が勤務中に殺される事件が毎年起きているようだ。

その後の展示物は一転して笑える。ショーケースの中に

※SMは奥深い世界
アムスのSM嬢のなかには、体や局部に電極をつける、「エレクトロセックス」なるプレイを行う娼婦もいるようだ。

※ヴァーチャル娼婦
この部屋へ行く途中の窓からは、飾り窓風のモニタに映されたヴァーチャル娼婦が見える。実際の娼婦と同じように、携帯をいじっていたりとやる気がない。

やる気のないヴァーチャル娼婦

【左】殺された娼婦を祀る祭壇【右】入れ歯の落とし物（本物）

は、レッドライト地区で拾われた様々な落とし物が並んでいる。定番のメガネやネクタイなどの他には、勃起薬や媚薬、老人の入れ歯や、「**教師の議題**※」と書かれた真面目な本まである。ちなみに、もし自分の物を見つけたら、恥ずかしがらずにスタッフに報告すれば返してくれるそうだ。

④館内の見所その４　～懺悔部屋～

その後はクイズコーナーや、**売春情報をまとめたパネル**※が展示してある。

部屋の壁には、飾り窓で働く娼婦たちの心の叫びも書かれている。「家族が恋しい」とか「ママは私がやってることを知らないの」といった悲痛な叫びもあれば、「どんな男でもセックスできるわ。キスだけは絶対しないけど」とか、「あたしは娼婦じゃない。セックスセラピストよ」といったたくましいコメントもある。

最後の展示物も面白い。「告白」と書かれたコーナーには、教会にある「懺悔部屋」を模したスペースがある。

※**教師の議題**　内容は確認できなかったが、おそらく授業のやり方などが書かれた教員向けのマニュアル本だろう。

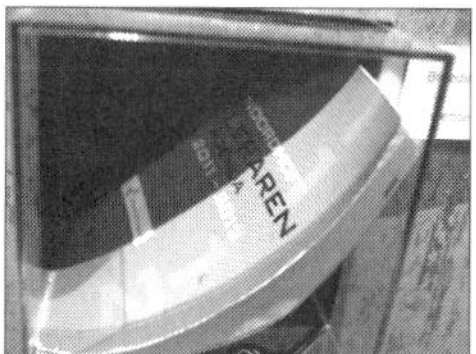

「教師の議題」

※**売春情報をまとめたパネル**　世界各国の娼婦の料金比較もあり、一番高い上海ではコールガールを呼ぶのに1250ユーロするが、ブラジルでは未成年の娼婦でわずか5ユーロだという。インドはもっと安くて、成人女性で2・5ユーロ。ところが処女になると、900ユーロで買われるというのだから、なんともやるせない。

神父の映像が流れるモニタの下には、ポストがあり、専用の用紙に書いたメモを投函できるようになっている。このメモには、自身が犯した淫らで罰当たりな行いを書いて入れる仕組みらしい。そうすれば全て、赦《ゆる》されるそうだ。

館内には、来館者の秘め事の優秀作品が掲示されている。ほんの一部だがご紹介しよう。

「団地のそばの茂みで、妻子持ちの男の人とヤッちゃった」

「トイレに行くところを見られるとドキドキしちゃうの。特に、うんちなんかしてるとこ見られたら最高ね」

「俺は一度だけ『スタートレック』を見ながら、オナニーをしたことがある。ピカード艦長が※『カム！』と言うまでイかなかった」

「あたしは19歳だけど、３００人くらいの男とヤった。そのほとんどが日本人。お金を払ってヤったこともあるの。すごいでしょ？　セックス中毒のオランダ人より」

世の中、みんながエロいのだ。だからこそ、体を売って男たちの欲望を満たす娼婦には、敬意を払わねばならないのだ……このコーナーは、そんな思いを込めて作られたらしい。

ちなみにこの秘め事メモは、「※**告白カレンダー**」という日めくりカレンダーとして売られている。こんな物まで商売にしてしまうとは、さすがはオランダ人だ。

※カム
英語で「イク」の意味。「カム」は、ピカード艦長が入室を促す時の口癖「come（入れ）」にかけている。

※告白カレンダー
その他にも、「きゅうりはディルドと同じくらい楽しいです」「姉ちゃんの私物のぬいぐるみとヤった」など、爆弾発言が満載。お値段は１冊４・95ユーロ。ご近所さんへのお土産にどうぞ。

告白カレンダー

アムステルダム・ピンクスポット探訪

「変態の街」アムステルダムには、様々なピンクスポットがある。男性向けの店もあるが、日本の**秘宝館**※のように、女性でも気軽に入れる店も少なくない。そうしたスポットでは観光客のおばちゃんが爆笑していたり、刺激を求めるカップルたちで溢れている。

結論を言えば、どれも安っぽすぎて、暇つぶし程度にしかならない。

しかし、それはそれでまた微笑ましいものなのかもしれない。早速ご紹介しよう。

【セックスミュージアム】

セントラルから徒歩1分の立地に、「**セックスミュージアム**※」なるものがある。日本の秘宝館のようなもので、入場料も5ユーロと安いので観光客にも人気のスポットだ。ではその中はどうなっているのか。

①館内の見所その1　～変態人形～

入り口では、ミロのヴィーナスを彷彿とさせる全裸彫像が出迎えてくれる。

チケットを購入して中に入ると、右手から何やら怪しげな呻き声が聞こえてくる。

※**秘宝館**
性にまつわる珍品を収蔵した施設。かつては温泉街にある定番スポットだったが、時代とともに衰退化し、現在国内では熱海に1軒あるだけ。

※**セックスミュージアム**
【店名】Sex Museum
【住所】Damrak 18
【営業時間】9時30分～23時30分（入場は16歳以上）
【入場料】5ユーロ

セックスミュージアム

見れば、**タチンボ**※に手コキをされて悶絶する男の人形がある。誰かが前を通る度に「OH YEAH！」と声をあげるから、やかましいことこの上ない。

この他にも1階には、近づくと、コートの下からイチモツをさらけ出す変態人形がある。わかりやすいこの人形はなかなかの人気らしく、女性客にもウケていた。

1階の左手には、歴史を感じさせるエロいオブジェが展示されている。あるスケッチには、冴えないハゲオヤジの巨人が描かれていた。巨人のチンコには小さな女たちがぶら下がったり、踏みつけたりとやりたい放題だ。昨今の女性優位社会を象徴するようなイラストである。どうやら進撃の巨チンというわけにはいかないらしい。

②館内の見所その2　～モノクロエロ写真コーナー～

階段で2階へ向かう途中、目玉のついた尻のオブジェがアクションを起こすので注目してみよう。この博物館には、所々でこうしたサプライズが仕掛けられている。

2階は**モノクロエロ写真コーナー**※だ。熱海の秘宝館で、男根の御神体に笑顔で抱きつく**おばちゃんの写真**がある。他には、南フランスのヌーディストリゾートのモノクロ写真もある。裸のボインな女性の横では、小さな男の子を連れた夫婦が困惑気味である。

人間とは昔からエロかったようで、1950～65年の間に日本で販売されていたエロ写真もある。青姦写真やウェディングドレス姿での挿入写真なのだが、興味深いのは、小さな

※**タチンボ**
路上で客待ちをする娼婦。「立ちんぼ」はずっと立ちっぱなしの意。

タチンボと客の像

※**モノクロエロ写真の一例**
写真は、19世紀末から20世紀半ばまでのものが中心。左写真はスタジオ撮影のもので、「覗き見願望」を表現。モデルの女生徒が、見事なケツ出しダンスを披露している。

ケツ出しダンシング

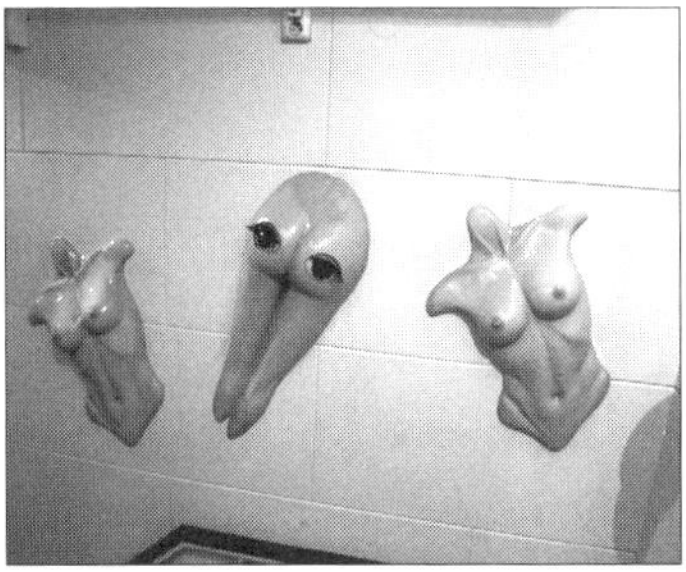

【左】サプライズがあるお尻のオブジェ 【右】秘宝館定番のマリリン・モンローの蝋人形

エロ写真の中にまるでアルバム写真の欠席者のように、結合部をアップにしたものが刷られていることだ。テレビのワイプをうざがる人は多くても、局部のアップは当時から重要な要素であったようだ。

③館内の見所その３　～トイレの鏡～

エグイ写真を見た後は、**マリリン・モンローの蝋人形**※で癒されよう。

そこからはまた歴史を感じさせるエロアイテムが展示されている。紐を引っ張ると服の下からデカマラを露わにする背徳的な修道士の人形や、ねじを巻くと『エーデルワイス』の曲と共に、ベッドの上の男女がまぐわうオルゴール（1890年製）などがある。

その後、トイレに行ったのだが、これがなかなか面白い。グロテスクなデザインの便座で用を足した後、洗面台の鏡の前に立っていると、突然映像が流れ始めた。CGと実写を合成した動画で、初めはトーガのような上着を羽織っていた

※おばちゃんの写真
10年前にもこの写真はあった。恐らく時代が変わっても、このおばちゃんの写真は皮フ科の「フ」の字のごとく、ひっそりと生き延びていくのだろう。

おばちゃんの写真

※マリリン・モンローの蝋人形
秘宝館の定番である。10年前にこの人形を見た時は、ボタンを押すと風でスカートが膨らんだが、残念ながら現在そのボタンはなくなっていた。

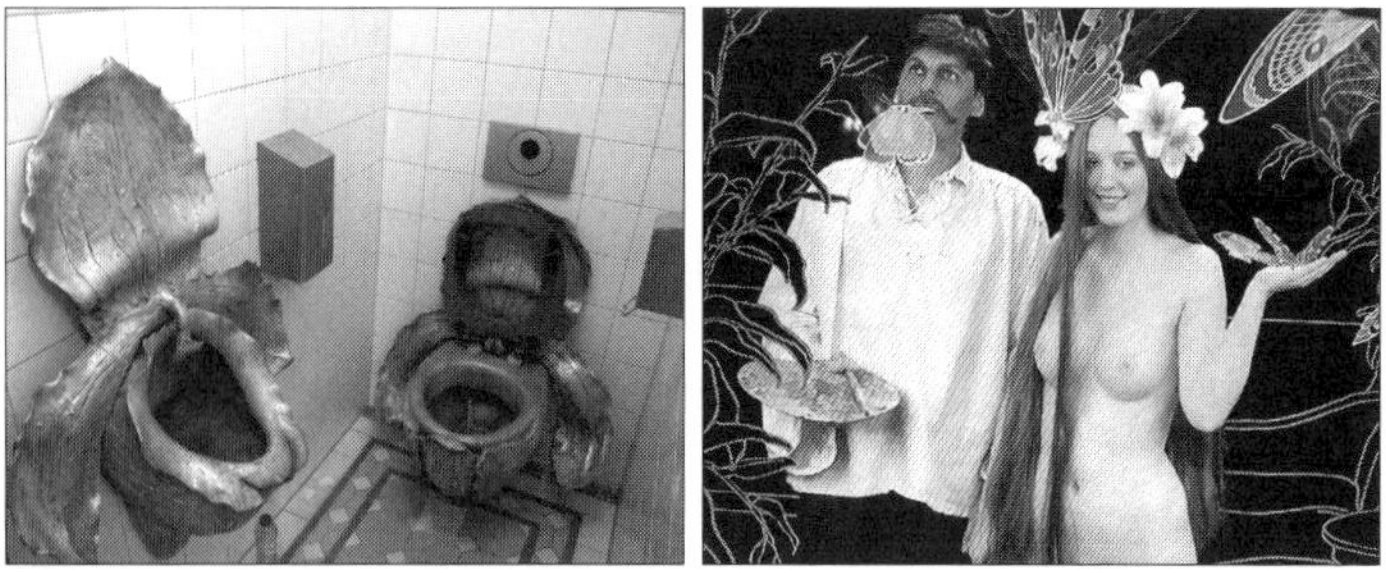

元ネタがわからないデザインのトイレ。洗面台の鏡の前に立つと右のような映像が流れた。

女性が、最後はすっぽんぽんになるという作品である。安っぽいものばかり見せられてきたので、ちょっと感動した。

④館内の見所その４　～理解不能な展示物～

3階のメインは、ゲイ&アジアコーナーだ。19世紀に中国で描かれたホモ水彩画や、北斎の春画、男性器と女性器とアナルを描いた趣味の悪い便座、秘宝館の定番・巨根型の椅子など、怒涛のようにエロエロアートが押し寄せる。

奥には謎の小屋がある。丸窓の向こうには、ラーメンマン風の辮髪《べんぱつ》の男と、ケツを剥き出した着物姿の女の人形がある。昔の中国の売春宿を再現したものなのだろうか※？

4階には、近代のエログッズが展示されている。おなじみのヌードトランプや、レンズを覗くと、ドヤ顔で女にハメる紳士の写真を見られるスコープなどがある。

右手の奥には、人類のセックスの歴史を表した大掛かりな絵巻物もある。ボタンを押すと、アダムとイブに始まり、人間と豚の**獣姦**※が出てきたり、ペニス型ロケットが夜空を飛

※謎の『さくらさくら』
丸窓の脇にはボタンがついていたので押してみると、なぜか『さくらさくら』のBGMが流れ始めた。ボタンを押しても人形が動くわけでもないし、さっぱり意味がわからない。

※獣姦
自由の国オランダでも獣姦は違法。欧米では違法の獣姦だが、「ヘンタイ」の国、日本では法規制なし。マニアックなセルビデオ店などに行くと、『馬と美少女』などといった作品がひっそりと売られている。ちなみにかつてAV業界には、「男優犬」なるものが存在し、そのギャラはビデオ１本で数十万円にも上ったという。

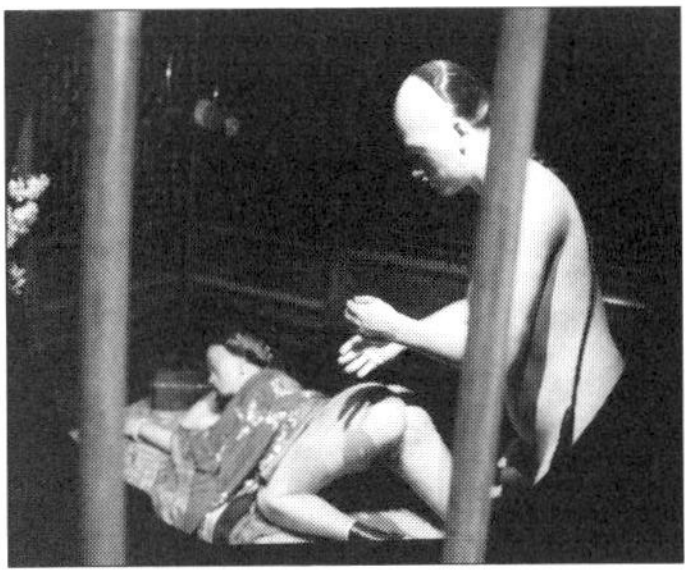

【左】ただただ不気味なラーメンマン人形【右】人類の性を描いた不気味な絵巻物の一部

翔したりと、やりたい放題だ。

隣の部屋の一番奥には、これまた大掛かりな舞台がある。その前には劇場風の客席もあるので、期待しながらパネルのスタートボタンを押してみた。すると舞台幕が開いて音楽が鳴り、乳房を露わにした**黒人女性とチーターの人形**※が現れた。少し待ってみたのだが、ラーメンマン同様、またしても人形は動かず、集った観光客は呆気にとられていた。

その後、何気なく付近の非常口に近づいてみると、少しだけ驚いた。ここに近づくと、ドッキリ装置が作動するので試してみよう。

⑤館内の見所その5 ～秘密の小部屋～

順路通り再び1階に下りると、かつての娼館を再現したコーナーがある。

娼婦の人形もあるが、ガラスケースの中にはかつてアメリカの売春宿で使われていたコインがある。その表面には、「年増だけど、やる気満々の綺麗なおばさんたちがご奉仕し

ジョセフィン・ベーカー人形

※**黒人女性とチーターの人形**　後で知ったが、これは『かわいいベイビー』で有名な黒人ジャズ歌手、ジョセフィン・ベーカーの人形のようだ。乳房を露わにし、腰にバナナを巻きつけただけの衣装で登場する、彼女の有名なシーンが再現されているらしい。舞台上のチーターは、彼女のペットのようだが、事情を知らない者には何のことかわからないだろう。

ポルノ写真のコーナー。どぎつい写真が多いので耐性のない方は注意！

ちゃいます」などのキャッチコピーが見える。古今東西、風俗店はどこも客引きに必死のようだ。この娼館コーナーにも、近づくと放尿してくる謎の男など、※**変態人形**が充実している。※

その先の薄暗い小部屋には、濃密でマニアックなポルノ写真が展示されている。中央の緊縛人形を取り囲むように、ＳＭや放尿ぶっかけ、母乳プレイ、デブにレディボーイ、ピアスを施した性器など、生々しい写真が飾ってあるので苦手な人は注意が必要だ。「モンスターチンコショック」と銘打たれた黒人の巨チン写真や、「おっぱい旋風」のコピーにふさわしいギネス級の巨乳写真が見られるので、物好きな方は必見だろう。

以上がセックスミュージアムの全容だ。色んな意味で、ツッコミどころ満載のミュージアムである。

※変態人形
放尿男のほかにも、裸の娼婦を覗き見するハゲおやじの人形や、性器や乳房を模したグロテスクな形のケーキなどがある。もはやB級ホラーだ。

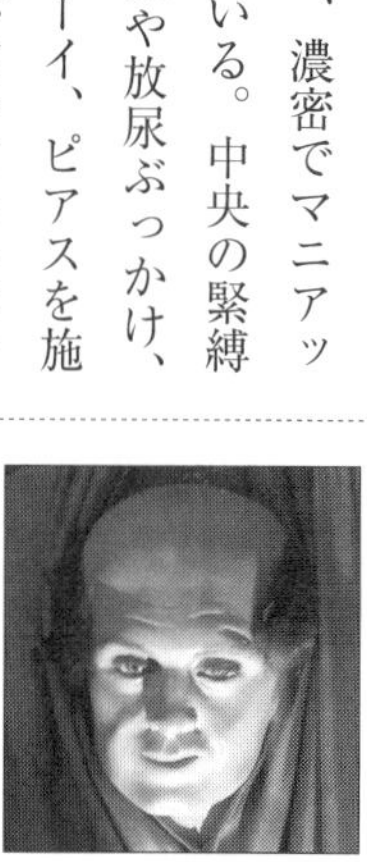
覗き見するハゲおやじ

※謎の電話
この部屋を抜けると、何の説明書きもない固定電話がある。受話器を握ってみると、テレフォンセックスをする女の声が聞こえてきた。

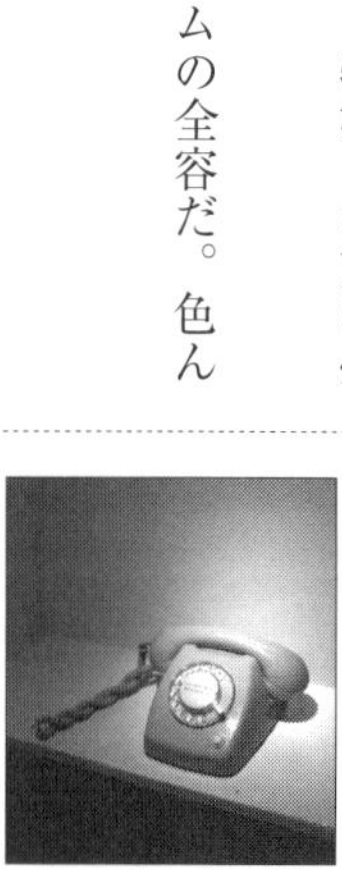
謎の電話

【左】微妙なエログッズが整然と並ぶ【右】全裸女性がたくさんの写真。なんだか寒そうだ。

【エロティックミュージアム】

エロティックミュージアム※は、セックスミュージアムをパクって作られたと思われる博物館だ。入場料は7ユーロで、場所は飾り窓地区にある。立地のよさの割には人気がない。

1階はアダルトショップになっていて、博物館は2階から始まる。2階にはエロティックなオブジェや、日本のエロフィギュアなどが展示されている。一際目を引くのは壁に飾られたエロ絵画だ。女性器をご開帳しながら牛の乳搾りをする謎の絵や、女性器のアップに日本語で「入らっしゃいませ」と書かれたえげつない作品もある。3階はエロ写真館で、セックスミュージアムと似たようなモノクロ写真が展示されている。なかには全裸の女性たちがたくさん映った、この世のパラダイスのような写真もある（上右写真）。

注目すべきは壁に飾られた、あのジョン・レノンが描いたエロティックなスケッチだ。奥様との愛を描いたと思われる作品だが、まさかこんなところにあるとは……。

※**エロティックミュージアム**
【店名】Erotic Museum
【住所】Oudezijds Achterburgwal 54
【営業時間】11時～25時（日～木）11時～26時（金土）
【入場料】7ユーロ
【HP】http://www.erotisch-museum.nl/

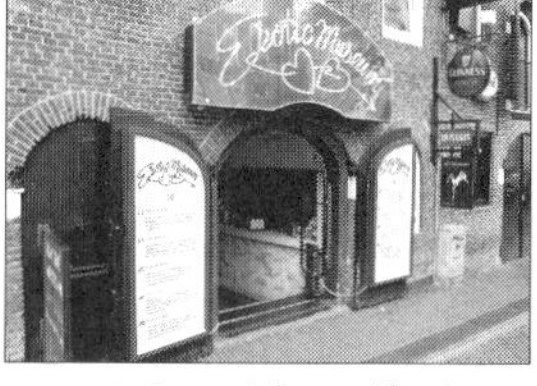

エロティックミュージアム

【左】とにかく下品な白雪姫のアニメコーナー【右】前向きな気分になるセックスマシーン

奥には休憩室があり、グリム童話の『**白雪姫**』※のパロディのエロアニメが流れている。このアニメがとにかく笑える。チンコ型の不思議な生き物に乗ったお姫様が出てきたり、クリトリスが喋ったり、トムとジェリーがまぐわったりとやりたい放題だ。壁にはアニメの壁画もあるが、こちらもとにかくお下劣。

同じスペースには「セックスマシーン」という謎のゲーム機もある。試しに1ユーロを入れてみると、ジェームス・ブラウンの『**ゲロッパ！**』※のＢＧＭが流れ始めた。

画面の指示通りに手を当ててみると、電光掲示板に「お前のセックス状態は極めてＧＯＯＤだ。お前はセックスマシーンだ。最高にＨＡＰＰＹだ」と、猛烈にポジティブなメッセージが出た。

どうやらそれで終わりのようである。なんだかいまひとつのセックスマシーンだが、元気がない時には、街角の路上詩人のように、安っぽい言葉で慰めてくれるのかもしれない。

4階はアートな画廊になっており、5階にはＳＭの道具や

※白雪姫
実際の『白雪姫』では、王様が娘の白雪姫を近親相姦するなど、エロい物語だったという話もある。

※ゲロッパ！
正式には、アメリカのミュージシャン、ジェームス・ブラウンのヒット曲『セックス・マシーン』。歌詞の「Get Up!」が、日本人には「ゲロッパ！」と聴こえることから広く知れ渡った。このゲーム機の名前の「セックスマシーン」も曲名にかけているのだろう。

※放尿人形
ボンテージ姿の女性の人形が放尿している。館内にはその他にもエロ人形が何体かあった。

写真が展示されている。5階に来てから、ピチャピチャと耳障りな音が聞こえてくるので不思議に思っていたが、犯人は天井にある**放尿人形**※だった。

結論を言うと、セックスミュージアムを訪れているなら、こちらはビートルズファンでもない限り行く価値がないだろう。ただし物好きな方なら、3階の白雪姫はハマるかも？

【セックスパレス（ピープショー）】

ピープショーとは「覗き見ショー」のことだ。アムスでは古くから定番の風俗スポットで、飾り窓地区にある「**セックスパレス**※」で楽しめる。以前は、飾り窓に行く前のウォーミングアップとして人気を博していたピープショーだが、ネットの普及と共に衰退化し、市内に6軒あった店もこの店だけになってしまったらしい。

店に入ると、パネルには6人の女の写真が並んでおり、それぞれに数字が書いてある。覗き見できるモデルは10分ごとに入れ替わり、現在裸を見ることのできる女のナンバーが

ピープショーのパネル

放尿人形

※セックスパレス
【店名】Sex Palace
【住所】Oudezijds Achterburgwal 84
【営業時間】7時～25時（月～金）、7時～24時（日）、土曜定休

セックスパレス

光る仕組みになっている。時には、カップルでのショーもあるようだ。

店内には、※**小さな個室の視聴ブース**が15室ほどある。なかに入って2ユーロを機械に入れると、覗き窓に光が灯り、回転ベッドの上でストリップダンスをする裸の女を2分間鑑賞できる。私が訪れた時は長身眼鏡の貧乳で、写真で見たよりも不美人だった。

店内奥には「ソロショー」というものもある。こちらにも個室があり、機械に2ユーロを入れて、写真の中から気に入った女の数字のボタンを押して呼び出すという仕組みだ。ピープショーと違って女の裸を独り占めできるし、覗き窓は姿見ほどの大きさがある。それから、個室にティッシュのサービスが付いているという微妙な違いもある。

ボタンを押すと、窓にかかったフリルカーテンが開き、しばらくして女が現れる。ここからは交渉タイムだ。私が訪れた時はポーランド人で、なかなかの美女だった。

システムは20ユーロで10分間のストリップショー、40ユーロで手コキサービス有りとのことだ。ストリップショーを選ぶと、女はブラジャーを外してくるくる回って踊り始めた。やたらとお尻をペンペン叩くのが気になった。日本のストリップのような妖艶さはどこにもなく、極めて雑な感じの踊りだ。しまいには面倒くさくなったのか、女は「あなたのオナニーを見せてよ」としつこく迫ってきた。そんなこんなで、わずか7分で彼女は窓の前から姿を消してしまった……。これで2860円か。やるせない。

店内右手には、個室でポルノを見られるビデオキャビンが並んでいる。これは日本でいう

※個室ブースの遊び方
友達と来た方は、反対側のブースに入るのがいいだろう。そうすると、回転ベッド越しに互いの顔を確認できるので、手で合図などして遊ぶことができる。

【左】ソロショーのブース【右】日本でいう個室ビデオ的なビデオキャビン

個室ビデオのようなものだ。なかは非常に狭く、粗末な椅子が1つあるだけだ。右手にある操作盤にコインを投入すると、2ユーロで4分のポルノが視聴できるようだ。しかし値段が高い上に、**操作盤の使い方**※が非常にわかりづらい。

全部でおよそ400本のポルノが見られるらしいが、**マニアックなもの**※が多く、クオリティはかなり微妙だ。おまけにヘッドホンもないし、モニタの下にタイムリミットを表す数字が出るので落ち着かない。そのためか、このビデオキャビンはいつもガラガラである。

ちなみに後日この店を訪れると、観光客の男女で賑わっていた。何よりも驚いたのは、店内を訪れた女性客の多さである。この店は入り口にドアがなく、誰でもタダで出入りできるのだが、女性たちは物珍しそうにストリップショーのパネル看板を眺めたり、ティッシュのくずが溢れたビデオキャビンを覗き込んでは、ゲラゲラと笑い声をあげていた。

覗き見ショーを売りにした店だが、時間帯によっては覗かれ放題のようである。

※**操作盤の使い方**
上下2つにモニタがあるが、上の画面にはA～Dに4分割された映像が映し出されている。操作盤のA～Dボタンを押せば、下の画面で該当の映像が鑑賞可能で、早送りや巻き戻しは操作盤のレバーで行う。

ビデオキャビンの操作盤

※**マニアックなもの**
ホルスタイン級のデブが登場したり、女の顔面に放尿したり、小人症の女性が複数の男たちと交わったりと、かなりエキサイティング。

お下劣セックスショー鑑賞記

アムステルダムには、「セックスショー」なるものがある。その名の通り、他人のセックスを見るだけのシンプルなショーだ。セックスショーで有名なのが、飾り窓地区にある「**カサロッソ**」※だ。**入場料は45ユーロ**※。内容はセックスショーの他に、ストリップやレズビアンショーなどで構成されており、全部で9つのショーが見られる。

全てのショーを見るには1時間少々かかり、幕間の後、また同じショーが繰り返される仕組みになっている。退出はいつでも自由なので、好きなだけいることができる。

店は劇場風の作りで、全部で150席ほどもある。

私が訪れた時は席の大半が埋まっており、そのうち3割が女性客だった。

10年前にカサロッソに来た時は、閑古鳥が鳴いていたので驚いた。アムスの観光客は、ここ数年の間に大幅に増えたらしい。

ショーの前には、サービスなのかステージ上に無音のポルノが流れており、なんだかシュールだった。こんなに大勢でポルノを見るのは、生まれて初めての体験だ。男優がフィニッシュをした後、何の説明もないまま激しいトランスが鳴り、パフォーマンスが始まった。

※カサロッソ
飾り窓地区でひときわ目立つ店。実は運営元が「エロティックミュージアム」と一緒だったりする。
【店名】Theatre Casa Rosso
【住所】Oudezijds Achterburgwal 106-108
【営業時間】19時～26時（日～木）、19時～27時（金土）
【入場料】45ユーロ
【HP】http://www.casarosso.nl/

※カサロッソの入場料
2ドリンク付きで55ユーロ。ネット予約で3ユーロ割引。チケットを買うと、キャンディやラムネがもらえる。

①スキンヘッドとヒスパニック系女のセックス

ステージ上に、回転台の上でフェラチオをする男女が現れた。

スキンヘッドのマッチョのイチモツをヒスパニック系の女が淡々と舐めている。共に美男美女ではなく、ごく普通の見た目だ。彼らの後ろでは電飾が激しく瞬いており、一応見世物にしようという意図が伝わってくる。

たっぷりのフェラの後は、バックの体位から挿入が始まった。どうやら生ハメのようだ。

くるくる回る回転台の上で、バックから正常位と続き、特にフィニッシュもないまま終了した。MCの男が「以上○○と××でしたぁー」というようなことを叫び、それでようやくまばらな拍手があがった。

ピンクのゾウでお馴染みの「カサロッソ」

②巨大女のストリップ

たちこめたスモークが消えると、ステージ上

※10年前の消したい記憶

昼間のショーでは、客は私の他に若い男が1人いるだけだった。パフォーマーは太ったおばさんで、「ショーに協力してくれないか？」と私の顔を懇願するように見つめてきた。ステージに上げられた私はおばさんの汗臭い乳房で顔をぶたれたり、ゴム製のディルドをおばさんの陰部に突っ込んであげたりした。もう1人の男は一応拍手してくれたもののすぐに去ってしまい、それからギャラリーは私1人だけになった。

にポールダンス用の棒が見えた。

肉づきのよい大柄なブロンド女が、早速ポールダンスを始めた。ＢＧＭはバッハの『**ティラリー、鼻から牛乳**』※をアレンジしたものだ。

曲に合わせて女は徐々に服を脱いでいった。女のルックスはいまひとつだし、ポールダンスも格別うまくないので、観客は静まり返ったままだ。

③黒髪女のレズビアンショー

今度は、２人組の女がレズビアンショーを始めた。共に黒髪でタトゥーだらけである。陰部にディルドを入れたり、互いのお尻を叩きあったりと、淡々とショーは続いた。やがてお尻を向かい合わせにして、１本のディルドを互いの性器で共有するという、大技も披露。しかし、場内はまだまだ盛り下がったままだ。

④愛を感じる黒人カップルのセックス

ヒップホップのＢＧＭと共に、黒人カップルが登場。男はマッチョ、女は尻たぶに皺のよったぽっちゃり系だ。登場するや、男は観客に向かって手を振り挨拶した。愛想がいいのが好感が持てる。それからキスの後、入念なクンニが始まった。

続いて男は膝立ちになると、まるでロダンの「考える人」のように、顎に手をやるポーズ

※『**ティラリー、鼻から牛乳**』
正式名は『トッカータとフーガニ短調』。

を取った。女が四つん這いになってフェラを始める。見たことのない、奇妙な体位だ。

やがて男はイチモツに**ローションをたっぷり塗り始めた**。それからセックスが始まったが、男が時々さりげなくするキスに、彼女への愛を感じた。後で知ったが、出演する男女はリアルカップルで、結婚している人もいるらしい。

サービス精神たっぷりの男は、激しい音楽に合わせて、両脚を開いたり閉じたりしながらピストン運動を続けた。その後、女が逆立ちのような姿勢になり、男が後ろから太ももを掴んで挿入するというアクロバティックな体位も披露。48手では「押し車」と呼ばれる体位だ。

終わる時も男は観客に敬礼し、愛想をふりまくことを忘れなかった。

ショーの中では一番拍手が鳴っていた。

⑤スモーキング・リサの葉巻ショー

ポニーテールの長身の女が登場。黒のレザーの下着を着けており、なんだかワイルドな雰囲気の女だ。初めはゆる～いダンスから始まり、ストリップかなと思って見ていると、女がステージ中央にマットを敷いた。そして上半身裸になると、葉巻を吸い始めた。やがて慣れた手つきで葉巻を陰部に差すと、女はマットに寝そべり、客席に尻を向けてV字開脚した。

すると、陰部に突き刺さった葉巻から、しゅるしゅると一筋の煙が吹き上がった。どうやらストリップでいうところの**花電車**を披露しているらしい。

※**ローションをたっぷり塗り始めた**
なかなかご立派な代物で、まるで日本刀に油を塗るような熟練した手さばきである。

※**花電車**
女性器を使ったパフォーマンスで「花芸」とも呼ばれる。陰部に花や筆を差したり、膣内の空気を使って吹き矢やシャボン玉を作って飛ばしたりと、様々な応用例がある。

高度な技にもかかわらず、観客はあまり盛り上がっていなかった。最後にMCが「以上スモーキング・リサでした〜！」と雄叫びをあげているのが印象に残った。スモーキング・リサ……葉巻1本で世界中の歓楽街を渡り歩き、生計を立てる旅人の姿が思い浮かんだ。これぞ、本物の旅芸人ではなかろうか。

⑥白人カップルのセックス

今度は編み込みヘアーの白人貧乳女と、**タトゥーだらけの男**※のセックスだ。高速フェラから始まり、続いてバックでの挿入となった。その後は体を横向きにして側位の体位を取り、結合部をしっかりと客席に見せてくれる。体位は目まぐるしく変化するが、淡々としたセックスであまり面白くはない。結局誰からも拍手は鳴らなかった。

⑦入れ乳女のリボンダンス

ドレスに身を包んだ白人の女が現れた。髪はプリン頭で、胸は明らかな入れ乳である。自分の武器を理解しているのか、とにかくひたすら乳房をふるふると揺すっている。

その後突然、女が陰部からリボンを取り出して、くるくる振り回しながら踊り始めた。

やがてリボンを広げると、「アムステルダム・カサロッソ」の文字と、シンボルであるゾウさんのイラストマークの入った旗が出てきた。ちょっとだけ拍手が鳴った。

※**タトゥーだらけの男**
10年前に見た時もそうだったが、出演者のタトゥー率が異常に高い。

⑧全身タトゥー男と黒髪女のセックス

女は黒髪の貧乳で、男はまたしても全身タトゥーだらけだ。ＢＧＭもヘビメタと激しいが、その見た目に反してひたすら地味なセックスが続いた。

やがてタトゥー男が女の尻を「ぱんっ」と一回叩いてセックスが終わった。拍手がぱらり。

⑨バナナショー

⑦で登場した入れ乳女が、ピンクの下着姿で再び登場した。「バナーナ、バナーナ♪」を連呼する南国風の陽気なＢＧＭが流れる。「カサロッソ」のハイライト、**バナナショー**※が始まったようだ。このバナナショー、客席から５人をステージに上げて、ショーに協力してもらう必要がある。10年前に来た時は、パフォーマーが熱心に観客に協力を求めても、誰もステージに上がらず、シラけた空気が流れていた。さて、今回はどうなるのか……。

入れ乳女が客席に声をかけると、思いのほかあっさりと５人の男女が集まった。

５人はステージに上がると、入れ乳女の指示で恥ずかしそうにダンスを始めた。女の１人はノリノリで、調子に乗ってお尻まで振り始めた。

やがて５人が互いの肩を掴んで縦列になった。すると舞台袖から、突然ゴリラの着ぐるみを着た人間が登場した。ゴリラは股間に真っ白な巨根をつけており、ひたすらマスをかいて

※**バナナショー**
飾り窓地区には、「バナナクラブ」なる怪しいストリップクラブもある。料金は、60ユーロ（1時間飲み放題。チップ追加でラップダンス有り）と、25ユーロ（2ドリンク付き。お触りなし。ストリップ鑑賞のみ）の二種類ある。私は後者を選択したが、客は私一人だけにもかかわらず、女たちから完全な放置を食らってしまった。東欧出身の女が多く、ルックスレベルは並で、サービスも最悪。1人の女からは店のマネージャーとののろけ話を聞かされる始末だった。同じ建物には系列の「バナナバー」もあるが、こちらも評判が悪い。チップを払えば、女たちがアソコを使った様々な曲芸を見せてくれるが、わずか5分のショーのために200ユーロも注ぎ込まされた人がいるらしい。どちらの店も、避けた方がいいだろう。

いる。それを見た女性客から笑い声があがる。観客は意外と盛り上がっているようだ。

　その後、入れ乳女のあそこにあてがったバナナを5人が一口ずつ食べるという、パフォーマンスが行われた。最後はいきなりゴリラのペニスから、客席に水が飛び出して、悲鳴があがる。そこそこ盛りあがったところで、ショーが終わった。

　結論を言うと、まぁこんなもんかというところ。観客の中には膝の上に彼女を抱いて盛り上がるカップルもいたが、眉一つ動かさずに見続ける熟年夫婦もいた。

　ちなみにこの「カサロッソ」、スタッフがとにかくうざい。ショーの間にドリンクのオーダーを取ったり、途中から来た客の誘導をしたりするのだが、※**明らかに上から目線の対応**なのだ。いつも繁盛している店なので、調子に乗っているのかもしれない。

※　※　※

　アムスにはもう1軒、セックスショーで有名な「※**ムーラン・ルージュ**」という店がある。こちらの方がスタッフの感じもよく、居心地がいいせいか女性客も多い。

　この店は「カサロッソ」に比べるとこじんまりとしており、奥に長い造りをしている。客席の大半がステージに向かって左手にあるため、セックスショーは横から見る形になる。「カ

※**明らかに上から目線の対応**
ショーの合間に席を移動すると、「元の席に戻れ！」と声を荒らげて注意してきた。更に私は、ショーの内容をメモしていたノートまで取り上げられてしまった。ところが取材だとわかると、表情は一変し、「マイフレンド」と笑顔で呼びかけてきた。

※**ムーラン・ルージュ**
【店名】Moulin Rouge
【住所】Oudezijds Achterburgwal 5-7
【営業時間】20時〜26時（月〜水）。14時〜26時（木〜日）
【入場料】30ユーロ
【HP】http://www.moulinrougeamsterdam.nl/

ショーパブ風の「ムーラン・ルージュ」

サロッソ」がシアターなら、こちらはショーパブといった感じで、演者と観客の距離が近いのが特徴だ。私が訪れた時には、セックス中の男が、なぜかドヤ顔で見つめてきたのが面白かった※。

料金は30ユーロ（2ドリンク付きで40ユーロ）とお手頃で、ビールも3ユーロからある。この店も※**1時間ほどのショー**が繰り返し行われる仕組みだ。

こちらの店もバナナショーがあるが、内容はより過激。ステージに上げられた私は、おばさんの爆乳でビンタされたり、チンコを踏まれたり、乳房に挟んだ特大のバナナを食べさせられたりした。その後も複数の男たちが乳ビンタを食らうはめになり、観客はカサロッソ以上に盛り上がっていた。

アムスのピンクスポットは、とにかくバナナだらけだ。女性客も楽しめる、笑いのエンターテイメントである。

※その他の見所
セックスが終わった後、演者が普通にTシャツを着たり、タオルを腰に巻く姿が見られるのも印象に残った。

※1時間ほどのショー
内容もカサロッソと似ており、セックスショーの他、リボンや蝋燭を使ったもの、陰部にマジックを差して文字を書く筆芸などがある。ステージに上げられた私は腹の上に、「SEXY BOY」とデカデカと書かれてしまった。このマジックは油性だったらしく、シャワーで洗ってもなかなか落ちなかった。

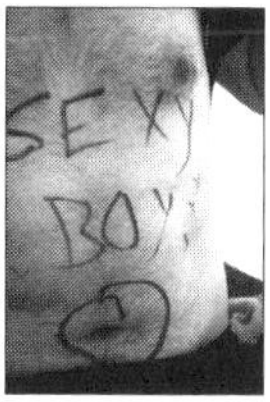
SEXY な刻印

エロの迷宮「ピンク映画タワー」に挑む

アムステルダムには、ピンク映画を見られる店がある。その名も「**B1セックスショップ・エンシネマ**」※。ムント広場にほど近い通り沿いに、同店はある。

本場のオランダポルノはどうなっているのだろうか？

早速足を運んでみると、5階建てのビルの窓には至る所に「B1」の文字が並んでいる。中に入ると、1階はアダルトショップになっていた。店員に聞くと、ピンク映画は上階で見られるようだ。入場料10ユーロを支払うと、紙製の安っぽいチケットを渡された。一度チケットを買うと、入退店は自由で、営業終了時間まで好きなだけ見放題のようだ。

さて、どんなポルノが見られるのか？　私は鼻の穴を膨らませながら上階へ向かった。

2階へ行くと、いきなり周囲が闇に包まれた。慎重に歩きながら目をこらすと、左手が映画館でその裏はトイレになっているようだ。

席は20席ほどもあるだろうか。人影も見えるが、暗くてよくわからない。

私はとりあえず最前列の席に座った。スクリーンに目をやると、ポルノは恐ろしく古いものだった。一応カラーなのだが、粒子が粗く、所々にフィルムに付着した白い傷跡も見える。若い男女が3Pをしているが、容姿も平凡だし、洋ピンにはおなじみの安っぽいBGMもか

※B1セックスショップ・エンシネマ
【店名】B1 Sexshop en Cinema
【住所】Reguliersbreestraat 4-6
【営業時間】9時30分～22時（月～土）、12時～22時（日）
【入場料】10ユーロ
【ＨＰ】https://www.b1sex.nl/

かっている。なんだか『※**特攻野郎Aチーム**』のテーマ曲みたいな音楽だ。

しばらくして、後ろからガサゴソとティッシュでこする音が聞こえてきた。私は度肝を抜かれた。どうやら後ろでオナニーをしている者がいるらしい。

次の瞬間、思わず腰をあげそうになった。まさか、※**椅子に精子がついている**なんてことはないだろなぁ……。しかし立ち上がると、後ろの客に迷惑がかかるので観念することにした。

平凡な3Pが終わると、ポルノメーカーのロゴが映し出された。30年以上も前のアメリカのポルノらしい。その後スクリーンには、これまた古臭いレズ物が映し出され、私は早くも失望してしまった。

B1 セックスショップ・エンシネマ

あきらめて、館内を観察することにした。席は半分ほど埋まっており、いずれも地元の中高年のようだ。年金生活で時間を持て余した男たちのたまり場といった感じで、中にはイビキをかきながら眠っている老人の姿もある。映画『※**タクシードライバー**』でも、デ・ニーロはこんなところでポルノを見ていたはずだ。

※**特攻野郎Aチーム** 80年代に放映されたアメリカのテレビドラマ。陸軍出身の4人組「Aチーム」が活躍する痛快なアクション。日本でも人気を博した。

※**椅子に精子がついている** その昔ギリシャのポルノ映画館を訪れた時、席に座る前に、ライターの灯りで椅子の状態を確認していたお客がいたのを思い出した。

※**タクシードライバー** 1976年公開のアメリカ映画。デ・ニーロ演じる主人公は、惚れた女をデートでポルノ映画館に連れて行って怒らせてしまうなど、とにかく不器用。孤独な男の生き様を描いたこの名画は、カンヌ国際映画祭でパルム・ドールに輝いた。

試写室の裏手にあるトイレに行ってみると、個室が1つあり、洗面台の横のゴミ箱には、ティッシュの屑が溢れていた。トイレのドアには「チンコは綺麗に洗おう！　その方が楽しいよ」と落書きが書かれており、口から溜息が漏れてきた※。久しぶりにポルノを見て癒やされようと思っていたのに、こんな店じゃもちろんヌケない。

気を取り直して、3階へ向かった。しかし、こちらはゲイシネマのようだ。試写室の裏側には、ゲイスポットにはお決まりの暗室もある。所々パーテーションで区切られて迷路のようになっており、それぞれの個室からゲイシネマを見ることができるようだ。

パーテーションには、目の高さの位置に長方形の覗き窓もある。中に人はいなかったが、この窓から、他人のオナニーを鑑賞できるようだ。よく見れば、下の方にも、丸い穴が2つ空いている。恐らくこちらはフェラチオ専用の穴なのだろう。

4階に上がると、更に迷宮感が深まった。こちらもパーテーションで区切られているのだが、3階よりも複雑な造りをしている。流しているのはゲイシネマ中心だが、「プライベートシネマ」と銘打たれているだけあって、※**それなりにプライバシーが保たれている**らしい。

暗室の奥へ進むと、うごめく人影が見えた。なんとダブルベッドの上に、ゲイカップルが寝そべっているではないか！　どうやらこの店ではセックスもできるらしい。ごめん遊ばせと、私は速やかに退散した。

再び2階に戻ってみると、まだまだ古めかしいポルノをやっていた。

※**B1のトイレ**
トイレのゴミ箱はご覧のような惨状。しょうもない落書きが涙を誘う。

ティッシュが溢れたゴミ箱

「Bits」はチンコの意味

私は苛立ちながら1階へ下りた。店員に聞くと、「B1」では世界中のポルノを上映しているようだ。「古いポルノばかりなのか？」と聞くと、「そんなことない。色々やってる」と若い兄ちゃんが威厳を保つように言った。

　気分がすぐれないので、店を出てコーヒーショップで一服した。

　ほどよくウィードでまどろんだ後、再びB1に戻った。先ほどの兄ちゃんにチケットを見せると、「お前のことなら知っている」と告げられて、顎先で映画館のドアを示されてしまった。既に私は常連なのか……。

　試写室へ行くと、今度は最後列に陣取った。一応周囲を見回してみたのだが、席も通路もそれなりに清潔で、問題なさそうに見えた。※**ビデオ**は先ほどよりもだいぶ新しい物が流れていた。しかし、モデルのルックスはいまひとつなので、すぐに飽きてしまった。

　それから5分もすると、右側の席から突然猛

「B1」のチケット。これを見せればその日は入退場が自由。

※それなりにプライバシーが保たれている
4階には、ゲイビデオの流れるモニタ付きの個室もある。しかし、ドアが付いているわけではないので、日本の個室ビデオほど落ち着くものではない。

※上映中のビデオ
「B1」で上映されているポルノは、当然ながら無修正。しかし、演出が単調なのですぐに飽きてしまう。

烈な勢いの摩擦音が聞こえてきた。

ちらりと横に目をやると、太ったおっさんが、オナニーをおっ始めているではないか。

唖然としていると、今度は左手にいたジョージ・ルーカス風の男が席を立った。

画面には、**挿入する局部のアップ**※が映し出されている。ルーカス氏は数メートル前に立つと、身を乗り出して局部を眺め始めた。斜向かいに座っていた老人も、かぶりつくように画面に見入っている。

やがて男優がフィニッシュした。その瞬間、右のおっさんの摩擦音も激しくなる。かと思ったら、突然音が鳴り止んだ。静寂が流れる。おっさんは、無事目的を果たしたのだろうか？　世の男たちが、射精のタイミングを男優と合わせたがるのは、万国共通らしい。ところがそれからすぐに、またあの不快な摩擦音が始まってしまった。どうやら彼はまだイッていなかったようだ。

スクリーンに目をやると、ビデオは無情にも別の物に切り替わっていた。今度の女優はアジア系だが、ルックスは最悪である。それを見届けると、斜向かいの老人が席を立ち、立て続けに他の客もわらわらと去り始めた。席を立った6人のうち2人がトイレに行き、3人がB1を後にして、残りの1人はなぜか上階のゲイシネマコーナーへ消えていった。

あとに残るのは、私とどうにか一発抜こうと頑張るおっさんだけである。

まぁ、こんなもんだろう……。私は速やかにB1を後にした。

※**挿入する局部のアップ**
この程度の映像ならばネットで嫌というほど見ることができる。ルーカス氏や老人が大興奮する一方で、私はまったく盛り上がれず。

乱交OK!? ハプニングバー体験記

エロスの街・アムステルダムにもハプバーはある。いわゆる変態さんたちがエロイことを見せつけたり、覗き見したり、時には客同士がセックスを始める店のことだ。

日本のハプバーをゲイが訪れることはあまりないが、アムスのハプバーは、ゲイも**ヘテロ**※もビアンもバイも全部OKだ。もちろんレインボーフラッグのある店など、**ハッテン場**※は別にあるので、基本的にはカップルや独り身の男が来ることが多いようだ。

市内には「セイムプレイス」と、「クラブパラダイス」という2つのハプバーがある。

10年前に「クラブパラダイス」を訪れた時は、焼きそばヘアーのデブおばさんのセックスをオカズに、複数の男たちがハンドジョブに励むという地獄絵が広がっていた。

さて、10年後はどうなっているのだろうか？　早速潜入を試みた。

【セイムプレイス】

まずは「**セイムプレイス**※」からご紹介しよう。

店名には、「あなたの場所と私たちの場所は同じ場所」という意味が込められているらしい。なんだかフリーセックスを容認するような響きだ。

※**ヘテロ**
異性愛者。ノンケ、ストレートなどともいう。

※**ハッテン場**
ゲイが性行為の相手を求めて集まり、実際にその場で性行為をする場所。人通りの少ない公園や公衆便所、ピンク映画を上映する映画館、専門の旅館やサウナなどがある。

※**セイムプレイス**
【店名】Sameplace
【住所】Nassaukade 120
【営業時間】19時～24時（月）、20時～25時（火～木）、20時～27時（金土）、15時～26時（日）
【入場料】8・5ユーロ
【HP】https://sameplace.nl/

場所は西教会から更に西側へ進んだ運河沿いにある。このあたりは観光客もまばらで、地元のアムスっ子たちがオープンテラスのバーで和やかに談笑している。

日曜日の午後5時。目的地に到着した。看板には「カフェ・セイムプレイス」と書かれているが、窓はなく、妙な圧迫感を感じる。ドアに**小さな白いボタン**※があったので押してみると、ブザーが響き、インターホンから男の声がした。取材で来たと告げると、「誠実な態度でお願いしますよ」と重々しい声が響き、ドアが開いた。まるで秘密クラブのような雰囲気がある。早速入場料（8・5ユーロ）を支払い、クロークに荷物を預けた。

薄暗い店内には、U字型のバーカウンターが見える。客は全部で20～30名はいるだろうか。いずれも中高年ばかりだ。特に露出度の高い服を着ているわけではなく、普通の服装だ。いずれも常連なのか和気あいあいと話している。1人暇そうにしているおじさんがいたので話しかけてみた。彼は奥さんと来たらしい。奥さんは常連客の男と話し込んでいるが、おじさんは特になんとも思っていないようだ。1人黙々とビールを呷っている。私もとりあえずビール（3・5ユーロ）を頼んでみたが、会話は5分と続かなかった。

奥はガラス張りの喫煙室になっていた。

そこでまた別のおじさんと2人きりで煙草をふかしてみたのだが、おじさんは目すら合わせようとしてくれない。やはり、新参者には厳しいのだろうか。

店内左手のスペースはダンスフロアらしく、ポールダンス用の棒がある。その横にはＳＭ

※**小さな白いボタン**
押すのにかなり勇気がいるボタンだった。

「セイムプレイス」の呼び鈴

の拘束具なのか、鉄製のチェーンのついた棒や、監獄風の檻があり、中にはマットレスが敷いてある。ここでセックスが行われるのかもしれない。

「セイムプレイス」の外観。内部を一切見せない、要塞のようなものものしさ。

階段を下りて**地下に**※向かうと、こちらにもハンモック風の拘束具やソファが並んでいる。奥には暗室もあり、大きなベッドが見える。

だが地下には若い男が1人いるだけだった。「この店は中高年のたまり場なのか?」と聞くと、彼は「そうだ」と声を潜めて頷いた。この時点で、私は早くもこの店に失望していた。

再び上階に上がってダンスフロアへ行くと、全裸の老人がいた。彼は両手首を鎖で拘束されたまま、太ったおばさんに鞭で打たれている。

そういえば事前にHPを見たところ、本日は※**SM愛好家向けのイベント**がある日だった。

本日のイベントは初心者やシングルの男も大歓迎で、ドレスコードもなしとのことで来てみたのだが、特にタイムスケジュールがあるわけ

※**地下に向かう**
私は問題なかったが、1人客の男性の場合、地下に行く時はスタッフの許可がいるらしい。

※**SM愛好家向けのイベント**
この店では、日替わりで、カップル向けのイベントやゲイイベント、ダンスパーティーなどの様々な催しを開いているらしい。

でもなく、参加者が突発的にＳＭプレイを始めるというもののようだ。

そこでしばらく、爺さんに注目してみたのだが、皺だらけのたるんだ肉体はやはり見苦しかった。おまけに今一つやる気が感じられない。おばさんが鞭で優しく叩いているのだが、爺さんは恍惚とした表情を浮かべるわけでも、苦痛に顔を歪めるわけでもなく、まるで罰ゲームでも受けたかのように、恥ずかしそうにモジモジしているのだ。その様をソファ席に座った若いカップルがぼうっと眺めている。

部屋の片隅で、つまらなそうにしている独り身の男がいた。話しかけてみると、彼はインドから来たエンジニアであった。かの国でエンジニアといえば、エリートの象徴である。彼はまだオランダに来たばかりで、グーグルでこの店を見つけて訪ねてきたらしい。**インドのエリート**※も、やはりこの店に失望したようだ。

しばらくして、老人は消え去り、代わりに2人のデブおばさんが**バラ鞭**※で叩かれ始めた。壁に手をついたバックの姿勢で鞭を打たれている。顔がよく見えないが、2人とも関取クラスに丸々と肥えていて、素っ裸だった。叩いているのは白髪頭の中年と、40代くらいのイケメンである。2人共かなりの本気モードらしく、臀部を中心にビシバシ叩いている。

当然ながら、女の皮膚は痛々しいほど赤く腫れ上がっていた。しかし彼女たちは慣れているのか、うめき声一つ漏らさない。もちろん見ていて楽しいものでもなかった。なんだか肉を柔らかくするために、包丁の峰で叩かれる、豚ロースでも見ているような気分だ。

※**インドのエリート**
グーグルＣＥＯをはじめ、数々の優秀な人材を輩出しているＩＴ大国インド。最高学府のインド工科大学（ＩＩＴ）の入試難易度は高く、ＩＩＴに落ちた者がＭＩＴ（マサチューセッツ工科大学）に行くと言われるほど。厳しい受験戦争を勝ち抜き、晴れてエンジニアとなってオランダで働き始めた彼だが、この国の性文化のレベルの低さに、うんざりしたに違いない。

※**バラ鞭**
打撃部分が、数本の細い革紐に分かれているタイプの鞭。打つと派手な音が鳴るが、音の大きさの割に、一本鞭よりも痛みは少ない。ＳＭ初心者向け。

周囲を見回すと、インド人青年はいつの間にか姿を消していた。
私も彼の後を追うように、速やかに退散した。

地味で大人しい外観の「クラブパラダイス」。とてもハプニングバーには見えない。

【クラブパラダイス】

土曜の夜10時。多くの観光客が繁華街へと繰り出すこの時間、アムスの片隅でひっそりと独自の文化を築きあげる者たちがいる。

その名も「**クラブパラダイス**」※。果たして、10年経ってパラダイスはどう変わったのか？

このクラブパラダイス、私の宿泊するキャンプ場から徒歩5分の近さだった。周囲にはスーパーマーケットと住宅が並んでいるくらいで、人気は全くない※。

ひっそりとライトアップされた建物の外観はガレージのようだ。

入り口近くには、ミロのヴィーナス風の彫像もあり、ラブホテルにも似た雰囲気がある。中

※クラブパラダイス
【店名】Club Paradise
【住所】Schaatsstraat 26
【営業時間】20時〜25時（木）、20時〜27時（金土）、15時〜24時（日）、月火水定休
【入場料】80ユーロ
【HP】http://www.club-paradise.nl/

※クラブパラダイスの近隣
ちなみに、クラブパラダイスの隣はムエタイジムになっている。趣向の異なる肉弾戦が、隣合わせで並んでいるのだ。

に入ると受付があり、その前にはオードリー・ヘプバーンなど、往年の映画スターのモノクロ写真が飾られている。その気取った店構えは、ここは乱交スポットではなく、高貴な大人たちの社交場ですよと、声高に主張しているような印象を受けた。

受付には**中年の男**※が座っていて、**入場料80ユーロ**※を支払うと、腕に巻くタイプのロッカーの鍵とタオルを渡された。

更衣室に行って着替えを済ませると、中東系の若い男3人組がいた。いずれもボクサーパンツを穿《は》いている。この店では、日によってドレスコードがあり、事前にHPで確認したところ、この日は男性はボクサー、女性は下着という指定があったのだ。

シャワーを浴びた後、私は館内をくまなく見てまわることにした。「クラブパラダイス」は迷路のような作りをしており、幾つもの扉がある。ざっくり言うと、入り口入って右手にはサウナやプール、暗室があり、左手はバーやダンスフロア、乱交用のプレイルームとなっている。2階にも暗室や屋上があるが、あまり利用されることはないようだ。

●突如始まる乱交劇

ダンスフロアへ行くと、まばらな人影が見えた。薄暗いフロアには、天井や床から扇情的なピンクや紫の光が瞬いている。私はとりあえずバーカウンターで**ビール**※を飲みながら、様子を窺うことにした。客は全部で30~40名ほどだろうか。そのうちの7割が男で、女性客も

※**中年の男**
受付のおやじはかなり無愛想。ドリンクはバーフロアでだけ飲めるらしく、グラスを手にしたまま更衣室に行くと、このおやじに激しく怒られた。

※**「クラブパラダイス」の入場料**
カップル：50ユーロ
男性シングル：80ユーロ
女性シングル：25ユーロ
（いずれも軽食込み。ドリンク別料金。日曜日はカップルのみ入場無料）

※**ビールの料金**
料金はソフトドリンクも含めて1杯4ユーロ。注文時に

ほとんどカップルで来ている[※]ように思われる。

バーの隣はフードコーナーになっていて、ビュッフェスタイルで無料の軽食が味わえる。ダンスフロアの奥は乱交用のプレイルームとなっており、方々にゆったりとしたソファが並んでいる。カップルも座っているようだが、まだ何も始まっていないようだ。

再びバーへ戻ると、左手で女2人組と男2人組が話していた。4人はどうもこの場で知り合った仲らしい。いずれも三十路前後の若者で、なかなかの美形だ。

右手にもカップル風の男女がいる。間に挟まれた私は、完全に取り残されてしまった。

何杯かビールを呷っていると、更衣室で見た中東系トリオが私の隣に座った。彼らも美男美女集団にジェラシーを抱いたのか、露骨に顔を歪めている。幸せの渦に挟まれた我々は、特に何を話すわけでもなく、黙々と酒を呷り続けた。

その後私は、再び背後の乱交ルームを探検してみることにした。

広さは20畳以上もあるだろうか。

よく見れば暗がりの中で、セックスをおっ始めている者がいた。顔がよく見えないが、女は恐らく50代であろう。長身のスレンダーなおばさんだ。すっぽんぽんなのに、なぜか足だけはハイヒールを履いている。

更にその付近のソファでは、太ったおばさんが2人寝そべっていて、正常位の姿勢で男とまぐわっていた。その周りには男たちが群がっており、その中にはあの中東系トリオもいた。

スタッフにロッカーの番号を告げ、店を出る時にまとめて精算する仕組みだ。ちなみに、煙草は館内にある喫煙所で吸える。マリファナは不可だが、屋上ならば吸うことができる。

※クラブパラダイスの客層
後で知ったがカップルの多くが、倦怠期のようだ。セイムプレイスより年齢層は若めだが、独り身の男は、どちらの店も肩身の狭い思いをするだろう。

彼らは順番待ちをしているのか、一刻も早くヤリたそうな雰囲気を醸し出している。

しかし相手は白人の太っちょと、黒人の太っちょなのだ。2人共、アムスのファーストフード店ならば、どこにでもいそうな見た目の冴えないおばさんなのだ。私はトリオのすさまじい性欲に感服した。

引き続き部屋の周囲を歩き回っていると、壁際のソファに**ロビン・ウィリアムズ**※似の爺さんが、ゆったりと腰掛けていた。すぐそばでセックスが催されているというのに、関心がないのか、黙々とスポンジケーキを口に運んでいる。

よくもまぁ、こんな場所で平然とケーキを食うことができるものだ。歩いていてみて気づいたのだが、時々足元の絨毯から、嫌な湿り気が這い上がってくるのだ。恐らく汗だろうが、まさか精子じゃないかと疑ってしまう。口直しにビールでも飲もうかと思いながら、再びバーカウンターへ戻った瞬間、私は度肝を抜かれた。

先ほど見た4人組の男女のメンバーが、ぶちゅぶちゅキスをしているのだ。キスをしているのは男女ではない。女同士である。どうやら2人は**レズカップル**※として来店したようだ。先ほど抱いたほのかなジェラシーは、泡のように消えてしまった。2人組の男は、その様を微笑ましい表情で眺めているが、恐らくがっかりしているに違いない。

中東系トリオにも報告したかったが、彼らはどこへ行ったのか見当たらない。乱交ルームにもいないようなので、デブとのファックをあきらめたのだろうか。

※**ロビン・ウィリアムズ**
アメリカのコメディアン、俳優。スタンダップ・コメディーで頭角を現し、映画界入り。『グッドモーニング，ベトナム』や『ミセス・ダウト』『いまを生きる』など話題作に次々と出演するも、2014年に自殺した。

※**レズカップル**
客のなかにはもちろん普通のカップルもいる。あるブルガリア人カップルは、共にぽっちゃり体型で、男の方は『ズッコケ三人組』のモーちゃんによく似ていた。彼女とは交際7年目で倦怠期を

●場内はますますカオスな状況に……

再び館内を回ってみようかとバーカウンターから腰を上げた時、優雅な足取りでフロアの中央を歩く者が目に入った。見れば、例の全裸ハイヒールおばさんがこちらに向かって歩いてくる。身長180センチ以上はあるだろう。彼女は私の方に、ちらりと意味深な目くばせをした後、ゆったりと去っていった。

あの意味深な目配せは……何だったのだろう？　もっと私を見てよという意味なのか。あるいは私を誘っているのか？　なんだか気味が悪い……。

奇妙な気分に包まれながら、私はフロアを出て他の部屋も回ってみた。

受付の前を通ると、新たな客が目に入った。筋骨隆々の黒人男と、その連れの黒人女である。共にスタイルがよく、なかなかの美形だ。

その後プールを覗いてみると、ロビン・ウィリアムズ似の爺さんが、温水プールの中で1人よろよろと歩いていた。さっきはケーキを食べていたし、今度は水中ウォーキングか……。※**この爺さんは、一体何がしたいんだ？**

再び1階の暗室の前を通ると、中東系トリオが暗室のガラスに張りついていた。

左手の暗室を覗いてみると、暗がりの中に馬脚のような滑らかな肉体が見えた。どうも先ほどの黒人カップルがヤっているようだ。ドア付きの暗室では、ガラスの外から中を覗くの

迎えているらしく、「わかるだろ？　何もかも同じなんだよ」とモーちゃんは嘆いていた。入店した時は、「彼女が他の男とヤッても全然構わないさ」と豪語していたモーちゃんだが、結局2人は変態プレイには一切加わらず、隅の方で踊っているだけだった。最後まで、彼女のことを心から楽しませようとする、モーちゃんの優しさばかりが伝わってきた。

※**この爺さんは、一体何がしたいんだ？**
その後、再びケーキを食べているところを目撃。とにかく行動が謎だった。

が暗黙のルールになっているらしい。中東系トリオは3人共同じポーズで、ガラスの上に「ハ」の字の形に手を当てて、その間から中を覗いている。

「ハの字鑑賞中」※のトリオの1人は、明らかに不満げな表情でぶつぶつ何か独り言を呟いている。例によって彼は、黒人カップルに嫉妬しているようだ。なんだか**危ない匂い**※がする。

再びバーへ戻ると、背後から何やら騒がしい気配を感じた。見れば、いつの間にか中東系トリオが乱交ルームの隅で固まっている。私はバーカウンターを離れて、彼らのそばまで近づいていった。その途中、ハイヒールおばさんの姿が目に入った。彼女はまたしてもセックスに励んでいた。相手は先ほどとは別の男である。目が合うと、おばさんは例によって意味深な目配せをして、小さく笑った。なんだよこれは……誘われているのか？　このおばさん、一体本日何戦目なのだろう？　目に入る度に、別の男と絡んでいるような気がする。

ところが注目を浴びていたのは、彼女ではなかった。部屋の隅で中東系トリオを含む5、6人の男たちが、まるで行列のできるラーメン屋のように、1人の女を取り囲んでいるのだ。

私は恐る恐る近づいてみた。男たちが取り囲んでいたのは、先ほども行列をなしていた白人のぽっちゃりおばさんであった。どうやら誰でもヤラしてくれるのは、今のところ彼女とどこかに消えた黒人の太っちょだけらしい。トリオがハイヒールおばさんに近づかないところを見ると、恐らく彼女にセックスを断られたのだろう。

目の前のぽっちゃり女は、騎乗位の姿勢で男から激しく衝かれていた。上の口では、トリ

※**ハの字鑑賞中**
試しにやってみると、普通に覗くよりも、中の様子が幾分鮮明に見えた。

※**危ない匂い**
実際この後、中東系トリオは何やらモメ始めた。立ち聞きだが、恐らく女にハメる順番でモメていたのだと思われる。

オの1人のペニスを舐めている。やがて挿入していた男が果てると、順番待ちをしていたトリオの2人が、※女の元に群がった。これで、中東系トリオが女を囲んだことになる。

女は少し休んだ後、代わる代わるトリオのイチモツを咥え始めた。トリオの1人のイチモツは早くもギンギンになっていた。彼は、いつの間にか腰だめに構えていたコンドームをイチモツの先っちょに装填した。まるでスティック糊のキャップでも締めるような、鮮やかな手さばきである。

それから彼は女の股を開いて、我先にと挿入しようとした。

ところがその時1人の中年男が現れて、トリオに何か告げた。すると3人は一目散にその場を去ってしまった。後に残った男はなんだか神妙な顔つきで、女とぼそぼそ喋っている。

恐らくこの男は女の旦那なのだろう。彼がそろそろ彼女と2人きりになりたいと、終了の合図を出したのかもしれない。おおトリオよ、あれだけヤリたがっていたのに……運が悪い。

●中東系トリオ・最後の挑戦

なんだか、とんでもないものを見てしまった……。一息つこうと私はビールを持って、ダンスフロアのソファ席に腰掛けた。

壁にあるスクリーンに目をやると、お客が持ち込んだらしい、プライベートなエロ写真が映し出されていた。マ×コにファンタの空き缶を突っ込んだシュールな写真である。

※**女の元に群がった**
ちなみに、この女の年齢は40歳くらい。美しいブロンドヘアーをしていたが、二重アゴの目立つ、かなりの太っちょであった。女はめまぐるしいペースでセックスしてきたらしく、「顎が疲れた」というようなジェスチャーをしていた。

再びソファに目を戻すと、いつの間にか白人カップルがいちゃついていた。女はまたしてもぽっちゃりタイプだが、年は20代に見える。男の方は40代くらいの中年だ。

女がフェラを始めると、遠くから迷わず一直線に、こちらへ向かってくる者がいた。中東系トリオの1人である。彼は私とカップルの間に素早く陣取ると、ねっとりした目つきでフェラチオを鑑賞し始めた。いつの間にか私の左手にも、トリオの1人が座っていた。もう1人はトイレにでも行ったのか見当たらない。

それから我々は、黙ったまま彼女の口元を観察し続けた。ほどなくして、彼女はおよそHカップはあるだろう爆乳をさらけ出し、パイズリをおっ始めた。すると、右のトリオから深々と鼻息が漏れた。どうやらまたしても、嫉妬心に火がついてしまったようだ。

次の瞬間、彼はあっという間の早業でパンツを脱いでしまった。そうして何のためらいもなく、己の股間をペロリとさらけ出すと、女の肩を小突いて何かジェスチャーで示した。己のペニスを指差すと、「俺にもやってくれよ」というようなことを言っている。既に息子は準備万端、ギンギンである。ところが、それを見た相方の男は呆れたようにかぶりを振った。女も不愉快そうに顔をしかめ、引き続き熱心にパイズリに励み始めた※。

それであきらめた彼は、なんとオナニーをおっ始めてしまったではないか！

確かに間近で見るパイズリフェラは迫力があるが、まさかこんな場所でオナニーを始めるなんて……。ここはピンク映画館ではないのだ。

※ハプニングバーのルール
当然ながら、相手の同意がなければエロいことはできない。変態の巣窟「クラブパラダイス」に残されたわずかばかりの良心だ。

驚いたことに、左のトリオもオナニーをおっ始めた。こいつら、ケダモノかよ……。私は2人のオナニストに挟まれてしまった。

すっかり呆れ果てていると、前方から全裸ハイヒールおばさんが「私を見てよ」と言わんばかりに、優雅な足取りでやって来た。そしてまた例によって、私の方に意味深な目配せをした後、うっとりと微笑みながら去っていった。この女も、狂っている……。理解不能だ。

私は逃げるように、パラダイスを立ち去った。

とにかくダサいエロ土産はいかが？

アムスの街を歩いていると、思わず目をそむけたくなるような奇妙な土産物を目にすることがある。※**芸術的センスの高いオランダ人**だが、どういうわけか土産物のセンスは激しくダサい。ダサい土産物の定番といえば、エロ土産である。

たとえば絵葉書の中には、草原の上で、複数の女が数珠つなぎになってケツの穴を舐めている物がある。顔の絵を描いた女性のお尻の絵葉書はまだ可愛らしいとして、イヤリングをつけた女性器をアップで写した物や、女性器とアナルを鼻と口に見立てて、顔のパーツのようにした、救いようのないデザインの絵葉書まである。

この街には、呆れるほどのエロスが溢れている。

※芸術的センスの高いオランダ人
道に迷った時でも、様々な場所にアートがあるので退屈しないオランダ。ショップの前には、自転車の籠から脚だけ突き出した不思議なマネキンがあるし、エレベーターのドアには、人が乗っているような写真がデザインされたものもある。左の画像は偶然見つけた壁画。日本文化に影響を受けた作品だと思われるが、「消えた義経」、「父と娘・禁断のアンサンブル」「淋しい時、女子高生に触れよう」など、謎の日本語が書かれており意味不明。

街角で見つけた謎の日本語壁画

グローイングウィリー

ウィリー・ウォーマー

街のあちこちに、どう考えても**男性器の形**※にしか見えない車止めが並んでいるのも、何か意図があるのだろうか？　実際、アムステルダムの市章を刻んだこの車止めは、アダルトグッズ屋の看板にもデザインされているほどなのだ。

前置きはさておき、早速、エロスの街・アムスで見かけたろくでもないエロ土産をご紹介しよう。

①グローイングウィリー（3ユーロ）

日本語に訳すと「成長するチンコ」。その名の通り、水に浸すと600％（つまりは6倍）も大きくなるディルドらしい。災害時にも役立つ、コンパクトなオナニーグッズだ。

②ウィリー・ウォーマー（6ユーロ）

レッグウォーマーならぬ、チンコ用ウォーマー。愛犬に服を着せる時代になって久しいが、どうやらチンコも温める時代が来たようだ。ニット製のウォーマーには、レインボーカラーがデザインされているが、特にゲイ専用というわけで

※男性器型の車止め
この車止めには、アムステルダム市のマークである3つの「×」が入っている。この街の「×」には、かつてこの街を襲った「洪水、大火、伝染病」の3つの災害を忘れないように、という意味が込められているらしい。しかし形がアレだけに、日本人の感覚からすると、「×××」は「チョメチョメ」と読めなくもない。ちなみに、日本でもスーパーに行くと、どう考えてもあの形にしか見えない某有名乳酸飲料の容器や、トイレの消臭剤などを目にすることがある。潜在意識に刷り込まれた男性のシンボルに訴えかける商品は、意外と多かったりする。

アムスの変な車止め

ウィンドアップ・アクション

ラブダイス

もないらしい。どうでもいい代物だが、外国人の間では誕生日プレゼントなどにすると結構盛り上がるようだ。

③ウィンドアップ・アクション（4・2ユーロ）

ネジを巻き上げると人形がフェラチオをするという、ただそれだけの物。同シリーズには、シックスナインや立ちバックなどのアクションをするタイプもある。

④ラブダイス（8ユーロ）

愛のサイコロとは、カップルの暇つぶしや、王様ゲーム用に使われる物らしい。

サイコロは2つ入っていて、1つには体の部位、もう1つには「マッサージ」「息を吹きかける」といった※**プレイ内容**が書いてある。

何が出るかな、何が出るかな……。ウノやろうぜ、枕投げやろうぜ、ラブダイスやろうぜ。間違っても修学旅行の夜に、こんな物を女子の部屋に持ち込んではならない。

※**ダイスに書かれたプレイ内容**
ダイスに書かれたその他のプレイ内容は、「キス」「しゃぶる」「舐める」「抱きしめる」など。

変わり種コンドーム

チンコ眼鏡

⑤変わり種コンドーム（1ユーロ〜）

土産物屋には、※**箱無しのコンドーム**が平然と売られている。あるゴムのパッケージには、ナイキのロゴを模した精子のマークが入っていて、「※**JUST DO IT**」とコピーがあり、思わず笑みがこぼれる。他には、XXXLサイズのコンドームなどもある。

⑥チンコ眼鏡（7ユーロ）

鼻眼鏡ならぬ、チンコ眼鏡。文字通り、※**鼻の部分にチンコがついた眼鏡**である。鼻が大きい男性は、男性自身も大きいという都市伝説があるが、どうやら鼻と性器の密接な繋がりは万国共通らしい。一体こんな眼鏡、誰が買うんだよと思われるが、街中でこの眼鏡をかけてゲラゲラ笑っている白人女性を目撃した。それを見たイスラム教徒の女性も、笑みを浮かべていた。実に平和な風景である。

※コンドーム専門店
アムスの街には、「コンドメリー」というコンドーム専門店もある。ダム広場から徒歩3分。
【店名】Condomerie
【住所】Warmoesstraat 141
【営業時間】11時〜21時（月〜土）、13時〜18時（日）
【ＨＰ】https://condomerie.com/

※JUST DO IT
日本語に訳せば「ヤルだけ」となる。

※チンコグッズ
チンコ型の栓抜きなどもある。もはや手に負えない。

チンコだけに栓ヌキ？

ロボティック・ヴァギナ

⑦ロボティック・ヴァギナ（70ユーロ）

男性用のオナニーグッズ。キャップを外して、ピンク色の容器にイチモツを挿入すると、膣を模した「超柔らかい魔法の肉体」を体感できるらしい。備え付けのリモコンのスイッチを入れると、中の容器が回転してイチモツに刺激を与える仕組みになっている。

パッケージで気持ちよさそうにしている男性モデルの写真が、なんとも憎めない。海外のポルノを見る度に思うのだが、射精シーンの直前には、必ずといっていいほど、恍惚とした男優の表情がアップで映し出される。日本男児にとってはどうでもいいカットなのだが、外国人にとっては重要なようだ。

その他にもアムスの街には、48手の体位をイラストで示したポスターや、全く性欲を催さないビニール製の**ダッチワイフ**※、ずるむけの巨根を備えたラブリーなうさぎの人形など、どうでもいいエロ土産が溢れている。

あなたもお一ついかが？※

※**ダッチワイフ**
アムスで出会った、世界で一番やる気のないダッチワイフ。間抜けな表情を見ていると、こちらも空気が抜けるように脱力させられる。

やる気なしのダッチワイフ

※**帰国時の注意点**
もちろん日本帰国時には、性器を直接表現した物に関しては禁制品であり、税関で見つかると罰金を払うはめになる。くれぐれもご注意を。

【アムステルダム取材日記④】

インスタントラーメンの骨

突然ですが、あなたはインスタントラーメンの骨が喉につかえたことがあるだろうか？　キャンプ生活が始まって2週間が経った夜、私はそんな奇妙な体験をした。

その晩は雨だったので、テントの中でじっとしていた。寝るにはまだ少し早いし、本を読む気にもなれない。体は疲れているが、ただ寝そべっているのも退屈だ。

こんな時こそ草に限る。

私はネタを持って、テントの外へ飛び出した。

●ハシシを吸う男とそれを睨む女

幸いにも、雨はほとんどやみかけていた。零時を回ったにもかかわらず、相変わらず人気が多くて、静かに吸える場所が見つからない。こんな夜中だというのに、マウンテンバイクに乗って、どこかへ繰り出そうとする若者の姿もある。

いつものように、トイレの前の灰皿で落ち着きなく一服していると、2人組の若者がやって来た。1人はやけに人相の悪い男だった。褐色気味の肌を持つ男で、ドラマ『アーノルド坊やは人気者』※①の主人公を極悪にしたような小太りの男だ。その連れの男は打って変わって、ベビーフェイスの人の良さそうな白人である。

話しかけてみると、アーノルドはルーマニア人で、連れのベビーフェイスはポーランド人だった。2人はハシシの小片を、透明なパイプに入れてぷかぷか吸っている。

アーノルドは28歳のバツイチで、子供も2人いるようだ。今は時々働いて養育費を払いながら、ヨーロッパを旅行中だという。その連れの31歳のポーランド人はかなりブリブリらしく、ほとんど会話にならなかった。なんでも30分で2グラムのハシシを吸ったらしい。すさまじい吸いっぷりである。

それからしばらく、旅の話をした。話の間に、私はアーノルドに煙草を勧めてみたのだが、彼は昨年喉の手術をしてからは、煙草をやめたらしい。その一方で、ハシシをやめるつもりはないようだ。私がハシシなら、「カサブランカ」※②を持っているよと告げると、彼は「カサブランカは、カスブランカだ。あんな物は効かないので金の無駄だ」と強い口調で言った。

上質にこだわる男のようだが、アーノルドは私が差し出した

4ユーロのお粗末なジョイントを吸うと、「こいつはいいジョイントだ。ごちそうさま」と褒めてくれた。圧が強い割には、妙に礼儀正しい男である。

一方、ポーランド人の彼は吸いすぎたのか、いつの間にかトイレに消えていて、戻ってくる気配は一向になかった。その旨アーノルドに告げてみたものの、「奴なら全然問題ないさ」とまるで気にしていない様子だ。

そんなわけで、2人でスパスパハシシをやっていると、上目遣いで睨んでくる女性がいた。年の頃は50くらいか。なかなかの美人だが、飾り気のないマダムだ。

なんだか不愉快そうに我々の顔を眺めている。やはり、ここで吸うのはまずかっただろうか？　先ほどから我々は、女子トイレの前の灰皿で20分以上もプカプカやっているのだ。

マリファナに強い嫌悪感を持っている人なのかもしれない。これは気まずいなと思っていると、アーノルドが女と小声で何か話し始めた。知り合いのようだ。なんだか女に説教されているような雰囲気もある。一体彼女は何者なのだろう？

ヒーヘンボスのキャンプ場にはトイレなどの設備も揃っている。写真はエントランス。

やがてアーノルドはこともなげに言った。

「待たせて悪かったな。こいつは俺の母ちゃんだ」

……はっ？　なんと彼は、母親の前で堂々とハシシを吸っていたのである。それにしても……どうして母ちゃんが、キャンプ場なんかに来ているんだ？

それから3人の間で、何とも言えぬぎこちない会話が始まった。その間にも周囲には、ハシシの香りが絶えず舞い続けた。

大丈夫かな……と思っていると、案の定、母ちゃんが険しい顔つきで息子に何か喋り始めた。当然怒っているに違いない。私がいる手前もあって、あまり強く言うことはできないだろうが、それでも日本から来たこのヒゲ野郎のことを快くは思っていないはずだ。

そんな風に思っていると、母ちゃんがいきなりスパスパ煙草を吸い始めた。なんだよ、喫煙者だったのかよ……。

同じスモーカーとなれば話が早い。これで気を緩めた私は、思い切って母ちゃんに話しかけてみた。なんでも彼女は、旅行中の息子のことが心配になって、ドイツからわざわざ会いに来たらしい。今夜はこのキャンプ場に泊まるつもりのようだ。

それにしても……アーノルドよ。ヨーロッパを自由に旅しながら、時々働き、時々養育費を支払って、時々母ちゃんが慰問に来るなんて、お前は一体どんな男なんだよ！

●アーノルドと母の絶妙な関係

初めは私のことを怪訝そうに見ていた母ちゃんだが、アーノルドが私のことを「本を書いている男だ」と紹介すると、彼女の態度ががらりと変わった。

彼女は自分の母親も文学の先生をしていて、詩集を出版しているのだと目を輝かせて話し始めた。どうやら、私のことをすっかり見直したらしい。

母親の文学談義が落ち着いたあたりで、私は思い切って尋ねてみた。

「あのぉ……息子さんがハシシやってますけど、お母さんはマリファナ公認なんですか？」

するとアーノルドが「ああ、もちろん知ってるよ」と言い、母ちゃんも頷いた。母曰く、彼女も昔マリファナを吸ったことがあるらしい。しかしバッドトリップの深い谷底に陥って、どうやって現実に戻ればよいのかわからなくなり、怖くなったのだという。以来、マリファナには手を出していないようだ。

「私はマリファナは好きじゃない。でも彼はもう大人だし、個人の世界で生きているから。吸いすぎるなとは言ってるけど……」

「それはいいですね」私は2本目のジョイントに火を点けながら、相槌を打った。実際、2人のことを親子でありながら、友人のようないい関係だと思っていたのだ。

「いい関係ですけど……でも、日本人の母親なら怒ると思いますよ」

うっかり口を滑らせると、母ちゃんはわずかに悲しげな表情を見せた。本音を言えば、息子が草好きであることを快くは思っていないのだろう。それでも、息子のことは認めている。そういうバランスの中で、人は生きているのかもしれない。

そんな感じで時々沈黙を挟みつつも、母ちゃんがバッドトリップした時の話などを聞いた。なんだか占い師みたいなオーラを醸し出している、不思議なおばちゃんだった。

アーノルドとも話が弾んだ。彼は「俺もお前と一緒だ。旅行が好きで、文章を書くのも好きなんだよ」と嬉しそうに言った。「マイフレンド」と私が告げると、彼も満足そうに頷いた。

そんな時に、どこかに消えていたベビーフェイスが突然暗がりの中から現れて、私に何か手渡してきた。

うまそうにそれを食べているので、手にとってかぶりついてみると、なんとインスタントラーメンだった。

「こいつはうまいぞ。お前も好きか?」

アーノルドが得意げに言って、ラーメンにかぶりついた。

「うまいうまい……」

私は口の中の水分を全部奪われながら言った。本音を言えば、薄味でいまひとつなのだが、こんな時にまさかインスタントラーメンの差し入れが出てくるなんて……予想だにしなかった。

アムステルダムでも日本の即席めんは人気。この顔をスーパーで見かけるとホッとする。

そうこうしている間に、母ちゃんが再び文学談義をおっ始めた。アーノルドはハシシを吸い始めているし、30分で2グラムのハシシを吸った男は、血走った目つきのままバキバキラーメンを噛み砕いている。

もしかすると、平和ってこういうことなのかもしれないな……などとしみじみと肌身に感じていると、私はいつの間にかストーンしていた。

まずい……立っているだけでもふらついてしまう。アーノルドオススメの上質のハシシに、すっかりやられてしまったらしい。そろそろテントに戻るか……。

そんなわけで出された物を残すわけにはいかないと、慌ててラーメンに噛りつき、喉に詰まってしまったのである。この時私は、インスタントラーメンにも骨があることを学んだ。

「そろそろ寝るよ。グッナイト！」

そう言った声も喉にからんでいて、むちゃくちゃかっこ悪い別れ方であった。こうして私は、口の中をカラカラにしながらその場を後にした。

翌朝目が覚めて枕元を見ると、インスタントラーメンの屑が、当然のように転がっていた。


【注釈】
※①『アーノルド坊やは人気者』…70年代後期～80年代にかけて放映されたアメリカのコメディ・ドラマ。主人公アーノルド少年の「冗談顔だけにしろよ」の決め台詞が有名。
※②カサブランカ：モロッコ産のハシシ。THCは30％ほど。

アムステルダム・ピンクマップ

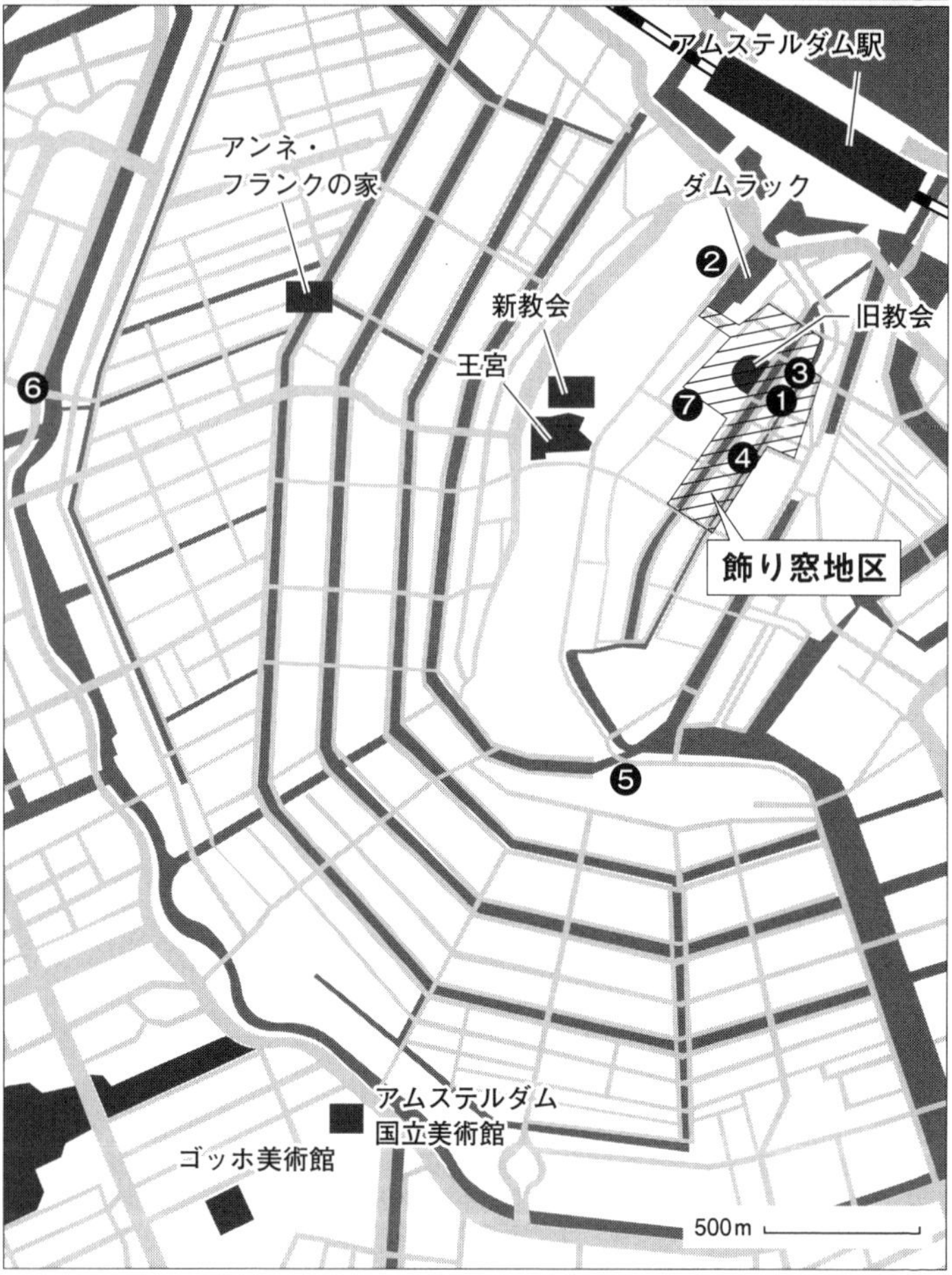

【アムステルダム・ピングスポット】

❶レッドライト・シークレッツ　❷セックスミュージアム　❸エロティックミュージアム　❹カサロッソ　❺Ｂ１セックスショップ・エンシネマ　❻セイムプレイス　❼コンドメリー　※クラブパラダイスはマップ外

第五章
アムステルダム裏事情

Amsterdam Underground Information

ミッドナイト・アムステルダム ～深夜のアムスを歩く～

アムステルダムの治安は、飾り窓地区やセントラル界隈を除けば、悪くはないと言われている。実際、外務省のHPにも次のような記述がある。

「アムステルダム駅構内及び『Damrak通り』（同駅からダム広場の間）、ダム広場東側の『飾り窓』地域には、麻薬の売人や浮浪者らがたむろしており、治安状況は良くありません。特に夜間のひとり歩きは危険を伴いますので、近寄らない方が安全です」

それでは逆に、深夜にアムスの中心街を歩くとどうなるのだろうか？

これはたまたまアムスの真っ只中で、一夜を明かすことになった私の記録である。

●大学教授と奇妙なバーで乾杯

8月某日。深夜1時。その日私はキャンプ場へと向かう最終のフェリーに乗り遅れ、とぼとぼと街中を歩いていた。

コーヒーショップ「デ・ダンプクリング」の前で写真を撮っていると、「**森山大道！**※」と突然声をかけられた。見れば、彫りの深い顔立ちをした中東系の男が立っている。

彼は写真が趣味のようで、森山大道を敬愛しているらしい。私のことを日本人だとわかっ

※**森山大道**
1938年生まれ。世界的にも評価の高い日本の写真家。コンパクトカメラを使ったストリートスナップが有名。

て声をかけてきたようだ。私も写真は好きなので話が合った。聞けば、彼はクウェート人で、大学のプロフェッサーなのだという。

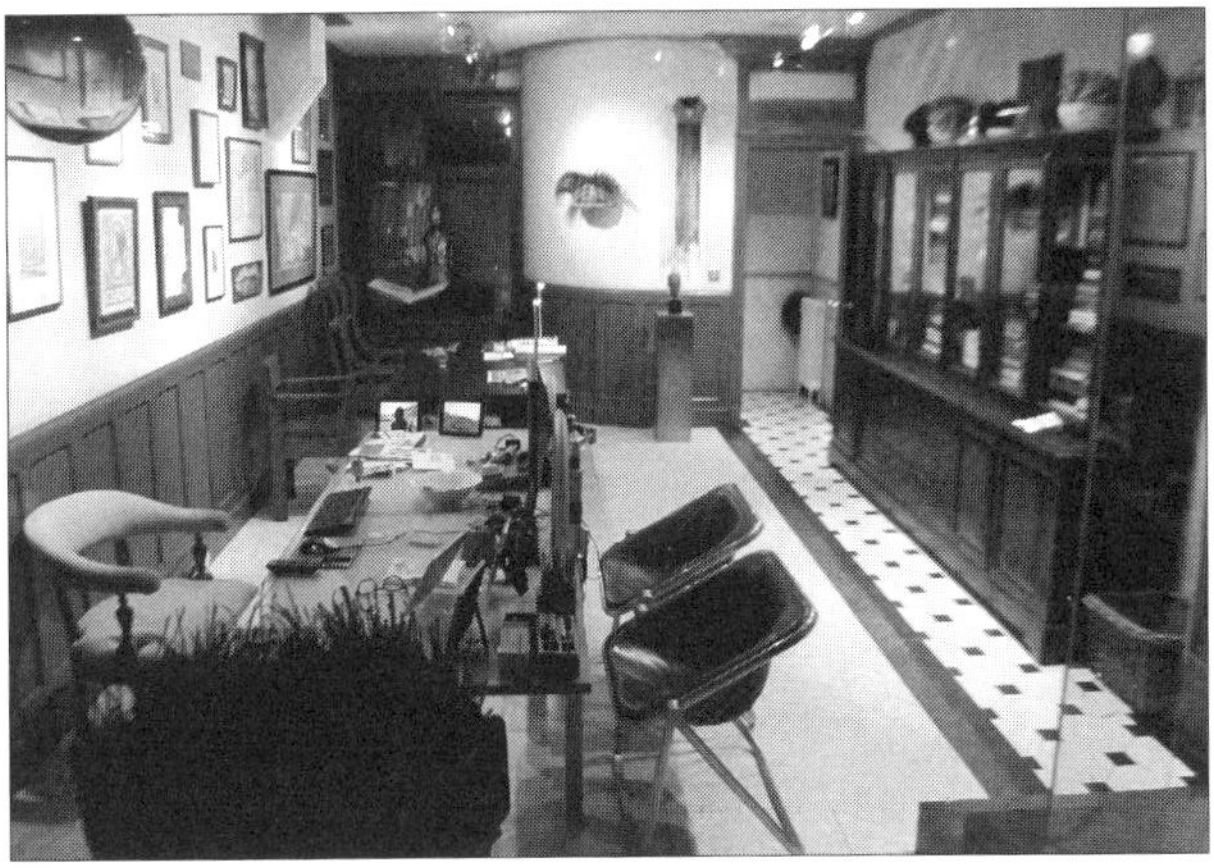

アムスのオフィスやショップは、夜中でも明かり点けっぱなしの所も多い。

飲みに誘われたので、私は承諾した。ちょうど誰かと飲みたいと思っていたところだ。

それから**店を探して歩き始めた**※が、あたりはひっそりと静まり返っていた。アムスの街では深夜1時を過ぎると一気にネオンが消える。

ようやく見つけて入ったバーは、**奇妙な店**※だった。天井からはなぜかブーツがぶら下がっているし、店員もお客もパンクな格好をした人が多い。

店は3時になると閉店した。我々はまだ喋りたりなかったので、深夜の街へ繰り出した。さすがにこの時間になると、どの店も閉まっているようだ。人通りもほとんどない。

ぽつぽつ話しながら歩いていると、自転車に乗った背の高い白人の若者に声をかけられた。

※店を探して歩き始めた
彼のことを初めは怪しい男ではないかと思っていたが、その疑いはすぐに晴れた。彼はどの店で飲むのか決めかねていたのだ。これが睡眠薬強盗やボッタクリなら、「いい店がある」などと言って、一方的に店を指定してくるだろう。

※奇妙な店
バーカウンターの裏に「お前の人生の話なんぞ聞きたかねぇ」というプレートが貼られているなど、一風変わった雰囲気の店だった。

ブーツバーの天井

「俺の知り合いがマリファナを持っているので買わないか?」

どうやら彼は、コーヒーショップの閉まったこの時間帯を狙って、商売しているらしい。ちょうどプロフェッサーと、ジョイントを吸いたいねと話していたところだった。

「**ジョイント1本なら買う**※けど」

そう告げると、男は「ここで待ってろ」と言って去っていった。

しばらくして、男の連れの黒人がやって来た。話を聞くと、ウィード1グラムのパケで20ユーロとのことだ。ネタはアムネシアへイズらしいが、値段も高いし胡散臭い。

「ジョイント1本5ユーロなら買うぞ。それ以外なら買わない」

そう突っぱねてみたのだが、彼は断固としてパケでしか売らないという。

こういう時は、一か八か「ふっかけ逃げ逃げ」作戦が有効である。「ジョイント1本5ユーロ以外なら買わない!」私は吐き捨てるように言って、プロフェッサーと共に足早にその場を後にした。すると、黒人の男が早足で追いかけてきた。

「わかったわかった! それでいい!」男は手早くジョイントを仕上げてくれた。

作戦は成功した。ボッタクリとの値引き交渉には、逃げるのが一番だ。

ところが支払いを済ませると、白人の男が「俺の手数料はどこだ? 2ユーロよこせ!」と迫ってきた。はて、君はたかだか260円を得るために、深夜の街を歩いていたのか? なんだか「**世界で一番子供が幸せな国**※」とされるこの国の闇を見たようで、悲しくなった。※

※**ジョイント1本なら買う**
私のように、売人からネタを買うのは絶対にやめよう。特にコカインやエクスタシーは混ぜ物が入っている可能性が高く、時には死に至るリスクもあるのだ。絶対に手を出してはならない。

※**子供の幸福度**
物質的豊かさ、健康と安全、教育など、様々な指標で評価される。2013年にオランダはトップとなった。ちなみに日本は6位。大人も含めた世界幸福度ランキングでも、オランダは6位と高い。一方日本は51位だ。

※**白人男への報酬**
結局私は、彼に大量の小銭を分け与え、ごまかすようにその場を離れた。

気を取り直して、我々は路上で優雅な一服を満喫した。ネタの質も問題なかった。

するとまたしても、2人組の男に声をかけられた。また何か売りつけられるのではないかとうんざりしていると、「煙草を売ってくれないか？」と男の1人が思わぬことを口にした。

どうやら我々と同じように、店が閉まって困っていたらしい。2人に2本ずつ煙草を恵んでやると、大いに感謝された。彼らは※**ペルーから来た旅行者**のようだ。

深夜のアムステルダム駅。さすがに歩く人はまばらだ。

●酩酊したトルコ人につきまとわれる

午前4時を回った頃、私はプロフェッサーと別れて、1人駅へ向かった。

残念ながら※**フェリーの始発時間**まで、まだ2時間以上もある。あきらめて、駅正面の階段に座って煙草を吸っていると、中東系の男に声をかけられた。彼は近くの店で飲んでいて、終電を逃してしまったらしい。例によって煙草をせ

※**ペルーから来た旅行者**
グローバリゼーションの影響なのか、昔に比べて旅人の国籍も随分多様になった。1ヶ月の間にアムスで知り合った旅人は、フランス、ドイツ、イギリス、スイス、ノルウェー、フィンランド、アイスランド、ギリシャ、ブルガリア、ルーマニア、ポーランド、トルコ、ペルー、インド、タイなど様々。その逆に、日本人の旅人に会うことはほとんどなかった。

※**フェリーの始発時間**
キャンプ場まではタクシーを使うと、25ユーロもかかるので、私はフェリーを待つことにした。

がまれたので、私はまた1本恵んでやった。彼はトルコ出身の30代の男で、仕事はなんと、大学教授なのだという。今日は随分、プロフェッサーに会う日だなと驚いた。私はトルコに旅行で行ったことがあったので、簡単なトルコ語を話した。すると彼は、大いに喜んでくれた。

話が一段落すると、「それはなんだ？　俺にも見せてくれ」と彼は言った。

その時、私はノートに取材日記を書いていた。軽く見せてみたのだが、彼は「ノートごとよこせ！」と**荒々しい口調**※で迫ってきた。

なんだか嫌な予感がする。たちの悪い酔っぱらいか？

渋々手渡すと、しばらくの間、彼は何度もページをめくっては、熱心に眺めていた。

やがて彼は「俺には読めない」とぽつりと呟き、ようやくノートを返してきた。

「俺も日記を書いているんだ。見たいか？」と彼は唐突に言った。

どうでもよかったが、とりあえず頷いてみせた。

すると男は私にメモ帳を渡すなり、「お前にはこれが読めるか？」と尋ねてきた。

もちろん、トルコ語なので読めるはずもない。その旨告げると、「そうだろ？　俺がお前の日記を読めないのと同じように、お前も俺の日記を読めないんだ」と彼は言った。

……え、そのために見せてきたの？　この不毛なやり取りに、何の意味があるのだろう？

大学教授というのは、こんなにプライドの高い生き物なのか？　先程の彼とは大違いだ。

それから会話は続かず、気詰まりな沈黙が流れた。おまけに、私は眠気を催してきた。

※**荒々しい口調**
この男からは、酔っぱらい特有のいきなり性格が豹変するような荒々しさを感じた。

すっかり面倒くさくなった私は、「そろそろ帰るわ。もしかするとナイトバス※があるかもしれないから」と言った。アムスには、夜間も走っているバスがあると聞いたことがある。暇つぶしに探してみるのもいいかもしれない。

駅の裏にあるフェリー乗り場。深夜になるとちょっと怪しい雰囲気がある。

●夜明けのアムスに響く「マネー!!」の声

ところが彼は「そんなバスはどこにもない。こっちへ来てみろ」と強い口調で言った。

彼が向かったのは、駅の裏手にあるフェリー乗り場だった。その途中、彼はガラの悪い若者の集団に何か声をかけられた。少し話すと、若者たちは去っていった。

「あいつらはギャングだ。気をつけろ」と彼は言った。確かにその集団は、**随分見た目が悪かった**※。6、7人の若い男のグループだ。

フェリー乗り場に着くと、彼は言った。

「いいか。ナイトバスなんかどこにもない。お前の前はフェリーに乗って海を渡るだけだ。お前の

※**ナイトバス**
後日調べてみると、アムスの街には24時以降もナイトバスが走っている。乗り場はセントラルステーションの2階にある。料金は4・5ユーロ。

※**随分見た目が悪かった**
中東系が大半を占め、白人も2人いた。上下スポーツウェアを身に着けた者、キャップをかぶり、上は黒のジャンパー、下はジャージという男もいた。どこか日本のチーマーのような雰囲気がある。

キャンプ場はどこだ？　名前はなんて言うんだ？」

私が口を濁していると、彼は何度もしつこく尋ねてきた。

「お前のキャンプ場はどこだ？　俺が連れてってやる」

やはりこいつは、明らかにおかしい。ほんとに大学教授なのか？

私は彼に別れを告げて去ろうとした。すると彼は、いきなりまくし立ててきた。

「おいっ、お前をここまで連れてきてやった時間はどうなるんだ!?　マネーを寄越せっ!!」

自称プロフェッサーよ。遂に本性を現したか……。海外を旅すれば、**こういう輩**※に出会うことは珍しくない。

私は「君は僕の友達じゃないのか？」と冷静な口調で切り出してみた。

「ああ！　もちろん友達に決まってるだろっ！」

彼は激しい剣幕で怒鳴った後、「マネーッ!!」と再びわめいた。

私はひどくがっかりした。こんな男でも10分前には**トルコの話で盛り上がった**※仲なのだ。

「友達だったら、お金はいらないだろ？　そもそも僕は君に煙草をあげたじゃないか。その上君は、お金まで取るつもりなのか？」

そう言いつつ、私は残り3本となった煙草をくしゃくしゃの箱ごと彼に渡した。

すると彼の表情に、わずかな変化が見られた。今更ながら、自分が愚かなことをしていたことに気がついたらしい。彼は「そうだよな……」と、1人納得するように小刻みに頷くと、

※**こういう輩**
アジアや中東、東欧など、貧しい国ではよくある手口。道を尋ねると、親切に案内してくれたと思ったら、法外なチップを要求されるパターン。まさか、オランダにもいるとは思わなかった。恐らく彼は、先ほどギャングから「お前、そこのジャップをカモにすんのか？」などと声をかけられていたのだろう。

※**トルコの話で盛り上がった**
トルコ語で「タヌシュトゥームザ・メムヌン・オルドゥム（お知り合いになれて光栄です）」と告げると、彼は「YEAH!!」と目を見開きながら喜んでくれていた。

別れの言葉も告げずに去っていった。自称プロフェッサーは、瞬く間に闇に消えた……。

駅のベンチで始発電車を待つ人々。ガラの悪い連中もいた。

●不穏な空気が漂う駅構内

その後私は※**駅構内のケバブ屋**で時間を潰しながら、※**物思いにふけった**。

閑散とした駅構内には、ぱらぱらと若者たちが行き来していた。終電を逃した人なのか、あるいは旅行者なのか……。しかしその大半は、中東系や黒人のガラの悪い男たちである。

なかには私に向かって「チャイニーズ」と声をかけてくる男もいた。「ヘイ、チャイニーズ・ニーハオ」何度もそう言った後、気味の悪い笑い声をあげるのだ。「俺はジャパニーズだ！」と言い返そうかと思ったが、トラブルに巻き込まれたくなかったので無視した。

がら空きのベンチでじっとしていると、埠頭の方から怒鳴り声がした。見れば、黒人3人組

※駅構内のケバブ屋
この店のケバブは主に2種類。パン生地に具材を挟んだドネルケバブと、クレープ風の生地に挟んだデュラムケバブだ。後者の方が食べやすい。

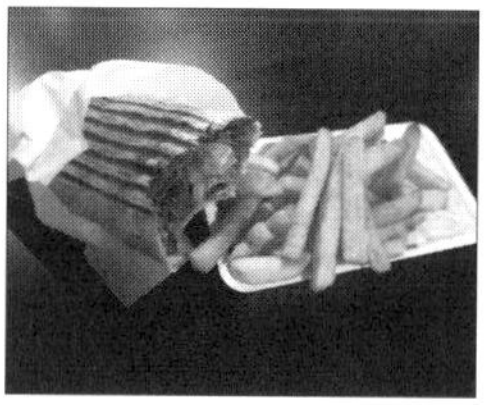

デュラムケバブとポテトのセット

※自称プロフェッサーの正体
あの男は、恐らく学歴コンプレックスの持ち主だと思われる。泥酔した時にだけ、自分はプロフェッサーだと、己の経歴をウソで塗り固めるのだろう。

が何かで揉めているようだ。

少し経って、どこからともなく警官が現れた。そして3人組の1人の胸ぐらを掴むと、あっという間にパトカーの中に突っ込んでしまった。パトカーは速やかに去り、車内から男の捨て台詞が聞こえてきた。まるで、廃品回収でやって来た業者のような手際の良さだ。

再び静寂が訪れた。いつの間にか、先ほどのギャングたちが私のすぐ隣りに座っていた。野次馬で来たのだろうか？　私は再びベンチを立って移動した。たまたまなのかもしれないが、私がベンチに座っていると、なぜか輩たちが近づいてくるのだ。

なんだか気味が悪くなり、フェリー乗り場を離れて正面出口へ移動した。ショッピング街のベンチでは、若い女性2人組があぐらをかいてパンを食べていた。時々ガラの悪い男がその前を過ぎるのだが、ナンパする隙さえ与えていないようだ。

女の子って、やっぱり強いんだな……。私はスマートショップで、笑顔でキノコを手にする女性たちのことを思い出していた。

駅前をぶらついた後、構内にある**スーパー**※に行って**カップ麺**※を購入した。

それを食べ終えた頃に、ようやくフェリーがやって来た。ほとほと疲れた一夜だった。

アムスで一番危険な街 ～移民地帯を歩く～

※スーパー
「Albert Heijn To Go」という店。オランダ全土に850店舗あるスーパー「アルバート・ハイン」の系列店だ。「To Go」と付く店舗は、日本のコンビニのようなもの。駅構内にあるこの店は夜中もやっているが、掃除中で入れないことも多い。

※カップ麺
深夜の汁物は有り難い。しかし、お湯だけでなんと1・75ユーロ（228円）もする。

※中東系移民
元々は1950年代から、掃除や工場などの単純労働者を受け入れたことから始まった。当初政府は、契約期間を過ぎれば祖国に帰るかと思っていた。しかし祖国に帰っても仕事がないため、彼らはオランダに留まり、その後家族を呼び寄せる

たまたま深夜の街を歩くはめになった私だが、そこで一つの疑問が浮かんだ。アムスで一番危険な街はどこなのだろうか？　中心街以外にも、危険な場所はあるはずだ。

オスドルプのトラム「Osdorpplein」駅周辺。郊外のベッドタウンといった雰囲気。

早速アムス在住者に尋ねてみると、決まって同じような答えが返ってきた。

西の横綱はオスドルプ、東の横綱はバイルメルである。オスドルプはトルコやモロッコなどの※**中東系移民**、バイルメルは※**スリナム系移民**が多く住んでいる地域らしい。移民が多いだけで治安が悪いとは少し※**差別的**にも思われるが、両エリア共にスリや引ったくりが多く、歩きスマホをしているだけで狙われるという話も聞く。

実際はどうなのだろうか？　早速現地に行ってみた。

●中東系移民の街「オスドルプ」

まずはオスドルプだ。トラム17番に乗ること30分、「Osdorpplein」駅に到着した。乗り場の

などして数が増えていった。

※**スリナム系移民**
南米の小国であるスリナムは、1975年までオランダの植民地だった。その後独立したが公用語がオランダ語だったこともあり、オランダ国籍を取得してオランダに移り住む者が増えていった。現在その数はオランダ全土で35万人に及び、人口の2％を占めている。アムステルダム市内だけなら、およそ1割がスリナム系だ。

※**移民への差別**
近年、オランダでは移民排斥を訴える極右政党が台頭するなど、移民への風当たりが強くなっている。これは、2002年と04年に起きた暗殺事件（イスラム教を批判する政治家と映画監督が殺された）が引き金になったのではないかと言われている。ちなみに、アムステルダムは人口の約半分が移民だ。

メインストリートを歩くと、ヒジャブ姿の女性を見かけた。

前には、スーパー・アルバート・ハインの入ったマンションがある。

時刻は夕方5時を回ったところだ。人気はなく、閑散とした印象を受けるものの、郊外の閑静な住宅街といった感じで危険な匂いは感じられない。トラム乗り場の近くには、※**しゃがみこんだ少年の銅像**もあるが、説明書きはなく、さっぱり意味がわからない。

その脇を抜け、とりあえず目についた「※**HEMA**（ヘマ）」に入ってみた。

店内には、※**ヒジャブ**姿の女性たちがちらほら見受けられた。噂通り中東系移民が多い街らしく、店員にもヒジャブ姿の女性がいる。

レジでドリンクを買うと、店員にオランダ語で話しかけられた。思わず聞き返すと、即座に英語で言い直してくれた。何のことはない、「ポイントカードを持っているか?」という質問だった。恐らく現地の住人と勘違いされたのだろう。この地域に、旅行者が来ることは珍

※しゃがみこんだ少年の銅像
後で知ったが、この像はかのミケランジェロの彫刻「クラウチングボーイ」をモデルに作られた物のようだ。少年が足からトゲを抜いている姿だと言われている。

問題の少年像

※HEMA
オランダの雑貨屋チェーン。食材の他、家具なども扱う。

HEMA

しいはずだ。その割には周囲の視線を感じないのが、オランダらしいところだ。

HEMAを出て周辺を散策してみた。メインストリート沿いには、1階に商店の入った4階建てのマンションが長々と続いている。やはり時々、ヒジャブ姿の女性を見かける。

通りの奥へ進むと、周囲に8階建ての団地のような※高層住宅が増えてきた。

ベランダを見ると、巨大なパラボラアンテナを付けた家が多いのが気になった。移民の多くが、母国のニュースなどを衛星放送で見ているのかもしれない。人通りは少なく、少しわびしい印象を受けたものの、特に問題なさそうだ。

今度はトラム乗り場近くの、ショッピング街に行ってみた。

時刻は19時を回ったばかりだが、どの店もシャッターを閉じていた。相変わらず人気はなく、駅前なのに驚くほど閑散としている。

ようやく通り過ぎた人に尋ねると、このあた

ベランダに取り付けられたパラボラアンテナ。母国の放送を見ているのだろうか。

※ヒジャブ
イスラム教徒の女性が頭に被る布のこと。

※高層住宅周辺
周辺には水鳥もいる公園がある。この公園にも、何の説明書きもない意味不明な像がある。

シュールすぎる手作り感満載の像

駅前のショッピングストリート。とにかく人が全然歩いていない。

りの店は大体19時には閉まるらしい※。

ショッピングセンターに入ると、ぱらぱらと人影が見えた。フードコートの店舗はまだ開いているようで、テーブル席で談笑する地元民の姿が見える。

せっかくなので、珍しいスリナム料理を食べてみた。注文した※**サオトスープ**には、フライドポテトの細切りや、ゆで卵がまるごと1個入っている。パンチはないが、ほどよい塩加減のチキンスープでなかなかうまい。

その後、アジア系の女性がやっているお茶屋に寄って、話を聞いてみた。

彼女は生まれも育ちもアムスで、両親は上海出身らしい。オスドルプに住んで半年になるが、特に治安の悪さは感じないという。

「危険なのは東ですよ」と彼女は言った。

やはり、バイルメルのことを言っているのだろうか？

※オランダの閉店時間
閉店時間が早いのは不便。そこで毎週1回、木曜日などに「コープアーボント」と呼ばれるショッピングデーがあり、その日は21時まで営業している店も多い。

※サオトスープ
スリナムの伝統料理。鶏肉やもやし、ネギ、卵などが入ったあっさり味のチキンスープ。お店で頼むとライスがついてくる。スリナム料理店で3～5ユーロほど。

サオトスープ

結論を言うと、この街は中東系移民が多いだけで、夜間帯以外は特に問題ないようだ。

大勢の買い物客で賑わう、バイルメル・アレーナ駅の西側

●スリナム系移民の街「バイルメル」

東の横綱はどうなのだろうか？

翌日私は**バイルメル**※に行ってみた。このエリアには、およそ150カ国の人たちが10万人も住んでいるらしい。

最寄り駅は、アムステルダム・バイルメル・アレーナ駅だ。セントラルから**メトロ**※で20分の距離である。駅の西側には、オランダで人気のサッカーチーム・**アヤックス**※のホームスタジアムがある。周辺にはＩＭＡＸシアターやショッピングセンターもあり、地元の家族連れや観光客で賑わっていた。危険な匂いは全く感じられない。

今度は東側に行ってみることにした。

階段を上ると、大通りに出た。通り沿いには

※**バイルメル（Bijlmer）**
正式には「バイルメルミーア」といい、バイルメルはその略称。

※**メトロ**
アムステルダムの中心街と郊外を結ぶ鉄道。メトロには「地下鉄」の意味があるが、オランダのメトロでは地下を走る区間は少ない。

オランダのメトロ

※**アヤックス**
アムステルダムに本拠地を置くサッカークラブ。オランダトップクラスの強豪。

駅の東側に回ると、そこは別世界。住民構成がガラリと変わった。

世界的な金融グループであるＩＮＧなど、高層オフィスがまばらに並んでいる。人気はなく、やけに閑散としている。

しばらく通り沿いに歩いてみたが、特にめぼしいものはなく、ただのビジネス街といった印象を受けた。やはり、夜に来ないと危ない匂いは感じられないのだろうか？　そう思いながら、何気なく小路の角を曲がって階段を下りてみて驚いた。

……ここはアフリカか？

視界に入る、全ての人間が黒人なのだ。

小ざっぱりとしたレンガ畳のショッピングストリートに、黒人ばかりがたむろしている。ＨＥＭＡやケンタッキーやサブウェイもある普通の商業地区だが、細かい点が違った。ブティックのマネキンも黒人仕様で、商店のポスターも黒人モデルを起用したものが多いようだ。他には、赤提灯に「**啤酒**※**（ピンイン）**」と書かれた中華レストランや、スリナム料

中華料理店の提灯

※**啤酒**
中国語でビールの意。

理と中華料理店を抱き合わせた店などもある。

反対側のアリーナ周辺は圧倒的に白人が多かったのに、この差は一体何なのだろう？　いきなり異国に来てしまったような気分だ。

その日は休日のため、広場に行くと、何かイベントが行われていた。黒人の子どもたちが※**ダンスを披露**している。時々白人の姿も見られるが、その比率は1割程度で、後は全て黒人だ。アジア人の姿も見かけない。

屋根付きの市場。ここも黒人の姿が多かった。

通りの一角には、屋根付きの市場もある。肉屋や青果店、ブティックなども並んでいるが、こちらはやや寂れた印象を受けた。パン屋のお姉さんは※**電撃殺虫ラケット**をぶんぶん振り回しているし、ここだけ見ればアジアの市場にでも来たような気分になる。

腹が減ったので、表のレストランでカルボナーラ（10ユーロ）を食べてみた。塩気はなく、チーズの風味もほとんどしない。会計を済ませ

※ダンスイベント
ノリノリの子どもたち。治安の悪さは全く感じられない。

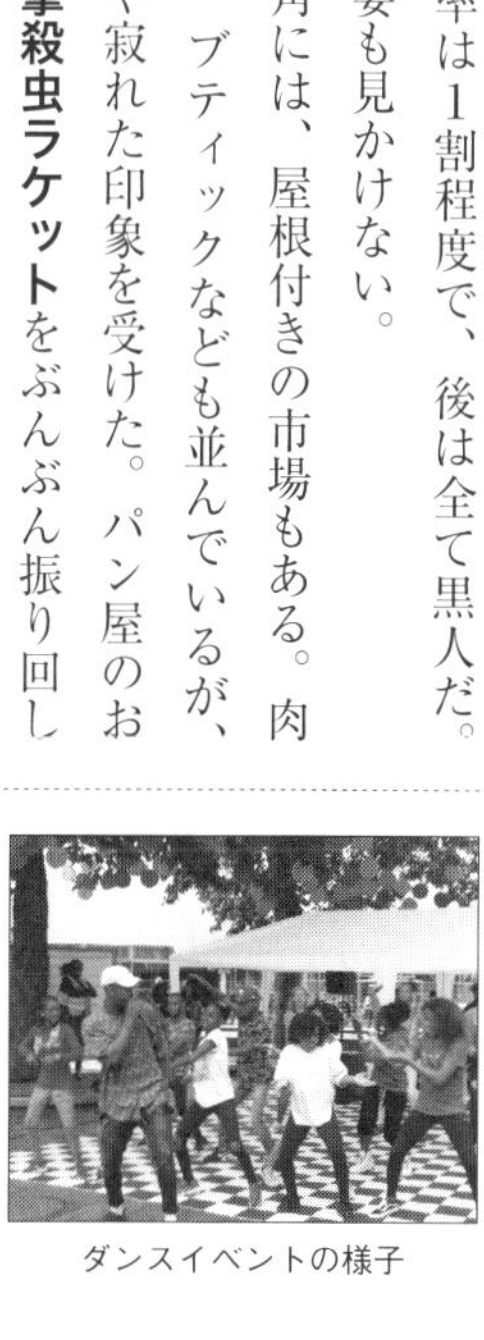
ダンスイベントの様子

※電撃殺虫ラケット
テニスのラケット型をした害虫駆除器。ボタンを押すとラケット面に電流が流れ、ハエや蚊などを一撃で撃退。

突如現れた巨大なマンモス団地。住民は黒人が多いようだ。

ると、黒人店員が「どうだった？」と尋ねてきた。「うまかったよ」と私はとりあえず答えた。毎度思うのだが、レストランで明らかにまずい物を出されて、「どうだった？」と聞かれても非常に困るのだ。※

　腹ごなしに周辺を歩き回っていると、どこからともなくマリファナの匂いが漂ってきた。しかし黒人が多いというだけで、特に危険な感じはしない。

　ところが高架の下を抜けると、空気が一変した。目の前には、殺伐とした※**マンモス団地**が広がっていた。緑溢れる敷地内に十数階建ての団地がどこまでも続いており、ぱらぱらと住人らしき人影も見える。盗難対策なのか、ベランダに自転車を置いている家も多いようだ。

　団地の公園では、小さな子どもたちが遊んでいた。夕暮れ時の麗らかな日差しも相まって、平和な空気が流れている。私も団地育ちなので、なんだか懐かしい気分になった。

※レストランでの返答
こんな話もある。イギリス旅行に行った知人は、レストランで名物のフィッシュ&チップスを食べたが、魚のフライには何のソースもかかっておらず、ただ油で揚げただけのものだったらしい。しぶしぶ口に運んでいると、調理したシェフが満面の笑みで現れ、「どうだい？」と感想を尋ねてきたそうだ。これにはさすがに返答に困ったという。

※マンモス団地
バイルメルは、オランダ最大の集合住宅群として知られる。元々は60年代に、近代的な郊外都市として大規模な開発が進められたことから始まった。ところが建設費が予想以上に高騰して、公園や駐車場などの施設が十分供

しかし、日本の団地とはやはり趣きが違った。団地の壁には、1階から最上階までド派手な※**グラフィティ**が描かれている。団地の下を抜ける通路の壁にも、鮮やかな原色系のグラフィティが見える。そこで写真を撮っていたのだが、住人たちは特に怪しむこともなく、無言のまま過ぎていく。声をかけてくる者以外は無干渉というオランダらしい風習は、この街でも浸透しているようだ。考えてみれば、これだけ移民の多い国なので、当たり前のことなのかもしれない。

マンションの側面には、トライバルな雰囲気のドハデなグラフィティが！

団地の一角を見ると、4階のベランダにいるおばちゃんが、地上にいる女に向かって何か声をかけていた。その後、おばちゃんはベランダから手袋らしき物を落とした。恐らくは、ゴミを捨てといてということなんだろう。

また別の棟では、入り口付近に青年たちがたむろしていた。こちらも3階のベランダにいるランニング姿のおやじが、彼らに向かって何か

給されず、荒れ果ててしまった。このため空き家率が上昇。そこへ当時急増していた、スリナム系などの移民たちがなだれ込んできた。当初は歓迎されたが、その後この地区の犯罪率が上昇し、オランダでもっともイメージの悪い地域になった。また、92年には団地に飛行機が墜落する事故が発生し、43名の犠牲者を出した。このように、負の歴史を抱えたバイルメルだが、現在は落ち着いているようだ。

※**グラフィティ**
スプレーなどで描かれた落書きのこと。

わめいている。その後も、ベランダから下に向かってわめく人たちを度々目撃した。下に降りるのが面倒くさいのだろうか？

先へ進むと、他の棟の壁にも巨大なグラフィティが描かれていた。

デザインは黒人女性のイラストだったり、太陽や、蛇、天使などをモチーフにしたポップなものだったりと、いずれも特大サイズで見る者を圧倒する。※

団地の終点まで来ると、スリナム国旗を掲げたトタン製の小屋が建っていた。

看板には、「アフリカンフード」とある。中に入ってメニューを見ると、魚料理や、赤いシチュー、バナナを揚げたものなど、見慣れない料理の写真が並んでいる。

店内は狭く、若い女性店員が1人で働いていた。ショーケースの中には、大ぶりの魚をまるごと揚げた物が並んでいる。

「ティラピア」と「レッドフィッシュ」という魚（共に3ユーロ）を頼んでみると、こんがりときつね色をした魚の素揚げが出てきた。淡白な白身魚で塩気もなかったが、付け合わせのディップが抜群にうまい。トマトとタマネギのみじん切りをベースに、何かスパイスが入っているようだ。かなりの辛味があるが、トマトの酸味と相まってさっぱりと食べられる。素朴な味だが、ただ揚げただけの魚はしみじみうまかった。

店員の女性は、生まれも育ちもこのマンモス団地らしい。まだ20歳前後に見える彼女だが、この先どんな人生を送るのだろう？

※団地のグラフィティ
落書きが多い街は治安が悪いと言われているが、この団地の絵に関しては何の邪念も感じない。じっと見ているだけで、不思議と気分が和んでくる。

黒人女性のグラフィティ

小さな女の子のグラフィティも

【左】アフリカンフードの店【右】ティラピアの素揚げ（3ユーロ）

私はこの素朴な店に来て、なぜかバイルメルが好きになった。なんだかとても落ち着く店なのだ。「こいつは世界一のディップだよ」と褒めると、彼女はとても喜んでくれた。

店を後にすると、目の前にはまた別の団地群が広がっていた。今度はそれぞれの棟に象やライオン、イルカなどの動物が描いてある。動物の名前が、そのまま棟の名前になっているようだ。思わず、幼稚園時代の記憶に浸ってしまう。

団地を抜けると、5階建ての※**カラフルなアパート**が並んでいた。南国風の陽気な壁画が、殺伐とした街並みに彩りを添えている。じっと見ていると、私のすぐ脇をレゲエをガンガン響かせた車が過ぎていった。やはり、この街は※**別世界**だ。

先へ進むと、メトロの駅がある。その手前のガード下にはベタベタとポスターが貼られ、大量のグラフィティもある。団地のグラフィティと違って、治安の悪さを物語る殴り書きのようなものだった。その線路を挟んだ向こう側には、オフィスビルが整然と聳えているのだから奇妙なものだ。

南国風味満載の団地と、高層ビル群が線路を挟んで向かい

※カラフルなアパート
黄、青、赤、緑、白と5色で綺麗に塗り分けられたアパートもあった。とても鮮やかで目立っていた。

カラフルなアパート

※別世界
アパートの壁には、魚をモチーフにした独特な壁画もあった。

独特な魚の壁画

合っているのだ。バイルメルとは、つくづく不思議な街である。

駅のホームへ行くと、黒人の若い男が行き交う人々に声をかけていた。ところが、なぜか全員から無視されている。ほどなくして、彼は私にも声をかけてきた。どうやら彼は切符を失くしてしまったらしい。2ユーロあれば帰れるので、恵んでくれないかという。

気前よく恵んでやると、彼は大喜びで拳を突き出してきた。そうしてすぐに電車に乗り込んだ。どうせ乗り口とは別の出口から降りて、また誰かに小銭をたかるのかと思っていたが、電車の過ぎ去ったホームにいたのは、私1人だけだった。

なんだか夢でも見たような気分で、私はバイルメルを後にした。

ゲイの祭りに行ってみた

世界で初めて同性婚を認めたオランダでは、「ゲイ・プライド」と呼ばれる※**LGBT**の祭典が毎年開かれている。7月末から8月上旬にかけて、1週間ほど行われるこの祭典には、世界各国からおよそ50万人の人々が訪れる。期間中は、方々の店先に、虹色のフラッグや※**風船の飾りつけ**、「ゲイ・プライド」ののぼりが施される。お祭り期間に入っても、イベントは限られた場所で行われるため、あまり目にすることはない。しかしメインの※「**カナル・パレード**」の日だけは別だ。この日ばかりは、世界中から多くの観光客がアムスの街に押し寄

※LGBT
レズビアン（L）、ゲイ（G）、バイセクシャル（B）、トランスジェンダー（T、心と体の性別が一致しない人）の頭文字を合わせた言葉。いわゆる性的少数者を指す。

※風船の飾り付け
飲食店などの入り口も、虹色の風船で彩られる。

風船で飾り付けられたFEBO

※カナル・パレード

せる。もちろんお祭りには、同性愛者のみならず、誰でも自由に参加できる。
そんなわけで、8月に入ってまもない土曜の昼下がり、パレードに足を運んでみた。

セントラルの電光掲示板。「ゲイ・プライドにようこそ」とある。

●アムスの街がゲイ一色に！

その日、セントラルステーションの前には、多くの人々が集まっていた。普段から混雑している駅前だが、この日の混雑ぶりはひとしおで、電光掲示板には「ゲイ・プライドにようこそスリに注意」という文字が表示されている。

大通り沿いに歩いてみたが、会場の場所がよくわからない。

誰かに聞こうかと思っていると、男だらけの7人組の集団に、虹色の鉢巻をした男がいた。カナユアン・マクレガー似のイケメンである。カナル・パレードの会場を尋ねると、彼らもわからないので、とりあえず人の流れに沿って歩いてみるつもりらしい。礼を言って去ろうとする

アムステルダム・ゲイ・プライドのメインイベント。派手に飾り付けた80隻ほどのボートが、プリンセングラハト運河を航行。数千人規模の見物客が運河沿いに集結する。

【左】大勢の参加者でごった返す運河への道【右】「GAY O.K.」のＴシャツを着た女性

と、ユアン・マクレガーが、意味深な目つきで私を見つめながら言った。

「君にとって、よいパーティーであることを祈っているよ。楽しもう」

そう言って、彼はウィンクしてきた。私がもしゲイならば、確実にオチていたことだろう。

聞き込みを続けると、カナル・パレードの現場は、「プリンセングラハト」というライツェ広場近くの運河であることがわかった。ぞろぞろと前を行く人波を追うと、レインボーフラッグをマントにした男や、「GAY O.K.」と文字の入ったTシャツ姿の女性もいる。フリーハグを呼びかけているイケメンもおり、早速おばちゃんが抱きついていた。誰もが楽しげな顔を浮かべており、微笑ましい空気が流れている。

やがて目当ての運河にたどり着いたものの、人が多すぎてほとんど何も見えなかった。オランダ人の※**平均身長は世界一高い**ので無理もないだろう。

困っていたのは私だけではなかった。ギャラリーの中に

※平均身長は世界一高い
オランダ人の平均身長は男性が184センチ、女性が171センチ。以前、アムスで開かれたマドンナのコンサートに行った時、革ジャン姿の中高年たちに視界を阻まれた苦い思い出がある。

※メッセージを記したボード
メッセージの内容は、同性愛への差別を失くすことを訴

【左】運河をパレードするボート【右】ボートの上にはご覧のような方も

は、他人の自転車の上に勝手に上がって写真を撮る人や、交通標識にまたがっている人、なかにはトラムの停留所の屋根に座ってパレードを観る人もいた。近所の住人は窓から優雅に見物しており、窓枠の上に座ってワインを飲んでいる人もいる。危なくないのだろうか？

どうにか人混みをかき分けて、最前列まで進むも、やはりあまりよく見えなかった。運河沿いには、停泊したボートがずらりと並んでおり、そこからグループ客が立ったまま運河を眺めているからだ。非常に見づらいが、その隙間からパレードの様子が垣間見えた。

カラフルな風船や人形などで彩られたボートに、揃いの衣装に身を包んだ人たちが乗っていた。彼らは観客たちに手を振ったり、※**メッセージを記したボード**を掲げている。

他には性別記号を描いた旗もあった。私は知らなかったが、♂（オス）や♀（メス）以外にも、ゲイ（⚣）やレズビアン（⚢）、トランスジェンダー（⚥）や、※**ジェンダーレス**（○）を表す記号もあるようだ。

えたり、世界平和を訴えるものが多い。たとえば、「NO HATE（憎しみをなくそう）」という旗だったり、「生きろ！」というシンプルなプラカードだったり、「XY染色体で女性である誇り」と書かれたボードだったりする。男性はXY染色体、女性はXX染色体とされているが、男の染色体を持っていても、心は女性であることを訴えているのだろう。

「NO HATE」のメッセージボード

※ジェンダーレス
男女の性別をなくそうという社会運動。

ボートに乗った人たちの中には、白いビキニ姿のおじさんだったり、マッコ・デラックス風の人だったり、なかには「ミスター・レザー」というたすきをかけた、ハードゲイファッションに身を包んだみなさんもいる。彼らは青黒白の横縞に、ハートマークをあしらった旗を掲げている。後で知ったが、これは「**レザー・プライド・フラッグ**」※と呼ばれるもので、レザー製の服を好んで着る人たちのシンボルらしい。

それぞれにメッセージを訴えているが、デモのように押しつけがましい印象は受けない。快晴の空の下にはチンコ型バルーンなども浮かんでおり、平和な空気が流れていた。

●個性豊かなパレードの参加者たち

運河を後にすると、今度は周辺をうろついてみた。みんな好き勝手に煙草をポイ捨てしているが、日本人の私はもちろん、携帯灰皿の呪縛から逃れることができない。

一服していると、目の前を様々なゲイカップルが過ぎていった。揃いの南京錠のネックレスをつけたカップルに、裸にジーンズ姿で手を繋いで歩く2人組の男、なかには全身タトゥーだらけのハードゲイの姿もある。一方、ウェディングドレス姿の女性と、黒系の服を着た女性2人組は、レズビアンのカップルだろうか。

何か声をあげながら、メッセージボードを掲げている男もいる。話しかけてみると、オランダ語で「ヘイ　ゲ～イ！」とボードに書いてあるらしい。

※レザー・プライド・フラッグ

パレードでは見なかったが、「ベアフラッグ」と呼ばれる旗もある。これは体毛が濃くて、熊のように大きな男性の同性愛・両性愛コミュニティのシンボルである。かつて無毛で若いことがゲイの花形であったなか、もじゃもじゃのおでぶさんたちが独自のコミュニティを築いたようだ。日本語では「熊系」と訳されており、シンボルのベアフラッグには、熊の手型が入っている。

レザー・プライド・フラッグ

【左】仲睦まじいゲイのカップル【右】強烈なタトゥー姿の参加者もいた

その呼びかけに、はしゃぎながら応じる者がいた。オタク風の男がにこにこしながら近づいていく。すると今度は、オタク男がボードを受け取った。どうやら名乗り出たゲイに、順次ボードを手渡していくという仕組みらしい。その場を後にしても「ヘイ　ゲ～イ！」という叫び声が、いつまでも耳の中で巡った。

喉が渇いたのでビールを探して歩いていると、タイミングよくビールの売り子がいた。ハイネケンで1缶2・5ユーロだが、5ユーロ渡すと一方的に2缶渡して去っていった。

このお祭りに乗じて商売をやっている店も多く、トイレを2ユーロで貸し出している店や、発電機を使った即席のコロッケ自販機もある。ちなみに、男子の場合はところどころに※**仮設トイレ**があるので便利だ。

それから1時間以上も人混みのなかを歩いて、すっかりくたびれてしまった。

なんだかえらくごきげんな声がしたので、そちらを向くと、男たちが車のボンネットをテーブル代わりに、ジョイン

※仮設トイレ
仮設トイレにも幾つか種類がある。ゲイ・プライドで多く見たのが、1基で4人の男が同時に立ち小便できるタイプだ。場所を取らない優れものだが、小便風景を後ろから見られるのはなんとも間抜けである。アムスの街には、他にも男性限定の渦巻き型トイレがある。こちらは周囲から自分の姿を見られることはないが、小便をしていると、網の目越しに外の風景が見えるので、通行人の視線が気になる。

4人同時OKの仮設トイレ

トを巻いている。なるほど……**こんな時こそ一服だ**※。

近くにコーヒーショップがあったので避難した。ゲイ・プライドは大盛り上がりなのに、コーヒーショップは意外なほどスカスカだ。

●ボーズ頭のレズビアンと手を繋ぐ

ほどよい酩酊気分のまま、私は店を後にした。すると、爆音を流しているボートが目に入った。その周りでは、たくさんの人たちが踊っている。そうか。こんな時こそ踊りだ。私の踊りは下手糞だが、海外のクラブで踊っていると、不思議と人が寄ってきたものだ。

案の定、**ノリノリで踊っている**※と、ブロンドヘアーの若い女が声をかけてきた。

彼女はポーランドから、相方の女と来たレズらしい。相方は恰幅の良い、寡黙な女だった。私がブロンド女と盛り上がったためか、デブの方がやや不満げな顔を浮かべた。ヤキモチを焼いているのだろうか？　私はビールを買って来ると言って、速やかにその場を後にした。

少し離れた場所でまた踊っていると、今度は虹色の髪をした女が話しかけてきた。彼女はドイツ人だったはずだが、ブリブリだった私は何を話したのか覚えていない。

彼女の連れがバーの中で踊りたいと言い出した。しかし店内は満員御礼だった。窒息寸前で、踊るスペースはほとんどない。私は彼らと別れ、別の場所に移ることにした。

再びノリノリで踊っていると、またしても女から声をかけられた。

※こんな時こそ一服だ
パレードそのものは悪くないのだが、どこもかしこもグループ客ばかりで、私はすっかり孤立していた。たとえるなら、ディズニーランドに1人で来てしまったような状況か。英語も日常会話レベルな上に、ゲイでもない。シラフでは楽しめないと思ったのである。

※ノリノリ
ノリノリで踊っていると、外国人から声をかけられやすい。カメラを向けると、誰もが笑顔で応じてくれた。

ノリノリなギャル

最初に声をかけてきたレズカップル（左）と、次に話しかけてきた虹色の髪の女の子（右）

彼女たちは、ルーマニアから来たレズビアン3人組だった。ブリブリだった私はまたしても記憶が飛んでしまうのだが、気がつくと、坊主頭のボーイッシュな女となぜか手を繋いで歩いていた。

それを見て、不機嫌そうな顔をしたのが連れの女だ。もしかすると、坊主頭の女に気があるのかもしれない。私が加わったことを、あまり好ましく思っていないように見えた。

更に間の悪いことに、私が缶ビールの栓を抜いた時、あろうことか、ビールの飛沫が彼女の服に炸裂してしまった。私はビールをおごると言って謝ったが、彼女はぶつくさ不満をこぼし始めた。坊主頭の女がなだめるも、すっかり機嫌を損ねてしまったようだ。私は再び速やかに退散した。

パレードに来てから、3時間が経過した。さて、もうそろそろいいだろうか。なんだかすっかり人疲れしてしまった私は、家路についた。その途中、「**ザ・ウェブ**※」の前を通ると、ものすごい人混みができていた。

ついでにレズバーはどうなっているのかと思い、少し遠い

※ザ・ウェブ
窓のない緑の建物が威圧的。アムスでも有名なゲイの社交場のひとつ。本物志向の人が集まるといわれる。店内には絶えずゲイビデオが流れており、2階にはハッテン場の暗室もある。普通の店だと思ってうっかり入ると、方々から視線を感じることになるので注意。
【店名】The Web
【住所】Sint Jacobsstraat 6
【営業時間】13時～25時（金土は26時まで営業）
【HP】http://thewebamsterdam.nl/wp/

ザ・ウェブ

が「**カフェ・サーヘン**[※]」に行ってみることにした。

現場につくと、こちらも店の前に女性たちが溢れていた。若い女性は皆無で、おばさんだらけだ。店内に入ってビールを頼むが、女性ばかりなのでもちろん落ち着かない。男性も1人いたが、いかにもゲイで女性客の連れのようだ。

オランダのレズバーは日本のレズバーと違って、男でも入店できる。しかし孤立無援の状態でビールを飲むのは息苦しいものだ。私はあっという間にビールをたいらげて店を出た。

まもなく日が暮れそうだが、ダム広場では音楽イベントをやっていた。まだまだ遊び足りない若者たちで賑わっている。しばらくじっと見ていると、どこからか「ヘイ　ゲ～イ！」と陽気な声が聞こえてきた。

個人的な感想を言うと、カナル・パレードは、見世物としては少し見れば満足する程度のものだ。しかし、世界中から同性愛者の訪れるこの祭典には、他のお祭りにはない、平和で穏やかな空気が溢れている。ゲイ・プライドは観るよりも肌で感じろ！　それが私の感想だ。

ビルを不法占拠!?　スクワット物件を訪ねる

アムステルダムのサブカルチャーを語る上で外せないのが、スクワットの存在だ。

※**カフェ・サーヘン**

1978年年創業のレズビアンバー。内装はごく普通のバーで、レインボーフラッグがなければ、普通のバーと見分けがつかない。コーヒーショップ「イエステフープ」から徒歩圏内。

【店名】Café Saarein

【住所】Elandsstraat 119-HS

【営業時間】16時～25時（日火水木）、16時～26時（金）、13時～26時（土）月曜定休

【HP】http://www.saarein2.nl/

カフェ・サーヘン

※**スクワット**とは、不法占拠のこと。廃屋や廃ビルに勝手に住み着くことで、そうした不法占拠をする人々を「スクワッター」と呼ぶ。スクワットは、反資本主義の思想を背景に、1960年代からヨーロッパの各地で行われてきた。

10年前に撮影した写真。左は当時有名だったスクワット物件「スネークハウス」

もちろんスクワットは違法なのだが、オランダでは1994年から、住宅不足を防ぐために、スクワットが認められるようになった。法規制が整備され、1年以上居住者がいない物件に限ってスクワットできるようになったのだ。つまり1年以上の空き家なら、他人の家を乗っ取ることができるのである。

これには理由がある。オランダでは街の景観を保つために、日本のように好き勝手に建物を建てることができない。そのため、物件を持っていても貸さずに寝かせたままにしておいて、投機目的で価値が上がるのを待つオーナーが後を絶たなかった。このような状況を打破するた

※**スクワット**
スクワットには、合法的な「アンチスクワット」という方法もある。これは主に金のない学生が、物件のオーナーの合意の上に、短期間だけ安く住むことだ。たとえば物件の次の買い手が見つかるまでの間や、建物が取り壊されるまでの間だけ住むことができる。オーナー的には、彼らがいることで、スクワッターたちの侵入を阻めるなどの防犯上のメリットもある。ただし、突然家を出なければならなくなったり、物件の買い手が下見に来ることもあるので落ち着かないようだ。

めに、法律でそのような取り決めがなされたのだ※。

物件を乗っ取るスクワッターたちは、週1回開かれるミーティングなどに参加して空き家と思われる物件に目をつける。そして仲間たちと共に、入り口の前にマッチ箱を置いたり、ドアにテープをつけたりして、1、2週間ほど様子を見る。この時マッチやテープに動きがなければ、空き家と判断するようだ。こうして彼らは集結してピッキング作業を行う。ピッキング自体は違法のため、警察に見つかれば逮捕されかねない。ところが一度ドアを開けて、室内に※**テーブル、椅子、ベッド**を入れて、鍵を付け替えれば居住権を主張できるのだ。その後は、警察と物件のオーナーも立ちあって交渉となる。

オーナーは当然怒り狂うが、彼らを追い出すためには、裁判を行わなければならない。また、オーナーは建物をどのように使うのか、具体的なプランを示す必要がある。

そうしたごたごたの間に、スクワッターは住むことができるのだ。しかし、実際のところは長く住めるのは稀で、大体は数日から数週間の間に追い出されるケースが多いらしい。立ち退きを拒んでも、機動隊が来て追い出されてしまうようだ。運がよければ、オーナーとの交渉次第で長く住めることもあるという。たとえば取り壊し予定の建物に、壊されるまでの間だけ住んだり、交渉した家賃を支払って住むことができる。市内にはそうした物件がいくつかあり、中には一般にも開放している建物もある。住人たちはそこで格安のバーやヨガ教室、映画館など、様々なイベントを開いてその収益を光熱費に当てているのだ。

※スクワットの余得
経済的弱者を救うための政策であったが、思わぬ余得を生んだ。かつて空きビルは、マフィアのドラッグ取引に利用されるなど犯罪の温床であったが、スクワッターが入り込むことで、そうした犯罪の現場に使われにくくなったのである。

※テーブル、椅子、ベッド
ゴミ捨て場から拾ってきた物が多い。スクワット決行日には、100名以上の大所帯が集まって建物を取り囲むこともある。夜中ではなく、日曜の午後3時など、白昼堂々と行われることが多い。

スクワッターたちが家を乗っ取るのは、もちろんお金がないからだ。彼らの多くはアーティストや学生、ＥＵ諸国からやって来た貧しい若者たちだ。思想的には、資本主義を嫌った反体制的な者が多い。カウンターカルチャーを標榜するだけに、パンキッシュな見た目の人が多いのも特徴だ。その割には、ベジタリアンが多いのも面白いところである。

……ところまでが、以前の状況だった。ところが、スクワットに頭を痛めたオーナーたちの反発にあい、オランダでも、２０１０年から**スクワットは違法化**※されてしまった。違反すると、原則1年以上の禁固刑になるようだ。

しかし、今でも時々スクワットが行われているという話も聞く。実際はどうなのか？

早速現場を訪れてみた。

パンクな雰囲気が漂う「フランクライク」

●街中の無法地帯「フランクライク」

「**フランクライク**※」は80年代初頭にスクワット

※**スクワットの違法化**
違法化された日には、アムス市内で暴動が発生した。一部のスクワッターたちは警察に石やレンガ、瓶を投げつけたりした。また彼らは、道路に自転車やフェンスでバリケードを作ったり、火炎瓶を投げたりもした。このため、警察は装甲車や馬、ブルドーザーや放水車などを出動するはめになった。

※**フランクライク**
水曜はＬＧＢＴ関連のイベント、金曜はパンクイベントが22時からあり、その前にベジタリアン料理の食事会（5ユーロ）がある。土曜は様々な音楽イベントを行っている。イベント自体の入場料は寸志の場合が多い。詳細はＨＰを確認のこと。
【店名】Vrankrijk
【住所】Spuistraat 216
【営業時間】19時～25時（水金土）
【ＨＰ】http://vrankrijk.org/

入り口の前にはたむろする若者たちの姿がある

された建物だが、現在は建物が買収され、住人が家賃を払って合法的に住んでいる。セントラルからアクセスもよく、建物の外壁を覆う巨大なグラフィティは一見の価値がある。1階はバーになっているが、店内で住人が暴行事件を起こしたために、数年前まで営業停止をくらっていたらしい。

現在はどうなっているのだろうか。

10年ぶりに訪れてみると、入り口の前には、パンキッシュな若者たちが地べたに座り込んでいた。タトゥーだらけのパンク野郎もいて、なんだか入りづらい。

「フランクライク」の斜向いにあるスクワット物件は、大きく様変わりしていた。

かつてここには、1階から5階まで巨大な蛇の絵が描かれた建物、通称「**スネークハウス**」※があった。しかし現在はかろうじて建物は残っているものの、蛇の絵は綺麗に消され、文字通り蛇の抜け殻のようになってしまった。建物

※**スネークハウス**
なかは住居の他、アートの展示会場や、無料の映画館として使われていた。巨大な蛇の絵には、邪気を払う仁王像的な意味が込められていたらしい。ちなみに、この蛇をデザインしたのは元住人の女性で、現在は南米に移り住み、アヤワスカを使ったスピリチュアルワークショップを開いているという。

の隣にはクレーンが伸びており、改修工事が行われているようだ。この家には、30年以上前からアーティストたちが住んでいたはずだが、スクワットの違法化と共に追い出されてしまったのだろうか※？

左の建物が現在のスネークハウス。まさしく蛇の抜け殻。

　なんだか寂しい気持ちに包まれながら、フランクライクの店内に入った。

　テーブル席が並んだフロアの奥に、半円形のバーカウンターがある。

　資本主義を嫌っているだけに、ビールは小瓶で1・6ユーロと安い。事前にHPで調べると、その日は夜10時から、ドラッグクイーンなどが登場するイベントがある予定だった。それまでの時間は、5ユーロでベジタリアン料理が食べられるらしい。

　店のスタッフは、4人共女性だった。短髪のモロッコ系に、タンクトップの※**アジャ・コング**風、タトゥーだらけの眼鏡の女、フランス人の太った女。彼女たちはいずれもここの住人では

※スネークハウスのその後
後日調べてみると、やはり住人たちは追い出されてしまったようだ。当初は物件のオーナーが公団住宅を扱う会社だったために、金のない住人たちは歩み寄りができるのではないかと期待した。しかし、この会社が一帯の物件を買い占めて、富裕層向けのマンションやショップを作ろうとしていることを知って、騙されたような気分になったという。その後も抵抗を続けたが、結局出ざるを得なくなってしまったようだ。

※アジャ・コング
東京都出身の女子プロレスラー。名前は「アジアのキングコング」に由来している。

なく、**ボランティア**[※]で働いているらしい。そのためか接客もゆるく、度々外で煙草をふかしている人もいた[※]。

カウンター席の裏手の壁には、「NO PHOTO（撮影禁止）」、「NO PIN（カード使用不可）」、「FUCK THE POLICE（くたばれ警察）」、「FUCK THE STATE（くたばれ国家）」など、威勢のよい言葉が並んでいる。権力に立ち向かう、彼らの**反骨精神**[※]が滲み出ている。

トイレに行くと、左右に落書きだらけのグレーのドアが並んでいた。ところが、どちらが男性用なのかわからない。右手のドアを開けると、中もやはり落書きだらけで個室のドアが並んでいる。左手のドアを開けると、個室は1つだけだ。

スタッフに聞くと、トイレのドアは、わざと性別がわからないようにしているらしい。基本的に、彼らは**ジェンダーフリー**[※]的な考えのようだ。そのため、男性だろうが女性だろうが、自分の好きな方のトイレを選べるようにしてあるのだという。実際、後で右手のトイレのドアを開けてみると、女性の利用者に混じって困惑した顔つきの男がいた。なかなか面白い試みである。

ビールを1本飲んだあたりで、私はスタッフにスクワットの現状について尋ねてみた。

聞けば、違法になったスクワットだが、やはりまだ行われているらしい。しかし、詳細を聞こうとすると、短髪女とアジャ・コングの顔が見る間に険しくなっていった。挙句の果てには、スクワットの情報交換用の掲示板のＵＲＬを渡されて、「ここで調べてくれ」と言わ

※ボランティア
資本主義に真っ向から対立するスクワット物件では、スタッフもボランティアで働いていることが多い。

※店員の喫煙
オランダのバーなどでは、店員が外で煙草を吸う光景がよく見られる。日本だと裏口付近でこそこそ吸う者が多いが、オランダでは入り口の前で堂々と吸うのが常だ。

※反骨精神
スクワット物件ではよく「政府をブッ倒せ！」「くたばれ、警察！」といったスローガンを目にする。どこまで本気で考えているかはわからないが、政府や警察はいわば彼らの仇敵。アナキストが多いのは確かだろう。ちなみに、以前フランクフルトイクの壁には、「EAT THE RICH（金持ちを食っちまえ）」と書かれていた。

れてしまった。この店では、定期的に学生向けのスクワットミーティングをやっているはずだが、彼らは関わりがないらしい。それ以上のことは話したくないという感じだった。

それから妙な空気が流れてしまった。スタッフが私のことを不審に思ったのか、なんだか険悪なムードになってしまったのだ。これも、スクワットが違法になった影響なのだろうか……。

孤立した私は、カウンター席で酒を飲んでいたオランダ人の青年に話しかけた。だが会話はさして盛り上がらず、青年はスマホを眺め始めてしまった。

短髪女が「**クスクス**[※]を食べたい人は順番待ちだから、ボードに名前を書いて」と言った。

客席を見ると、ほとんどの者が料理を食べていた。血の滴るステーキが似合いそうなレザーファッションのロックな中年も、野菜だらけのクスクスにご満悦の表情だ。

落書きだらけの男子トイレ。左の流し台のようなものが小便器だ。

※ジェンダーフリー
性別にこだわらない生き方をしようという考え方。ジェンダーレスが、男女の性別そのものをなくそうという考え方であるのに対し、ジェンダーフリーは男性・女性共に、スカートだろうがズボンだろうが好きな方を選ぶ権利があるとしている。

※クスクス
小麦粉から作るそぼろ状の料理。主に北アフリカで食べられる。

腹はあまり空いてなかったが、手持ち無沙汰になった私は、とりあえず名前を書いてみた。その後、外に煙草を吸いに行った。

隣の住人が迷惑そうな顔つきで、※**地べたに座り込んだ若者たち**を一瞥して去っていく。前を過ぎるおばさんも顔をしかめている。スクワッターに対するオランダ人の印象は、コーヒーショップ同様、千差万別のようだ。学生など、貧しい若者が不法占拠するのは大目に見てあげようと理解を示す人もいれば、彼らのことを嫌っている人もいるらしい。

表の窓を見ると、様々なビラが貼られてある。たとえばこんな内容が書かれていた。

「ツーリスト諸君！　今すぐオランダを出ていくのだ。君たち外国人がこの国で受け入れられる唯一の理由は、君たちの財布の中に入っている、ただの紙切れのおかげなのだよ。それは国境を取り除き、あらゆる愛情を勝ち取り、あらゆる親切を保証する物だ。それがマネーなのだ。（中略）君たちは、オランダ政府によって仕組まれた貧しき人々に対する戦いのための、資金を調達してはならない。そして君の知り合いにこの言葉を広めるのだ。『オランダは、人種差別国家だ！』」

スクワッターたちの多くは左系の思想である。そのためか、中には移民の権利を守ることに熱心な者もいる。10年前からこのスタンスは変わっていない。パンク系イベントの多い

※スクワッターの若者
10年前にここを訪れた時は、鼻ピアスをしたフィンランド人の美少女スクワッターがいた。資本主義に反発している彼女の将来の夢は、「友達と一緒に田舎に住むこと」。その欲の無さに、頭が下がる思いがした。

「フランクライク」だが、時にはアイルランドの難民支援団体への資金調達イベントや、**プ**※**エルトリコのハリケーン被害者**への募金活動など、グローバルな問題に対して活動しているようだ。人は見かけによらないものである。

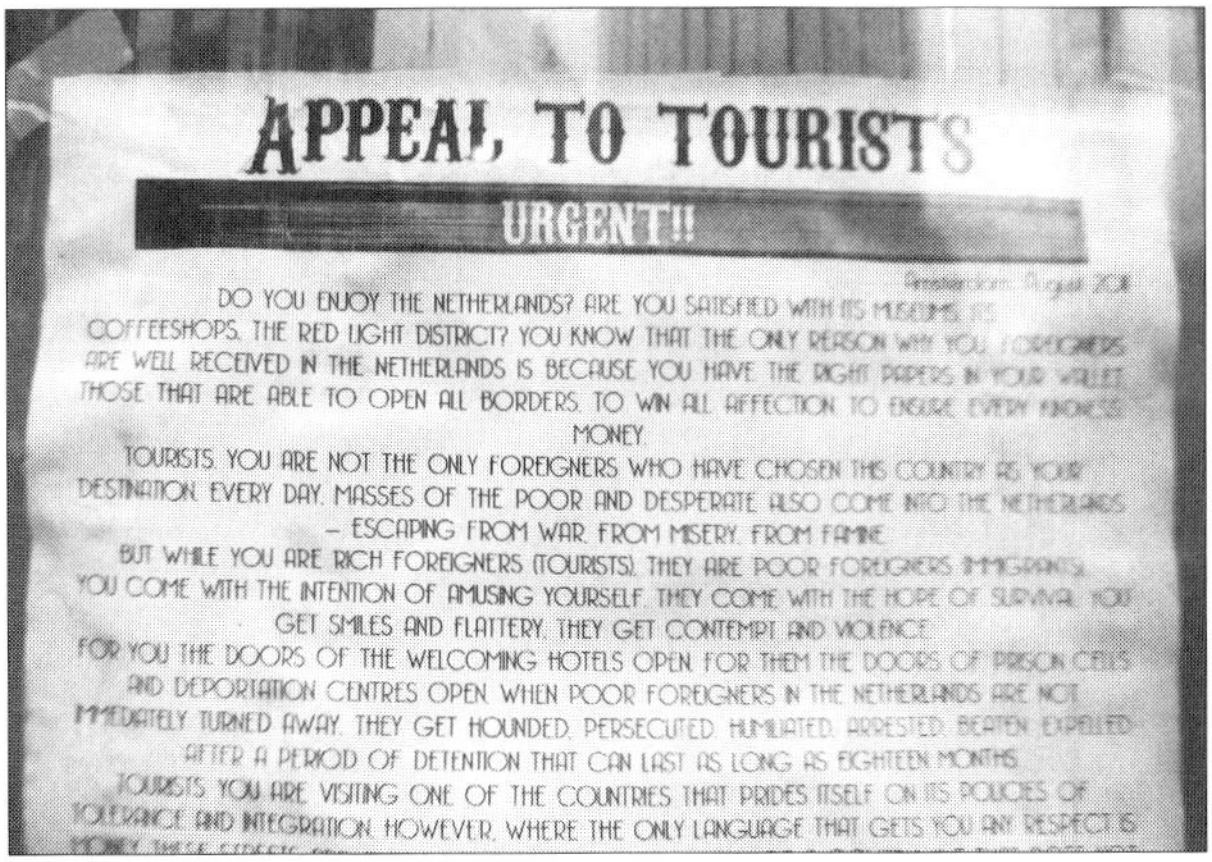
APPEAL TO TOURISTS
URGENT!!
Amsterdam, August 2011
DO YOU ENJOY THE NETHERLANDS? ARE YOU SATISFIED WITH ITS MUSEUMS, ITS
COFFEESHOPS, THE RED LIGHT DISTRICT? YOU KNOW THAT THE ONLY REASON WHY YOU, FOREIGNERS
ARE WELL RECEIVED IN THE NETHERLANDS IS BECAUSE YOU HAVE THE RIGHT PAPERS IN YOUR WALLET,
THOSE THAT ARE ABLE TO OPEN ALL BORDERS, TO WIN ALL AFFECTION, TO ENSURE EVERY KINDNESS:
MONEY.
TOURISTS, YOU ARE NOT THE ONLY FOREIGNERS WHO HAVE CHOSEN THIS COUNTRY AS YOUR
DESTINATION. EVERY DAY, MASSES OF THE POOR AND DESPERATE ALSO COME INTO THE NETHERLANDS
– ESCAPING FROM WAR, FROM MISERY, FROM FAMINE.
BUT WHILE YOU ARE RICH FOREIGNERS (TOURISTS), THEY ARE POOR FOREIGNERS (IMMIGRANTS).
YOU COME WITH THE INTENTION OF AMUSING YOURSELF, THEY COME WITH THE HOPE OF SURVIVAL. YOU
GET SMILES AND FLATTERY, THEY GET CONTEMPT AND VIOLENCE.
FOR YOU THE DOORS OF THE WELCOMING HOTELS OPEN, FOR THEM THE DOORS OF PRISON CELLS
AND DEPORTATION CENTRES OPEN. WHEN POOR FOREIGNERS IN THE NETHERLANDS ARE NOT
IMMEDIATELY TURNED AWAY, THEY GET HOUNDED, PERSECUTED, HUMILIATED, ARRESTED, BEATEN, EXPELLED
AFTER A PERIOD OF DETENTION THAT CAN LAST AS LONG AS EIGHTEEN MONTHS.
TOURISTS, YOU ARE VISITING ONE OF THE COUNTRIES THAT PRIDES ITSELF ON ITS POLICIES OF
TOLERANCE AND INTEGRATION. HOWEVER, WHERE THE ONLY LANGUAGE THAT GETS YOU ANY RESPECT IS
旅行者に向けたビラ。内容は右のページを参照のこと。

再びカウンター席に戻ると、短髪女が客席に向かって呼びかけた。残念ながら、クスクスは品切れのようだ。それは別に構わないのだが、相変わらず手持ち無沙汰な時間が続いた。

スマホに釘付けだった隣の青年もクスクスを食べ始め、左隣では、スタッフの短髪女もクスクスを口に運んでいる。2人のクスクスに挟まれた私は、完全に孤立無援である。

どうすればいいだろう……？

私は秘策を打つことにした。アジャ・コングに、オリジナルTシャツを買いたいと申し出たのだ。バーカウンターの上には、Tシャツ（10ユーロ）という文字が出ていた。

黒地に「フランクライク」のロゴが入った、

※プエルトリコのハリケーン被害
2017年9月、カリブ海にあるアメリカの自治連邦区、プエルトリコにハリケーン・マリアが上陸。多くの家屋が損壊し、農地の8割が壊滅。全島が停電に陥るなどの被害を受けた。

シンプルだがクールな代物である。

早速トイレに入って、おろしたてのTシャツに腕を通してみる。

再び席に戻ると、スタッフの反応が一気に変わった。「似合ってるよ」と微笑みながら声をかけてくる。スタッフも、私がスクワットの内情を探る怪しい者ではないと理解したのか、すっかりフレンドリーになった。ビールを頼む度に、短髪女は「チョットマッテ」と※**お気に入りの日本語を連発**してくる。

10時になると、ライブが始まった。バーカウンターの右手に、小ぶりなステージがある。本日はLGBT関連のイベントのはずだが、普通のパンクロックのバンドだった。それが終わった後、ややしばらくしてから、白人のおばさんが1人でバラードを熱唱し始めた。

不思議なことに、ライブを見ているのはごく一部の者だけで、先程クスクスに舌鼓を打っていた連中はみんな外に出て、煙草をふかしている。何がなんだかさっぱりわからない。どうやら適当にバンドが始まったり、適当に終わったりと、ゆるゆるなイベントのようである。

私は勢いをつけるために、ウィードをチャージすることにした。短髪女によれば、この店はウィードも煙草も吸い放題のようだ。一応周りを気にして外で煙草を吸っている者が多いが、個人の裁量に任せているようだ。まさしく無法地帯である。

気がつくと、私は得体の知れないパンクバンドに脳みその全てを捧げ、記憶をぶっ飛ばしていた。この後私は金を盗まれることになるのだが、それはまた別の章で語ることにしよう。

※**お気に入りの日本語を連発**
なんだかものすごく嬉しかった。日本にいる時に、「日本は素晴らしい！」と外国人にしきりに言わせるテレビを見るよりも、海外にいて、ふらりと立ち寄ったバーで「チョットマッテ」と外国人に言われる方が、明らかにぐっとくる。

「フランクライク」は、旅慣れていない者にとってはハードルの高い場所のように思える。しかし、アムスの無軌道ぶりを体感できる数少ないスポットだ。

アーティスティックな雰囲気のある「OT301」

●アート心が刺激される「OT301」

「OT301」※もかつてのスクワット物件で、現在はカルチャーセンターとして利用されている。元々この建物は映画学校だったが、90年代に※**自転車道**を造るために取り壊されることになった。それに猛反発したアーティストたちが、この建物を占拠してしまった。彼らは建物の中で創作活動を行い、一般にも公開した。内部で絵画の展示会をやるなど、建物を営利目的ではない、芸術振興の場にしようとしたのだ。興味深いのはそうした活動が評価されて、当初は対立していた政府が彼らのために、一時は助成金まで出したということだ。オランダ政府の柔軟な対応にはつくづく驚かされる。

※**OT301**
ダンスレッスンの他にも、卓球イベントなど、日替わりで様々なイベントが行われている。詳細はHPを確認のこと。
【住所】Overtoom 301（コーヒーショップ「カシミアラウンジ」から徒歩圏内）
【HP】http://www.ot301.nl/

※**自転車道**
付近には既に自転車道があったが、政府は新たな自転車道建設のために、800万ユーロの予算を投じるつもりだった。スクワッターたちが反発したのも頷けるだろう。

館内にはアーティスティックなグラフィティが盛りだくさん。見ているだけで楽しい。

現在住人たちは**家賃**※を払っているが、こちらもフランクライク同様、一般にも開放している数少ない建物だ。なかでは主に、ダンスや音楽、絵画教室などのアート系のイベントを行っている。

「OT301」は、トラム1番の「Jan Pieter Heijestraat」駅からほど近くにある。大通りに面した建物には、番地である「301」の数字が書かれているが、外から見れば何の建物かわからない。

アーティストが占拠した建物だけに、中にはクールなグラフィティや、手作りのロボット風のオブジェなどが飾られている。入って左手には「**デュ・ペーパ**※」という予約制のベジタリアンレストランもある。

その前を過ぎ、1階の奥に行くと、何やら話し声が聞こえてきた。そこにはスタジオがあり、十数名の若者たちが、私の方にきょとんとした視線を向けてきた。取材で来たと告げると、アポなしで来たにもかかわらず、快く応じてくれた。

その日はダンスレッスンが行われていた。講師はアメリカ

※**家賃**
アムスの家賃は高い。日本のようなワンルームのアパートは数が少なく、若者の多くが、リビング＋2、3部屋のアパート（1500〜2000ユーロ）を借りてルームシェアしている。ちなみにアムスの家は地盤の悪い干拓地に建っているため、なかには床が斜めの家もある。私自身、アムス在住者から物件の内見時には、「ビー玉を持っていけ」とアドバイスされたほどだ。

※**デュ・ペーパ**
完全予約制。店を訪れる当日の15時から18時半の間に、予約の電話を入れること。食事は19時から20時半の間に提供される。料金は7〜10ユーロの間の選択性。なお、スタッフは全員ボランティアなので、テーブルサービスはない。食事ができたら自分で取りに行こう。
【店名】De Peper

インド人青年に襲われるイケメン（左）と前衛的すぎる即興ダンス（右）

人のおばさんだが、レッスンを受ける若者たちは、オランダのみならず、様々な国からやって来たらしい。インドにタイにスペイン、イタリア、フィンランド……。彼らは講師の教えを請うために、数ヶ月オランダに滞在してレッスンを受けているようだ。いずれもダンス経験のある、ダンサーの卵たちだ。

1時間ほどレッスンがあるというので見学することにした。講師の主導で始まるのかと思ったが、マイクの前に立ったのはフィンランド人のイケメンだ。

彼はマイクに向かって何か喋り始めた。どうも幼少の頃の思い出話をしているらしい。話の途中から、奥で見ていたアジア系の女がフロアに踊り出て、いきなりスネアドラムを叩き始めた。その後今度はグラマラスな女が、床に這いつくばった姿勢で脇から登場した。更にはインド人青年が、イケメンの背後からいきなり抱きついた。

何がなんだかさっぱりわからない。これは※**コンテンポラリー・ダンス**のようなものなのか？

【営業時間】18時～25時（火木金日）金曜のみ深夜3時まで営業
【HP】https://depeper.org/

デュ・ペーパ

※**コンテンポラリー・ダンス**
80年代前半にフランスで発祥した現代的なダンス。既存のジャンルにとらわれず、様々なダンスを組み合わせた前衛的なものが多い。

その後もマイクの脇に立った男が、彼のスピーチに合わせてコントラバスを奏でたり、突然上半身裸になる男がいたり、グラマラスな女がイケメンを逆さ吊りにしたりと、奇妙な動きが続いた。後で知ったが、これはスピーチのストーリーに合わせて、即興でダンスを披露していくというものらしい。

最後は明るめのポップスが流れ、みんなで歌いながら自由なダンスとなった。脇で狐につままれたように見ていた私も手を取られ、ダンスに参加した。

講師にお礼を言って去ろうとすると、一部の若者が興味津々といった感じで、私の元にやって来た。みんな私のぽかんとした反応を見て、面白がっていたらしい。それにしても、オランダに来て、ここまで外国人たちから話しかけられたのは初めての体験だ。

「フランクライク」がパンクなら、こちらはアートなノリだ。

現代に生きるヒッピーたちの空気を肌で感じることができるだろう。

●喧騒を離れた桃源郷「ADM」

「ADM」※は、アムス西部の湾岸地帯にあるスクワットプレイスだ。

元々は潰れた造船所だったが、20年ほど前にスクワッターたちが占拠した。そのためADMの名前は、「Amsterdam Drydock※ Company」の名にちなんでいる。

現在ここには子供から年金受給者のお年寄りまで、国籍問わず、125名の人たちが住ん

※ADM
アムス西部にあるスクワットプレイス。敷地内では様々なイベントを開催している。詳細はHPをチェック。
【住所】Hornweg 6
【HP】https://adm.amsterdam/

でいる。住人の職業は、ダンサーにミュージシャンに、職人に船乗り、詩人に画家に冒険家と、実にバラエティに富んでいる。彼らは自然との共生を目指し、有機栽培の農園を作ったり、ソーラーパネルや風力発電を利用して、生活に必要な電力をまかなっている。

フリーダムな雰囲気が溢れる「ADM」

彼らはただ家賃の節約のためにここに住んでいるわけではなく、市民にも貢献する義務があると考えているようだ。そのため、定期的にアートイベントなどを行っており、舞台装置や装飾なども自分たちで手がけている。

その技術とセンスは高く評価されており、オランダのみならず、中国やブラジル、アメリカの※**バーニングマン**など、世界的なパーティーイベントに貢献してきたようだ。そんな自由な生き様から、ＡＤＭは「フリーヘブン」とも呼ばれているらしい。

しかし彼らは、２０１５年から立ち退きの脅威にさらされているようだ。

※ **Drydock（ドライドック）**
船を製造・修理するために設けられた設備。「乾ドック」、「船渠（せんきょ）」とも呼ばれる。

※**バーニングマン**
アメリカで毎年8～9月に開催される大規模イベント。参加者たちは何もない塩平原に、テントやキャンピングカーで泊まり、食料なども自前で用意する。期間中はレイブパーティーや、様々なアートイベントが開かれる。イベントのクライマックスには、木製の巨大な像（バーニングマン像）を燃やす。

この土地を所有する不動産会社に訴訟を起こされたのだ。その会社は非現実的な開発計画を元に、住人たちを立ち退かせようとしているらしい。ADMの住人はこの文化的なスペースが、投機目的で利用されるのが我慢ならないようだ。そのため、彼らは一部のファンから支持を集め、裁判費用などの寄付を受けているのだという。

……とここまでが、事前に調べた内容である。

私自身、ADMにはまだ一度も行ったことがなかった。もしかすると、まもなく失くなってしまうかもしれないADMとは、一体何者なのだろう？

8月の半ば、イベントがあるというので行ってみた。

イベントへは、**スローテルダイク駅**※から送迎バスが出ているようだ。

早速バスターミナルに行くが、ADM行きのバスは見当たらない。運転手にADMについて尋ねるも、次々にたらい回しにされた上に、結局誰も知らなかった。なんだか、ADMの存在自体が幻なのではないかと思えてしまうほど、誰1人知らないのだ。

途方にくれていると、白人カップルが近づいてきて声をかけてきた。

「君はADMを探しているのかい？」

「イエースッ‼」私は思わず絶叫した。まるで同郷の士にでも出会ったような気分だ。どうも彼らは、ロンゲに髭という私の風貌を見て、ADMの参加者だと理解したらしい。

2人はスイスから来たカップルで、知人がADMに住んでいるので、今回のイベントに誘

※**スローテルダイク駅**
アムス西部にある駅。セントラルから鉄道で15分ほど。

スローテルダイク駅

バスの停留所を示す控え目な看板。しばらく待っていると、ワゴン車が現れた

われて来てみたのだという。

それから少しして、女性3人組が近づいてきた。※**マーストリヒトから来た彼女たち**も、バス乗り場がわからずに困っていたようだ。

それから15分ほどうろついて、ようやく「ADMはこちら」と書かれた小さなボードを見つけた。後で知ったが警察の目を気にして、目立たない場所に掲示していたらしい。

ほどなくして、小さな送迎バスが到着した。ドライバーはスクワッターらしく、髪を緑に染めたパンクなおじさんである。料金（2ユーロ）を払って出発すると、あたりは見る間に何にもない草原に包まれた。風車を横目に見ながら、バスはぐんぐん加速していく。この一帯は企業用地として利用されているが、緑もふんだんにあるようだ。

10分ほどでバスは停車した。それから一行は、草原の合間に一直線に伸びる※**舗装道**を歩き進んだ。

少し歩くと、周囲にトレーラーハウスが並び始めた。車やバイクも停まっているし、洗濯物も干されている。どうやら

※マーストリヒトから来た彼女たち
3人組は地べたに座ると、赤いパプリカを生のまま噛り始めた。おやつ代わりにパプリカなんてかっこいいが、3人ともなぜか会話は全くなかった。

※草原の間の道
ADMの周囲は広大な草原が広がり、何にもない。なんだか冒険の旅にでも出るようで、ワクワクした。

ADMへと続く道

道すがらに見たトレーラーハウス（左）。それを通り過ぎるとADMの正面ゲートがある（右）。

ここに住人が住んでいるようだ。

先へ進むと、ゲートが見えた。鉄柵の上には、ステンレス製の切り文字で「ＡＤＭ」の文字があり、車輪のような不思議なオブジェもある。なんだかダークな学園祭のような雰囲気だ。ゲートには、**飛行機のイラストの入ったボード**※があり、「JETLAG（時差ボケ）・ARRIVAL（到着）」と書かれている。そう言えば、ジェットラグは今回のイベントの名前だった。

そばにはハウスルールを書いた看板もあり、「この度はＡＤＭにご搭乗頂き、誠にありがとうございます。国境のないクルー・ジェットラグより　安全な旅を！」というメッセージもある。彼らはこの場所を、飛行機で到着したよその国のようにとらえているのかもしれない。確かに、ここにはアジトのような独特の雰囲気が漂っている。

ゲートを抜けると、受付に行列ができていた。お客は若者が多いが、お年寄りや家族連れの姿もある。頭上には、旅行かばんがたくさんがぶら下がっていて退屈しない。

※飛行機のイラストの入ったボード
手作り感満載だが、来場者の期待を煽る、なんとも粋なボードだ。

入場ゲートのボード

旅行かばんがぶら下がった受付

火の鳥を彷彿とさせる木製の鳥（左）とアートな改造車（右）

受付で15ユーロを払って中に入ると、道沿いの草むらに様々なオブジェが並んでいた。

ガラスでできた球体は、空港にある気象観測用のレーダーをイメージした物だろうか？

エコにも熱心らしく、「セイブ・ザ・プラネット」と書かれたボードや、錆びだらけのスクラップで作った昆虫らしきオブジェもある。まるで荒廃した近未来の廃墟のようだ。

その先には※**セスナ機風のオブジェ**があるのだが、コクピットの部分にはスクラップで作った魚の頭がついている。どういう仕組みなのか、魚は口をパクパク動かし続けている。ボディの部分は魚の骨をイメージしたデザインだ。ありあわせのスクラップと廃材だけで、こんなに面白い物が作れるのかと驚いた。

その他にも、スクラップや廃材でできた地球儀やサソリ、木製の巨大な鳥に、クレーンの付いた謎の車など、様々な作品が訪れた人々の目を楽しませてくれる。なんだか『ウォーターワールド』と『マッドマックス』を足して2で割ったよ

錆びたボディがリアルなサソリ

セスナ機風のオブジェ

※**セスナ機風のオブジェ**
かなりの大きさで迫力ある力作。その他にも敷地内には奇妙なオブジェがいくつもあった。

荒廃した近未来を思わせるオブジェ。ゲートを潜れば別世界だ。

うな世界観だ。

歩き進むに連れて、このイベントの仕組みがわかってきた。あちこちにナンバーの付いたサーカス風のテントが並んでおり、その中で催し物が行われているようだ。スケジュール表に従って、指定時間に対応するナンバーのテントに行くと、パフォーマンスが見られる仕組みらしい。

先へ進むと、かつて造船所として使われていた建物や、救急病棟用の小屋もある。

逆さまになったアイスクリームのオブジェの前には、「ALL CONES ARE BEAUTIFUL（全てのコーンは美しい）」と意味不明なメッセージがある。その場にいた人に聞くと、これは頭文字の「ACAB」※だけ色が変わっていることから、「ACAB（All Cops Are Bastards）」つまりは、「警察は全員クソ野郎」の意味があるのではないかということだ。さすがはスクワッターである。

オブジェの看板

※ACAB
オブジェの看板。ややわかりにくいが、単語の頭文字の色が変えられている。「ACAB」は「警察は全員クソ野郎」の意味があり、タトゥーやグラフィティに用いられることもある。同様の言葉に「1312」がある。これは「ACAB」をアルファベットの順番の数字で表したものだ。

激しいドラムの音が聞こえたので音の方へ……、その先にいたのはマスクマンデュオだった。

他には、パンクバンドのミニステージもある。タコのようなマスクを被った男がドラムを叩き、バイオリンを奏でる男も頭巾を被っている。かなり怪しい雰囲気で、音楽もノイズ系だが、結構盛り上がっていた。その奥には、バーカウンターと**窯焼きピザコーナー**※がある。ビールは小瓶で2ユーロ、ピザは5ユーロといずれも安い。支払いをしようとすると、「あっちへ行って」とスタッフに別のブースを示された。

そのブースには「コイン」と書かれていた。そこで小銭を出すと、1ユーロにつき、1枚の**プラスチック製のコイン**※を渡されるようだ。ボードゲームに使うおもちゃのような代物である。このお祭りでは、入場料を除いては、コインで支払う必要があるようだ。

スタッフに「なぜコインなのか?」と尋ねると、「お金は不便だから」という答えが返ってきた。どうもこれは、資本主義へのささやかな抵抗らしい。いちいち交換する手間がかかるが、「マネー」に対する憎しみが伝わってくる。

彼女はここの住人ではないが、ボランティアで働いている

※窯焼きピザコーナー
ちなみにピザを焼いていたスタッフは、胸の谷間全開の美女であった。

ピザコーナー

※プラスチック製のコイン
黄、緑、黒の3色があるが、価値は変わらない。

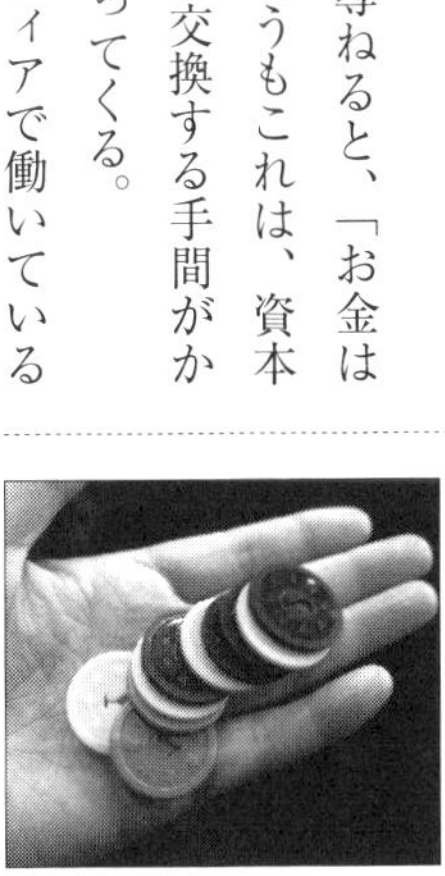

「ADM」のコイン

「ゲート1」のテント。内部ではパンクを中心としたライブを開催中。

らしい。他のスタッフもみんな**ボランティア**※で、入場料などの利益はADMを守るための費用に使われるようだ。

ちなみに、コイン変換所の近くには、こんなビラが貼られていた。

「ADMでさえも、スリがいるんだよ。みんな所持品に気をつけてね！」

スクワッターの考え方に賛同する人たちが集まっているはずなのに、スリがいたことに彼らもショックを受けたのだろう。そのせいか、バーカウンターには、かつてのイベントに現れた※**スリの写真**がでかでかと貼られていた。

ビールを手にした私は、奥へ進んだ。「ゲート1」と書かれたテントの下は、ライブ会場になっていた。パンクロック中心のステージだが、テントの下はぎゅうぎゅう詰めで踊るスペースはない。白衣姿の人形を使った謎のライブもあったが、シュール過ぎて意味がわからない。どうもADMのイベントは、前衛的な物が多いようだ。

他のブースでは、こんなパフォーマンスをやっていた。※

※ボランティアスタッフ
スタッフのなかには、コスプレをしている人も多かった。

バーの女性スタッフ

※スリの写真
一応目線は入っていた。

スリの写真

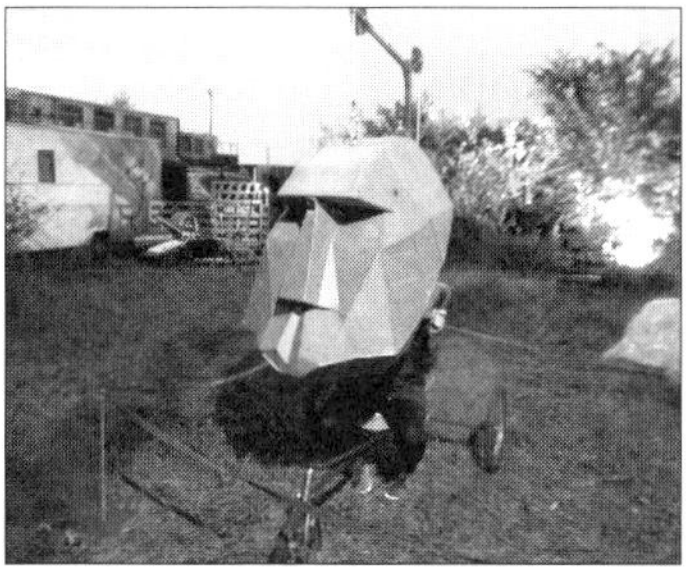

６番ブースのモアイの被り物(左)。７番ブースでは謎のパフォーマンスが繰り広げられた(右)。

・6番……ヘッドスペース。モアイのような大きな被り物を頭ごとすっぽり被ると、中にメカニックな仕掛けが見える。小さなからくりロボットが、赤いレーザーで文字を書いたりして面白い。ミクロの世界の住人と交流しているような不思議な気分になった。ショーは2分で終わった。

・7番……倉庫の中にステージがあり、１００人以上の観客が集まっていた。

若い男が、ポールダンス用の棒を使って、アクロバティックなパフォーマンスを披露している。彼は精神を病んでいる設定らしく、男の心模様が背後にある複数のモニタに映し出されている。そこにはもう1人の彼がいて、現実の彼に様々な命令を下すのだ。命令を受けた彼は観客を怖がって、棒のてっぺんまでするすると上って逃げたりする。

だが展開に今ひとつしまりがなく、30分もすると、ぱらぱらと退出者が出始めた。おまけに、倉庫の中でマリファ

※その他のパフォーマンス　他にも様々なパフォーマンスがあったが、残念ながらチケットを手にしそびれて、全てを見ることができなかった。一部のテントでは、会場内のブースで手に入るチケットが必要になるらしい。これはあくまで人数制限のためのもので、無料のようだ。

帰るのが惜しくなるほど、どこまでもピースフルな雰囲気

ナを吸う女まで出る始末だ。齷齪を買ってい
るように見えたが、彼女はまるで気にしてい
ない様子だ。
引き続き、**会場内**※をうろついていると、オラ
ンダ人のスクワッターたちと知り合った。
彼らは市内のスクワット物件に住んでいるら
しい。聞いていたとおり、スクワットは違法化
されたものの、実際にはまだ行われているよう
だ。オランダはやはり寛容な国のようで、今の
ところ※**取締りはゆるい**ものらしい。
そんな情報を得た後、私は景気づけにウィー
ドを一服しようとした。しかしその日の私は丸
腰であった。そこでネタを持っていそうな人に
声をかけてみることにした。
トイレに異様にテンションの高い、黒人2人
組がいたので尋ねてみた。だが彼らもネタ切れらしく、なぜか爆笑しながら去っていった。
今度は白人の男に声をかけてみた。すると、彼はすぐにパケから少量のウィードを取り出

※**会場内**
パフォーマンス以外にも、会場内には影絵遊びコーナーや、怪しい占いマシン、生身の人間のようなリアルな動きをするからくり人形などが展示されていた。

謎のからくり人形

※**スクワットの取締り**
実際には逮捕者も出ている。2010年～14年の間にスクワット絡みで529名が逮捕され、そのうち210名が有罪となった。そのほとんどが罰金や社会奉仕、執行猶予で済んでいるが、39名は

して分けてくれた。お金を払おうとしたが、受け取らなかった。どうやらこのイベントの趣旨を理解しているらしい。ありがたや……と、私は素早くパイプで吸った。

午前2時半。そろそろイベントもお開きに近づいてきた。建物の壁にある「ADM departure cancelled（ADMの出発便はキャンセルされました）」という文字が、やけに心に響いた。キャンセル上等。私はずっとこのおとぎの国にいたいと思った。

だがやはり、そういうわけにもいかない。バス乗り場に行くと、ドライバーのおじさんがいた。この時間まで**送迎バス**※が出ているのは非常に助かる。

ちょうどコインが2枚余っていた。「コインは使えるか？」と聞くと、おじさんは「もちろんだよ」と、現金払いよりもむしろ喜んでくれた。

ちなみにこのおじさんは、ADMの考え方に共感して移住してきた人らしい。なんだかとても幸せそうな顔をしていた。ここにいれば金や時間に縛られず、刺激的な仲間たちと共に、「人のために役立つ」という喜びを純粋に味わえるからなのだろうか。

「このバスはほんとにありがたいです‼」ブリブリな私が声を発すると、他の乗客たちも「イエーッ‼」と一斉に雄叫びをあげた。ADMのお金では買えないカルチャーに触れて、みんなすっかり優しいハートになってしまったらしい。おもちゃのコイン2枚でも、おじさんは今、とても重要な仕事をしてくれているのだ。

こうして私は幸せな気分のまま帰路についた。世界の広さを、しみじみと感じていた。

禁固刑となった。原則1年以上の禁固とされているが、実際には数日から1ヶ月以内に出られるケースが多いようだ。

※**送迎バス**
最寄りのスローテルダイク駅まで送ってくれる。料金は行きと同様に2ユーロ。

【アムステルダム取材日記⑤】
アムスの怪人たち

早いもので、アムスに来てから3週間が過ぎた。

その日、私は無性に孤独を感じていた。この国にいると、アジアのように地元民から声をかけられることはないし、西洋人の旅人もグループ客ばかりなので、交流のきっかけが掴めない。運河でカナルクルーズをしながら奇声をあげる観光客を、何度やるせない思いで眺めてきたことか。

しかし時には、妙に出会いの多い日もある。

●アムスの名物男との再会

その晩、飾り窓地区を歩いていると、前作の『アムステルダム裏の歩き方』に写真を載せた、「植木鉢男」に遭遇した。

10年経って、植木鉢男も随分老けていた。髪には白いものも混じっているが、相変わらず頭に植木鉢を乗せるスタンスにはブレがない。彼はこの格好のまま街を歩いて、時々観光客からチップをもらっているホームレスだ。

本を見せると、彼は激しく喜んでくれた。そのまま近くのバーに入っていくと、スタッフのお姉ちゃんに得意げに自分の写真を見せ始めた。

その後カメラを向けると、彼はどんどん身を低くして、頭に植木鉢を乗せたまま腕立て伏せを始めた。彼お得意の一芸である。しかし、その後なぜか姿を消してしまった。相変わらず、何を考えているのかさっぱりわからない男だ。

その店のスタッフと談笑していると、アイスランド人の男が話に加わってきた。旅行中だという彼は、数日前に街中で、見知らぬツーリストから呼び止められたらしい。「俺はこれから国に帰る。だからこいつは持っていけない。欲しいならやるよ」と、気前よくジョイントをプレゼントされたのだという。国境を越えた、微笑ましい美談である。

それから、私は彼と共にジョイントをたしなんで、ホロ酔いのまま1人街へ繰り出した。

マリファナとビールを楽しめる「ロスト・イン・アムステルダム」を訪れる。

そこで私は隣りに座った、ノルウェー人の男（29歳）と意気投合して、パイプでハシシをごちそうになった。彼はヨーロッパを旅して1年半になるのだとか。給料の高いノルウェーで金

10年前の植木鉢男

現在の植木鉢男

を稼いで、他の国を旅するとは、なんともコスパのいい羨ましい身分である。

彼のテーブルの上には、立派な装丁の分厚い本がある。それは、ブッダの哲学書らしい。なんでも彼は、瞑想やアシッド※①にも関心があるようだ。ブッダに瞑想にアシッドにマリファナ……一見バラバラの要素にも見えるが、それらはとても親密な繋がりがある。ビートルズ然り。アシッドで神秘体験をして、瞑想に興味を持つ者のなんと多いことか。

「君は絶対ゴア※②に行くべきだ」

そう告げると、私は次なる店を目指して歩き始めた。

●スマートに大麻を味わうアジア人女性

続いて入った店は、コーヒーショップ「レジン」だ。緑の光に覆われた幻想的な店である。

店内を見回してみると、隅の方で、アジア系の若い女が慣れた手つきでジョイントを巻いていた。まさか、日本人だろうか？　声をかけてみようか……。

逡巡していると、斜向かいの男に声をかけられた。彼はモロッコ系移民で、仕事は肉体労働をしているらしい。既にブリブリの彼は私の隣に席を移して、何の脈絡もなく、いきなりイルミナティについて語り始めた。

「全てはストーリーだ」と彼は言った。「世間の人間はみんな騙されているんだ。バカどもはイルミナティが作ったストーリーに騙されて、金を巻き上げられてばかりなんだよ」

どうやら彼は熱心な陰謀論者らしい。彼のイルミナティ批判は延々と続き、私は途中から話に飽きてきた。

ちらりと店の隅に目をやると、あのアジア系の女は、まだ1人で優雅にジョイントをふかしていた。しかし彼の熱弁の手前、彼女に話しかけることもできなかった。

「全ての人間が時間を浪費しているんだ。やっていることのほとんどが、意味のないことなんだよ。そうやって時間を浪費することも、全ては仕組まれたストーリーなのさ」

そう言うと、彼は充血した目をくわっと見開いた。

私はそろそろ限界だと思い、ブリブリのまま彼に別れを告げて店を後にした。

いつの間にか、あのアジア系の女は消えていた。さくっと一服して帰るなんてカッコイイ。その昔餃子の王将へ行った時、仕事帰りのOL風が、餃子2枚をツマミに1人でビールを飲んでいた……そんなことを、ふと思い出した。

今日の私はたまらなくハシゴしたい気分だった。


そこで早速、「カンディンスキーカフェ」[※③]に立ち寄ってビールを飲むことにした。

「ガラスの向こうの喫煙ルームでは、煙草もウィードもなんでも吸っていいわよ」とブロンドのお姉さんは言った。それだけを聞き出すのに、随分時間がかかってしまった。

私は改めて、自分がブリブリであることを思い知らされた。

……かと思ったのも束の間、私はそのガラス戸に体ごとぶつかってしまった。ガラスがあまりにも綺麗に磨き抜かれていると、ブリブリの時には、その存在自体が消えてしまうので注意が必要だ。

ビールを飲み干すと、私は速やかに店を後にした。

時刻は既に、午後10時を回っている。もう1軒ハシゴしたら今日はお開きにしよう。

最後に入ったのは、「ワンダーバー」だ。

喫煙ルームに行くと、隣に座った男と親しくなった。今日はやけに出会いの多い日だ。植木鉢男が、幸運をもたらしてくれたのかもしれない。

彼は私と同世代の、スリナム系移民だった。丸々とよく肥えた男で、なんともうまそうに特大のジョイントをふかしている。強面のため、初めは近づきがたい印象を受けたが、実際は随分人懐っこい男だった。彼はスマホを取り出すと、最近のお気に入りだという、メイドインジャパンのラブドールの映像を見せてくれた。

その後、彼の特大ジョイントを回しながら、色んな話をした。

「あったかいもんと冷たいもんを手の届くところに置いて、マリファナをキメるのが最高なんだよ」

そう彼は言った。あったかいもんとは、恐らく食べ物のことだろう。[※④]FEBOで買ったアツアツのコロッケと、冷たいスムージーを脇に置いて、マリファナを吸う彼の姿が頭の中に浮かんだ。

グルメ関係に弱いオランダでも、マリファナと相性がいいからか、ジャンクフードだけは充実。

「だいぶ前にコーヒーショップで日本人を見たけど、どうして日本人はあんなに焦って草を吸うんだ？　もっとゆっくり吸えばいいじゃないか」

彼の質問に、私はすぐに答えが浮かばなかった。言われてみれば、そうなのかもしれない。わずかな有給を利用してアムスに降り立ち、慌ただしくコーヒーショップを巡りながら、取り憑かれたようにマリファナに耽る……同胞たちの健気な姿が思い浮かんだ。

しばらく迷ってから、「日本人は忙しいんだ」と私は答えた。

気がつくと、11時を回っていた。例によってブリブリのまま店を後にすると、彼は私が店に置き忘れたジョイントをニコニコしながら持ってきてくれた。

「ありがとう。すっかりストーンしちゃったよ」

礼を言うと、彼は引き続きニコニコしながら言った。

「気にするな。俺にはお前の気持ちがよくわかる。俺もストーンしているんだ」

そう言うと彼は、親しげに私の肩を叩いてきた。

その時の私は、ジャイアンの男気と優しさに触れたのび太のような心情であった。

「気をつけてお家に帰るんだぞ」

私はアムスのジャイアンに何度も手を振りながら、店を後にした。

●お前の気持ちがよくわかる

「I know how you feel.（俺にはお前の気持ちがよくわかる）」

……か。誠に有り難い言葉だ。

マリファナを吸った時、真面目な顔をして働く市井の人々を目の当たりにして、「こんなにブリブリな俺はアホなのか？」などと妙に寂しい気持ちに駆られることがある。だからこそ、ラリっているのが自分だけではないとわかると、不思議と心強くなるものだ。

なんだか優しい気持ちに包まれながら、私は駅を目指して歩き始めた。ところが、例によって道に迷ってしまった。どこを歩いてもセントラルまでたどり着けないのだ。

飾り窓地区で、道端に立っていた男に「駅はどこだ？」と尋ねた。すると彼は「お前はハイなのか？」と聞き返してきた。

私は肝を冷やした。どうやら彼には、私がブリブリなことはバレているようだ。

「そうだよ」と告げると、「俺もだよ」と彼は微笑みかけてきた。大ヒットドラマ『LOST』に登場する、チャーリーのような優しげな風貌の男である。

「いいかい？　運河を渡ったら右だぞ」

彼は説き伏せるように言った。

「わかった。運河を渡ったら右だね？」

「ああ」

「でも、さっきからこのあたりを歩き回ってるんだけど、全然駅が見つからないんだけど……」

そんな風に素直な気持ちを打ち明けると、「俺を信じるんだ」とチャーリーは再び微笑みかけてきた。

「運河を渡ったら、右だぞ」

「わかったよ。ありがとう」私は頷いた。

それでも私はなおも、不安げな表情を浮かべていたのかもしれない。チャーリーはこんな言葉をかけてくれた。

「大丈夫だ。俺にはお前の気持ちがよくわかる。俺もストーンしているんだ」

私は思わずぶっ倒れそうになった。これは……デジャブなのか？　いや、チャーリーとアムスのジャイアンは明らかに別人である……。ただの偶然だろう。あるいはまだ、植木鉢男の不思議な魔力が続いているのかもしれない……。

本当に、不思議なこともあるものだ。

私はチャーリーに礼を言って、その場を後にした。

大丈夫。私は1人じゃない。[※⑤]ブリブリなご機嫌野郎は、アムスの街中にあふれんばかりに潜んでいるのだ。

「運河を渡ったら右、運河を渡ったら右……」

私は念仏のように、心の中で唱え続けた。

レンガ畳の道の左右には、５階建ての建物が視界を狭めるように聳えていた。通りの脇には、※⑥うなぎの寝床のような飲食店が並んでおり、それはアムスの街ならばどこでも見かける特徴のない風景だ。本当に、大丈夫なのだろうか？

ほどなくして、足元のレンガ畳がアスファルトに姿を変えた。彼が言っていたとおり、前方に運河の水面が見えてきた。

「運河を渡ったら右、運河を渡ったら右……」

視界を右に転じると、その向こうには、早くもセントラルステーションの頂きが見えた。

シラフなら簡単なのに、ブリブリだとなぜかたどり着けない、セントラルステーション。

あにはからんや！

たったこれだけのことであるが、その驚きたるや大変なものだった。

目的地が予想以上に早く見つかったことに、私は歓喜した。

見慣れた景色が広がっている。ここまで来れば、もう大丈夫だ。彼を信じてよかった……。

背後を振り返ると、既にチャーリーの姿は消えていた。

私は幻でも見たような気分だった。

【注釈】

※①アシッド：麦角菌などから作られる半合成の幻覚剤。マジックマッシュと似たような効果があるが、アシッドはより聴覚が鋭敏になるとされる。そのため、ダンスパーティーなどで用いる愛好家も多い。「ＬＳＤ」や「紙」とも呼ばれる。

※②ゴア：インド中部の街。サイケデリックトランスパーティーのメッカで、ジャンキーが集まることで知られる。アフガニスタンのカブール、ネパールのカトマンズと共にヒッピーの三大聖地。

※③カンディンスキーカフェ：コーヒーショップ「カンディンスキー」が経営する、スモーカーフレンドリーバー。【住所】Zoutsteeg 11

※④ＦＥＢＯ：オランダで有名なコロッケの自販機チェーン。

※⑤ブリブリな人：ある時は、「アムステルダム・ダンジョン」というお化け屋敷の入り口の行列の中に、ジョイントを吸っている人を目撃した。「ブリブリ・ダンジョン」とは、なかなか粋な試みである。

※⑥うなぎの寝床：オランダには間口が狭く、うなぎの寝床のような建物が多い。これは間口が広いほど多くの税金がかかるからだ。このような造りのため、屋根にフックの付いた家もある。これは引越し時にここにロープをぶら下げて、窓から荷物を搬入するためだ。

アムステルダム裏事情&お役立ちマップ

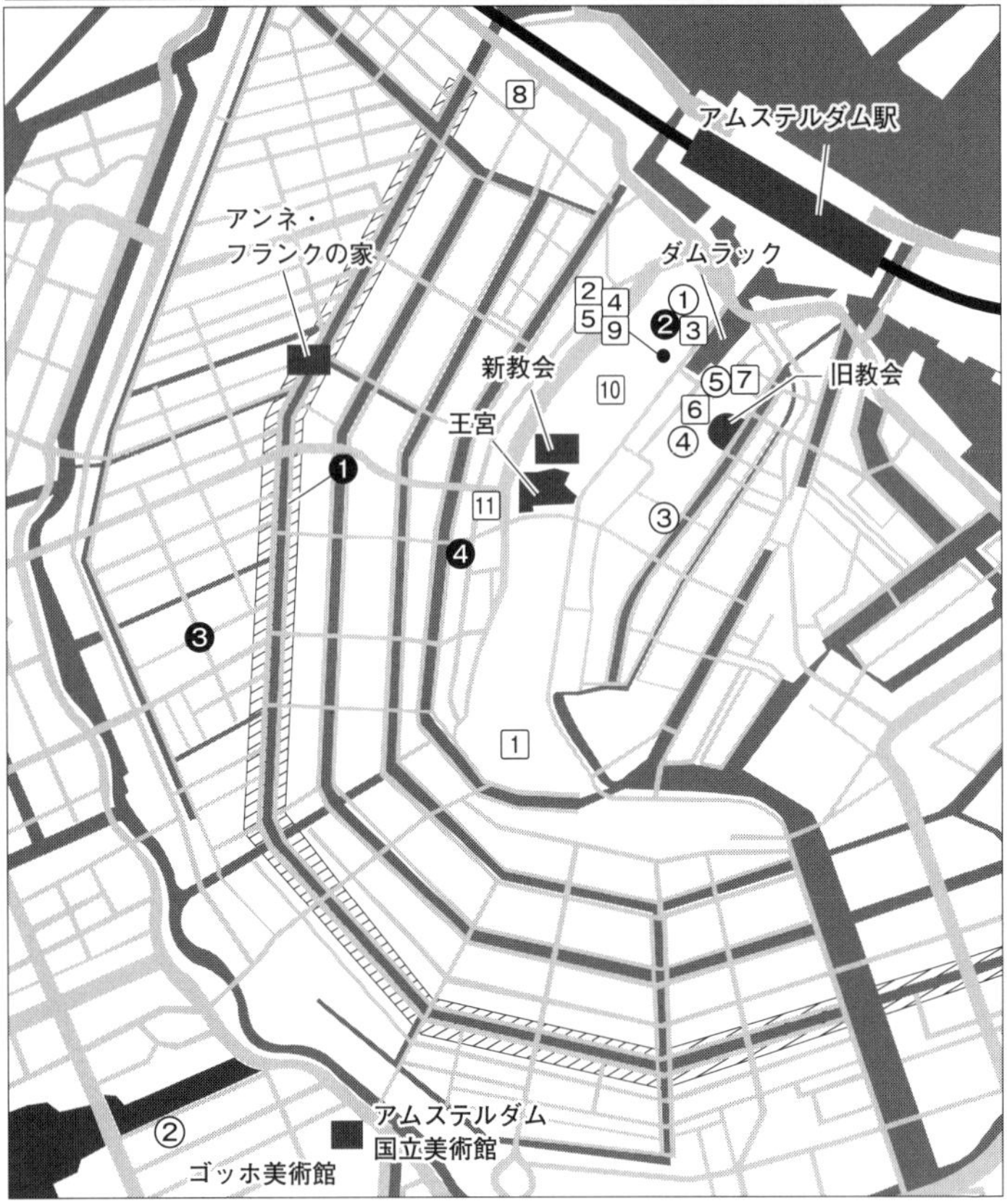

【アムステルダム裏事情マップ】 ❶カナル・パレードの開催地（プリンセングラハト運河） ❷ザ・ウェブ ❸カフェ・サーヘン ❹フランクライク ※ OT301、ADMはマップ外

【マリファナ喫煙可のホテル】 ①フライングピッグ・ダウンタウン（p306） ②フライングピッグ・アップタウン（p307） ③ブルドッグホテル・アムステルダム（p308） ④セントクリストファーズイン・アットザウィンストン（p308） ⑤グリーンハウスエフェクト（p308）

【オススメグルメ】 1フラームス・フリッツハイス・フレミンクス（p310） 2マヌカンピス（p310） 3パスタバー（p311） 4バーガーバー（p311） 5ダナフードフォアオール（p311） 6ウォック・トゥー・ウォーク（p311） 7ウォックイン（p311） 8フラームス・ブローターシ（p311） 9マオス（p312） 10ヘマ（p312） 11アルバート・ハイン（p313）

第六章

旅のお役立ち情報

Useful Information for Traveler

治安に関して ～アムスで財布とカメラを盗まれた男の悲劇～

先述したように、アムステルダムではスリや置き引きにさえ注意すれば、ほとんど**トラブル**※に巻き込まれることはない。スリの場合、電車の中で男たちに囲まれて話しかけられている間に、盗られることもあるので気をつけよう。

観光スポットの近くには、偽警察もいるようだ。大概2人組の男が声をかけてきて、偽の警察手帳を示して、「麻薬捜査をしているので所持品を見せろ」などと言ってくる。その場合、財布を見せている間にスられてしまうケースが多いようだ。実際には、オランダ警察が市民に職務質問をすることはまずないし、財布の中の検査を行うこともちろんない※。そうした場合は、「それなら警察署へ行こう」などと言って適当に逃げ去ろう。

他に気をつけるべきなのは、ドラッグの売人だ。夜間帯に街を歩くと、売人から声をかけられることがある。売人が持っているネタには**混ぜ物**※が入っていることも多いので、絶対に手を出してはならない。2015年からの2年間で、3人の旅行者が、売人から買った偽物のコカインのせいで、命を失ったという事例もあるのだ※。

気をつけるべき点はそのくらいで、普通に旅行をしている限り、トラブルに巻き込まれることはないだろう。

※トラブル
レアなケースでは、10年前に、私の知人が銃で脅されたという話もある。彼が日中街中を歩いていたところ、突然銃を持った黒人の男に胸ぐらを掴まれて、金を出せと脅されたらしい。相手がひどくガリガリだったために、彼は咄嗟に逃げたようだ。たまたま宿の近くだったので、避難して事なきを得たという。これだけ聞けば恐ろしい話だが、このようなケースは極めて稀である。

※警察の身体検査
タランティーノの映画『パルプ・フィクション』でも、「アムステルダムのお巡りは身体検査をする権限を持っていねえのさ」とマフィアにナメられているのだ。

しかしもちろん、こちらから隙きを見せれば、私のような盗難被害に遭うハメになる。

以下は、アムスで無一文になった私の情けない体験である。

※　※　※

「おいお前っ！　起きろっ！」

「フランクライク」でしこたま飲んだ翌朝、私は中東系の男に声をかけられて起こされた。

どうやら泥酔して、歩道の上で寝入ってしまったらしい。場所も店から随分離れていた。

記憶が全くなかったが、かなりの距離を歩いてきたようだ。

「ようやく起きたか。災難だったな」と男は言った。

そこで私ははたと気がついた。財布も、カメラと取材ノートを入れた鞄も、忽然と姿を消してしまっているのだ。財布の中の現金は大した額ではないし、クレジットカードにも予備がある。だが、一眼レフと取材ノートを失くしたのは大きな痛手であった……。

困惑する私に、男は意外な言葉をかけてきた。

「お前が盗まれた荷物がどこにあるか知っているぞ。ついて来い」

驚いたことに、彼は私が身ぐるみ剥がされるところを目撃していたらしい。

なんてイイ奴なんだ！　神降臨だ！　私は礼を言って彼の後に従った。

※混ぜ物
なかにはコカインだと言って、壁の漆喰を削った物を売りつけてくる売人もいるらしい。

※偽ドラッグによる被害
更には、13名の旅行者が、救急救命室に運ばれるはめになったらしい。万が一、売人から買ったもので気分が悪くなった場合は、速やかに「112（警察・消防・救急車）」へ電話しよう。後ろめたさはあるかもしれないが、逮捕されることはないようだ。

男の案内で、そこから1本離れた脇道へ行くと、なんと私の鞄の中身が散乱しているではないか！　早速拾い集めてみるものの、落ちているのは、グーグルマップを印刷した紙だったり、博物館のリーフレットだったりと、どうでもいい物ばかりだった。

カメラがない！　取材ノートがない！　私は焦った。

37歳にもなって、俺は一体何をやっているのだろう……。

「あーあ……財布もカメラも盗まれちゃったよ」

そう嘆く私に、男は突然妙なことを言い出した。

「お前は小銭は持っているのか？」

「……は？」

「ここまで連れてきてやったのは、俺のおかげだ。財布が盗まれても小銭くらいはあるだろ？　俺に寄越しやがれ」

私はますます呆然としてしまった。要するに、この男は私の盗難被害に便乗して、たかってきたのだ。先ほどこいつを神だと思った自分を心から呪った。

「とっとと小銭を寄越しやがれ！」男が畳み掛けるように言った。

渋々ズボンのポケットをまさぐると、なぜか吸いかけのジョイントが入っていた。他には、百均で買った※**ストップウォッチ風のダサい時計**もある。スマホを持っていない私にとっては必需品だった。

※**ストップウォッチ風のダサい時計**
ご覧のとおり、たかり屋がスルーしたのも頷ける、なかなかパンチの効いたデザイン。

「これしかない……」私はとりあえずポケットの中身を差し出した。

　すると彼は不満げな顔を浮かべながらも、しっかりとジョイントを奪って去っていった。ストップウォッチ風のダサい時計には興味がなかったらしく、手を出さなかった。これが、鞄の中身の情報料ということなのか……。

　私はぼーっとしたまま、レンブラント広場周辺をうろつきまわった。一応**レンブラントの銅像**※に向かって、祈りを捧げてみたのだが、もちろん何も起きやしない。

　とりあえずキャンプ場に向かって歩いていると、遠くから「へーイ！　さっきはよく眠れたかー？」とにやにやと声をかけてくる者がいた。白人の若い男3人組である。どうやら彼らも、私が寝ているところを見ていたらしい。

「財布とカメラを盗まれちゃったよー！」そう声をあげると、彼らは突然真顔になり、逃げるように去っていった。面倒くさいことには、関わり合いたくないということなのか……。何も彼らに、助けを求めるつもりでもなかったのに……。

　結局、歩きとフェリーで1時間かけて、どうにかキャンプ場までたどり着いた。

　とりあえず、スタッフに事情を打ち明けてみた。

　電話を借りて、カード会社に電話して、首尾よく盗まれたカードを止めてもらった。ところが本当に大変なのは、ここからであった。予備のカードは、フロントの裏にあるロッカーに預けていた。ところがそのロッカーの鍵も、私は鞄の中に入れていたのだ。

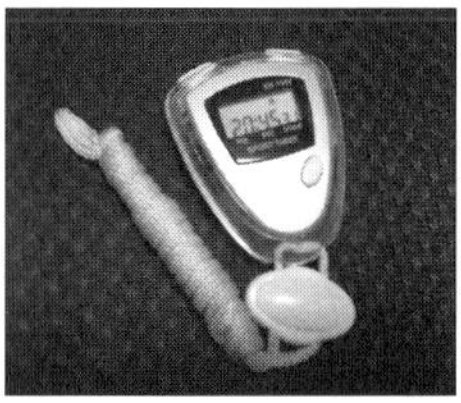

ストップウォッチ風の時計

※**レンブラント像**
オランダを代表する画家、レンブラント。像の前には、彼の代表作『夜警』を再現した実物大の群像がある。広場の周りには、コーヒーショップやクラブも多い。

悩ましげな表情のレンブラント

てっきりマスターキーでもあるのかと思いきや、そんな鍵はないという。更には、私は預けたロッカーのナンバーまで忘れてしまっていた。それで結局、スタッフがロッカーの隙間をスマホの明かりで照らしながら、なんとか目当てのロッカーを見つけてくれた。その後、鍵を破壊してカードを取り出すことに成功したが、すっかり迷惑をかけてしまった。※

　トラブルはこれで終わらない。また別の日にも、私は泥酔して路上で爆睡してしまったのだ。その時は**警官**※に起こされた。私はまたしても、財布と予備のカメラ、取材ノートを盗まれてしまった……。一応警官に相談したのだが、「金がないなら歩いて帰れ」と冷たく言い放たれてしまった。私は情けなさに震えながら、とぼとぼと歩き始めた。

「自己責任」という言葉が、ずしりと頭に響く。この時は別のキャンプ場に泊まっており、徒歩ではかなりの距離があったし、行き方もよくわからなかった。

　結局トラムの運転手に事情を話すと、快くタダで乗せてくれた。彼はいかにも気の毒そうな顔をして、私のことを気遣ってくれた。去り際に「オランダを嫌いにならないでね。幸運を」と温かい言葉をかけてくれた。涙が溢れそうだった……。

　もし、あなたがアムスで何かトラブルに巻き込まれて孤独を感じた時は、「こいつに比べりゃ、俺の方が全然マシだな」と、励みにして欲しい。とにかくあまり深刻にならないように。自分を省みすぎないように、メンタルに気を配ろう。

※ロッカーの鍵
ちなみに解錠代として20ユーロを払った。

※オランダ警察
男女問わず、ガタイのいい人が多い。馬に乗って街中をパトロールする姿もよく見かける。

パトロール中のオランダ警察

通貨に関して

オランダの通貨はユーロだ。旅行の際には、出国前に小額の現金をユーロに替えておいた方がいいだろう。スキポール空港や銀行、GWK（両替所）などでも両替はできるが、日本で両替しておいた方がレートはお得だ。その逆に、出国する際は、余ったユーロをオランダで両替した方がレートはいい。

現金以外では、クレジットカードの利用が便利だ。かつてはトラベラーズチェックが主流だったが、手数料が高いし、オランダでは使えない店が多いので不便。

オススメは、VISAやマスターなどのクレジットカードだ。オランダはカード社会なので、ほとんどの店で利用でき、バスやトラムの車内でも使える。※ むしろ運転手からチケットを買う場合は、現金での支払いができず、カードのみという場合もあるほどだ。

現金が足りなくなったら、クレジットカードのキャッシング機能を利用しよう。キャッシングというとイメージは悪いが、実際には現金から両替するよりもお得になるケースが多い。方法は簡単で、街のあちこちにある※ATMから現金を引き出すことができる。

ちなみにキャッシング利用の場合、カード会社にもよるが、デフォルトではリボ払い（分割払い）になっていることが多い。要するに引き出した金額が一括ではなく、毎月分割で引

※**車内でのチケットの買い方**
バス・トラム共、端末にカードを差し込んだ後、暗証番号を入力して緑のチェックマークが出ればOK。その後もらったチケットをセンサーにタッチさせよう。降りる時も、センサーへのタッチを忘れずに。

※**ATMの使い方**
カードを挿入して、「English」を選択。次に「PIN Code」（暗証番号）を入力して、「Withdrawal」（引き出し）を選択。その後、引き出し金額を選択して現金を受け取る。なお、スキミングの被害を防ぐために、暗証番号は手で隠しながら入力した方がいいだろう。ATMの近くには、スリが出没することもあるので くれぐれもご注意を。

き落とされて、その度に手数料がかかるということだ。これを避けるためには、カード会社に連絡して、リボ払いの支払い枠を最大額に設定しておくのがいいだろう。そうすれば一括で支払ったことになるので、手数料も少なくて済む。

アムステルダムでマリファナの吸えるホテル

マリファナに寛容なオランダでも、ほとんどのホテルが喫煙を認めていない。それどころか2008年に禁煙法が施行されてからは、客室で煙草を吸うこともできなくなった。だが、一部のホテルには、喫煙室が用意されているところもある。次にご紹介するのは、安心してマリファナを堪能したい方にオススメな、スモーカーフレンドリーホテルだ。宿泊料金は日によって変わるので、目安程度にどうぞ。

・フライングピッグ・ダウンタウン※

【ドミトリー：30ユーロ～　ダブル：50ユーロ～】

セントラルから徒歩5分の好立地にある人気のホテル。個室もあるが、男女共用のドミトリーがメインだ。館内にはバーや、喫煙室、ビリヤード台がある。喫煙室にはゆったりとしたソファがあり、マリファナや煙草が楽しめる。受付は24時間営業で、ビュッフェスタイル

※**フライングピッグ・ダウンタウン**
【店名】The Flying Pig Downtown Hostel
【住所】Nieuwendijk 100
【電話】0204206822
【HP】http://www.flyingpig.nl/

の朝食が無料なのも嬉しい。ただし、利用客は18歳以上、40歳以下に限られる。バックパッカーに人気のホテルなので、早めの予約が必要だ。

マリファナが吸えるホテル「フライングピッグ・ダウンタウン」

・フライングピッグ・アップタウン※
【ドミトリー：20ユーロ～　ダブル：50ユーロ～】

フライングピッグの別店舗。ライツェ広場から徒歩10分で、観光スポットへのアクセスもいい。こちらも男女共用のドミトリーがメインで、無料の朝食がある。ソファのある喫煙室もあるので、マリファナ愛好家と語らうのもいいだろう。

　ダウンタウン店と同様、若者が多くて楽しい雰囲気だが、騒がしいので賑やかな場所が好きな人にしか向いていない。また、マリファナの匂いが立ち込めていることもあるので、吸わない人には向かないだろう。

　こちらのホテルも利用客の年齢制限があるの

※フライングピッグ・アップタウン
【店名】The Flying Pig Uptown Hostel
【住所】Vossiusstraat 46
【電話】0204004187
【HP】http://www.flyingpig.nl/

でご注意を。

・ブルドッグホテル・アムステルダム※

【ドミトリー：31・5ユーロ〜　ダブル：116・5ユーロ〜】

コーヒーショップ・ブルドッグが経営するホテルで、場所も同じ運河沿いにある。ホテル内には広々としたお洒落なラウンジバーがあり、毎週金土にはDJによるプレイも行われる。マリファナはラウンジバーで吸えるが、煙草はNGだ。煙草を吸う場合は、外か4階のテラス（11時〜23時）で吸うことになる。朝食込み。

・セントクリストファーズイン・アットザウィンストン※

【ドミトリー：42ユーロ〜　ダブル：134ユーロ〜】

セントラルから徒歩10分。ダム広場にも近い好立地にあるこのホテルは、アーティスティックな部屋の内装が魅力的で、女性客にも人気が高い。煙草とウィードが吸える喫煙室とテラスもあり、朝食も無料だ。1階がバー&クラブになっており、宿泊客は割引を受けられるのも嬉しい。ただし夜中まで騒がしいので、賑やかな場所が好きな人に向いている。

・グリーンハウスエフェクト※

※ブルドッグホテル・アムステルダム
【店名】The Bulldog Hotel Amsterdam
【住所】Oudezijds Voorburgwal 220
【電話】0206203822
【HP】http://hotel.thebulldog.com/

※セントクリストファーズイン・アットザウィンストン
【店名】St Christophers Inn at The Winston
【住所】Warmoesstraat 129
【電話】0206231380
【HP】https://www.st-christophers.co.uk/amsterdam-hostels

※グリーンハウスエフェクト
【店名】Greenhouse Effect
【住所】Warmoesstraat 55

【シングル：90ユーロ〜】

コーヒーショップ「**グリーンハウスエフェクト**※」が経営するホテル。飾り窓地区にあるこのホテルは、個室がメイン。部屋は狭いがテレビもついている。1階には小さなバーがあり、マリファナと煙草はこのバーと客室で吸える。朝食込み。

マンチストのためのB級グルメガイド

アムステルダムの外食は高い。レストランに入って食事をすれば、10ユーロは軽く超えてしまうだろう。それでも、なかには財布に優しい店もある。

このコーナーでは、格安でそこそこうまい店をご紹介しよう。

①定番メニュー

アムスといえば揚げ物大国。

まずは「**FEBO**※」というコロッケの自販機だ。大型チェーン店のため、市内のいたる所にある。アツアツサクサクのコロッケの中に、クリームや焼きそばが入っており、値段は1・5〜3ユーロほど。自販機はお釣りが出ないので、店内の両替機を利用しよう。

揚げ物なら、オランダでは「フリッツ」と呼ばれるフライドポテトも外せない。なかでも

【電話】0206244974

※**グリーンハウスエフェクト・コーヒーショップ**
【店名】Greenhouse effect C-offeeshop
【住所】Nieuwmarkt 14
【営業時間】9時〜25時

※**FEBO**
アムスのファーストフードといえばこれ。Googleマップで「FEBO」と検索すれば、すぐに見つかるはず。

FEBO

【左】「FEBO」の自販機【右】塩漬けニシンが意外と合うハーリング・サンド

オランダ一のポテト屋※として名高いのが、スパイ広場から徒歩1分の「※Vlaams Friteshuis Vleminckx（フラームス・フリッツハイス・フレミンクス）」だ。

Sサイズのポテトが2・3ユーロ（ソース無し）からあるが、オランダではマヨネーズをたっぷりかけて食べるのが一般的。日本のマヨネーズよりもあっさりしていて、甘みが強いのが特徴だ。オプションで選べるソースには、サムライソースなどもある。これはマヨネーズに唐辛子ペーストなどを混ぜたピリ辛ソースだ。トッピングで、玉ねぎのみじん切りをかけて食べるのもうまいだろう。

フレミンクスの他には、目抜き通りのダムラック通り沿いにある「※Manneken Pis(マヌカンピス)」もボリュームたっぷりでオススメ。

もう一つ外せないのがハーリング・サンド。塩漬けニシンを生のままパンに挟み、玉ねぎやピクルスのみじん切りと共に食べるもので、市内のあちこちにスタンドがある。値段は3ユーロほど。

※ポテト屋のマスコット
アムスのポテト屋には、怪しげなフライドポテト型のマスコットが飾られていることも多い。泣く子も黙る、イカれた表情をしている。

イカれたポテト人形

※フラームス・フリッツハイス・フレミンクス
【住所】Voetboogstraat 33
【営業時間】12時～19時（日月）、11時～19時（火水金土）、11時～20時（木）

※マヌカンピス
【住所】Damrak 41
【営業時間】11時～24時（月～木・日）、11時～25時45分（金土）

※パスタバー

【左】Burgerbarのアイリッシュバーガー【右】「Wok Inn」のテリヤキライス

②格安レストラン（10ユーロ以内）

ダムラック通り沿いにある「Pasta Bar」※では、ペペロンーチーノやマルゲリータピザが4・95ユーロで味わえる。ハンバーガーなら、市内に数店舗ある「Burgerbar」※がオススメだ。肉厚でジューシーなハンバーガーが、5、6ユーロから味わえるのが嬉しい。

ジャンクフードなら、ケバブもオススメ。「420カフェ」の斜向いにある「Dana Food For All」※では、ドネルケバブが4ユーロ、デュラムケバブが5ユーロという安さだ。

中華がお好みなら、定番の「WOK」だろう。炒飯や焼きそばが5ユーロとお手頃価格。有名なのは「Wok to Walk」※だが、セントラルから飾り窓地区に行く途中にある「Wok Inn」※もオススメ。ここのテリヤキライスが絶品だ。テーブルの上の辛味ペーストを混ぜるとなおウマスである。

パン好き女子には、バーニーズそばにある「Vlaamsch Broodhuys（フラームス・ブローターシ）」※がオススメ。

【住所】Damrak 19
【営業時間】9時～23時（日～木）、9時～24時（金土）

※バーガーバー
【住所】Kolksteeg 2
【営業時間】11時～27時（日～木）、11時～28時（金土）

※ダナフードフォアオール
【住所】Oudebrugsteeg 30
【営業時間】11時～24時

※ウォック・トゥー・ウォーク
【住所】Warmoesstraat 85
【営業時間】11時～27時（日～木）、11時～28時（金土）

※ウォックイン
【住所】Oudebrugsteeg 4
【営業時間】12時～27時

※フラームス・ブローターシ
【住所】Haarlemmerstraat 108
【営業時間】8時～18時（月～土）、9時30分～18時（日）

【左】「Maoz」のファラフェルサンド【右】「HEMA」内にあるカフェ

パン屋併設のカフェで、絶品のサンドイッチが7~10ユーロで味わえる。その他にも、ファラフェル（ひよこ豆のコロッケ）などのベジタリアンメニューを扱う「**Maoz**※」や、雑貨屋の「**HEMA**※」内のカフェでも、5ユーロ前後で飲食可能だ。

一方、日本食屋は日本人経営の店以外は、ほぼ期待できないだろう。博多ラーメンが売りの店に行ったが、肝心の豚骨スープがない。一応豚骨ベースらしいが、パンチがなくて物足りなかった。おまけにライスと合わせると2000円を超えてしまう。また別の店でラーメンを食べた時もショックを受けた。この店に10年前に来た時は、ラーメンの麺がスパゲッティだった。それから時は流れ、現在はスパゲッティからうどんの麺に進化した模様である。

お金はないけど、どうしてもラーメンが食べたい……そんな方には、中華街で買える香港産の**出前一丁**※がオススメだ。種類豊富だが、「博多」「札幌」など、名前に日本の地名が入ったものは、かなりの確率でうまい傾向にある。

※マオス
【住所】Damrak 40
【営業時間】11時~26時

※ヘマ
【住所】Nieuwendijk 174-176
【営業時間】9時~21時（月~土）、10時~19時（日）

※出前一丁
香港では出前一丁が大人気。そのため、中国人経営の日本食屋などでは、「出前坊や」を模したパチモン看板が見られることもある。

出前坊やのパチモン看板

【左】「アルバート・ハイン」では寿司も販売【右】酒のつまみに最適な「Cabanossi」

③スーパーで買える激ウマ商品

スーパーといえば「アルバート・ハイン」※が有名だ。外せないのはフレッシュフルーツジュースの「Smoothie（スムージー）」だ。ドリンクなら「Energy drink」もオススメ。レッドブルテイストだが、安い店なら1缶50円ほどで買える。

酒飲みなら、「Old Amsterdam」（チーズ）に、「Italiaanse vleeswarenschotel」（ハム）、「Cabanossi（カバノッシ）」というドライソーセージもオススメ。甘党には「milka」（チョコレート）や、「HARIBO」（グミ）が人気が高い。ただし、「HARIBO」の黒いグミは正露丸のような味がするのでご注意を。同様にオススメできないのが、「karne」と書かれた牛乳だ。原料はバターを作る時にできる副産物で、酸っぱくて、ヨーグルトの上澄みのような味がする。

一方で普通の牛乳は、日本の牛乳よりも濃厚で美味しい。オランダのスーパーへ行くと、日本よりも乳製品とハムの種類が充実しており、値段も手頃なことに驚くだろう。

※アルバート・ハイン
その他「Gerookte makreelfilet」（3ユーロほど）という、鯖の燻製も美味。甘党なら、「Hagelslag」（チョコのふりかけ）、「Schudde Buikjes」（カラメル味のふりかけビスケット）もオススメだ。どちらもオランダ人の朝食の定番で、バターを塗ったトーストにふりかけて食べる。なお、同じアルバート・ハインでも駅構内などにある、「to go」は値段が高い。買い物をするなら、王宮裏の店舗が品揃えも豊富で便利だろう。
【店名】Albert Heijn
【住所】Nieuwezijds Voorburgwal 226
【営業時間】8時～22時

帰国時の注意点 ～税関検査で別室送りになったらどうなる!?～

アムステルダム観光の後、**帰国**※の際には十分な注意が必要となる。

ご存知の通り、大麻は日本では禁制品。巷では大麻解禁を求める声もあがっているが、この国の大麻の取締りは以前として厳しい。バカバカしいことで捕まらないためにも、帰国の前には念入りに荷物をチェックしておこう。もちろん、麻薬犬対策として衣類の洗濯も欠かせないし、パイプやグラインダーといった**大麻グッズ**※も全て捨てるべきだ。

ところが入念な対策を行ったつもりでも、私のように税関検査で「別室送り」となるケースがある。以下は、身も凍るようなその時の記録である。

※　※　※

1ヶ月に及ぶ取材を終えた私は、アムステルダムから台北経由で帰国した。入国手続きを経て、ターンテーブル付近でスーツケースの到着を待っていると、真っ白なラブラドールが現れた。もちろんネタは持っていないので問題ないのだが、麻薬犬の登場は胃に悪い。

おまけにリードを握る痩身の男は、**目つきが異様に鋭い**※。こいつは明らかに危険な男だ。

※**帰国**
オランダを出国する際にも手荷物検査があり、ペットボトルなどは機内に持ち込み不可。手荷物検査では、ポケットの中の物を全部出してからゲートに立つ。この時、センサーに向かって3秒間、バンザイポーズで両手を上げる必要がある。スキャン終了後も、手袋をはめた係員に、入念な手荷物検査を受ける必要がある。その後のパスポートチェックはすぐに終わる。くれぐれも、怪しまれる物は持ち運ばないようにしよう。

※**大麻グッズ**
喫煙具はたとえ未使用品でも、あらぬ疑いをかけられないために持ち込まないようにしよう。大麻の種や、大麻のバッズの入ったキーホルダー

その予感は的中した。周回していた※**ラブラドール**が、私の前でピタリと立ち止まったのだ。そしていきなり私の股間に鼻をすり寄せて、臭いをかぎ始めた。私の心臓は凍りついた。ところが結局すぐに私の元から離れていった……おいおいなんだよ？　やめてくれよ！

ほどなくして、見覚えのあるスーツケースが私の前にやってきた。握り手の部分にはお守りがついている。何度も言うが、私はブツは持っていない。私は何も悪くない……。

そう心の中で言い聞かせながら、スーツケースを手に取り、お守りを軽く握りしめた。これから税関職員によるチェックが待ち受けているのだ。噂によれば、彼らは旅行者の身なりや態度を見て、手荷物検査をするかどうか決めているらしい。

本日の私の風貌は明らかに怪しかった。伸び放題の髪に口ひげ、ドクロマークのパンクなTシャツに安っぽいサンダル。はたして大丈夫なのだろうか？

やがて私の番が回ってきた。職員にパスポートを提出した後、どこへ行っていたのか尋ねられた。「オランダに1ヶ月行ってました」と素直に答える。「旅行ですか？」と聞かれ、面倒なので、「はい」と答える。身の潔白を明かすため、スーツケースを速やかに荷台の上に載せようとする……その時だった。

「すみません。ちょっといいですか？」脇から制服姿の若い男が現れた。

「犬が荷物に反応しちゃったんで、別室での検査をお願いしてもよろしいですか？」

「はい……」私はおずおずと頷いた。

などももちろんNGだ。中にはマリファナへの名残惜しさからか、オランダ出国前にスペースケーキを購入して、フライト直前に食べる猛者もいるようだ。こうした無茶もオススメできない。

※**鋭い目つき**
その目には麻薬撲滅に燃える、使命感のようなものが溢れていた。彼のような鋭い眼差しを以前にも見たことがある。数年前、コンビニを訪れた時、警備会社の男がATMから現金を回収していた。私はたまたま近くを通りかかっただけなのだが、振り返った男は、背筋も凍りつくような目つきで私を睨んできた。

※**ラブラドール**
このラブラドールは、近くにいたおっさんのケツの臭いも一嗅ぎしていた。おっさんは、いかにも不快そうに眉をひそめていた。気持ちはよくわかる。

呆然としながら、「別室」に入った。

広さは10畳ほどもあるだろうか。男の指示で、私は隅にある椅子に腰掛けた。

その前には長机と椅子があり、白髪頭の中年の男が腰掛けていた。

「あの……**脱いだ方がいい**ですかね？」※私は上ずった声で尋ねた。

検査に協力的な態度を見せることが、大事だと思ったのだ。

「それは大丈夫です」と中年は言った。

「すみませんが、これを読んでサインしてもらえますか」

彼は1枚の用紙を差し出してきた。Ｂ４サイズの紙の上には「確認書」と書いてあり、過去に税関で没収された薬物の生々しい写真がカラーで刷られてある。

その横に、箇条書きで何か書かれていた。内容は、マリファナやドラッグの類を持ち込んでいないかだとか、誰かに頼まれて荷物を運んでいないかだとか、３つ程の項目だ。

私はもちろん全て「いいえ」に印をつけて、日付とサインを明記した。書類を読んでいる間に、制服姿の背の低い男と若い女が部屋に入ってきて、扉をしめられた。

先ほどの若い男と共に、３人は慣れた手つきで、床の上に**大きなシートを広げた**※。

その後、ポケットの物を出すように言われ、私は指示通りにした。財布と煙草とライターと、百均で買った安っぽい時計である。テーブルの上に置くと、若い男が服の上からボディチェックを始めた。

※**全裸検査**
私の知人にブラジルで、少量の大麻を警察に見つかった者がいる。彼は警察署で素っ裸にされて、ケツの穴まで覗かれたそうだ。その後取り調べが行われたが、所持品のコンドームを示されて、「おまえのアレには、このゴムはデカすぎるんじゃないか？」などとジョークを言われたという。結局没収だけで済んだようだが、警察署を出た時には「俺は自由だーっ！」と大声で叫んだそうだ。マリファナがグレーな国では、くれぐれもご注意を。

※**大きなシートを広げた**
シートを見た瞬間、私の背筋は凍りついた。何度も言うようにブツは持っていないのだが、はっきり言って怖い。

それが終わると、荷物検査となった。私はスーツケースのナンバーロックを解錠してやった。すぐに3人が中身をシートの上に広げていく。実にねちっこく、入念な手つきだった。

それから私は再び椅子に座らされ、主任だという中年男から質問を受けることになった。

幸のうすそうな顔をした白髪頭の男で、極端に覇気がない。ビビっているのは私の方なのに、妙におどおどした印象を受ける。だが油断はできない。迂闊なことは口にできないのだ。

「オランダには、どれくらい行かれてたんですか？」

「1ヶ月です。前に住んでたんです」

「そうなんですか。お仕事ですか？」

「はい」

「今回はご旅行で？」

「いえ……取材です」少し迷ったが、私は正直に事情を打ち明けることにした。

後でウソがバレると、面倒なことになると思ったのだ。

「ああ……そうですか。ご職業はライターなんですね？」

主任が**携帯品・別送品申告書**※を見ながら言った。「はい」と私は頷いた。

それから私は、アムステルダムのガイドブックを作るために行ったと伝えた。飾り窓などの風俗街に行ったことも告げた。ただし、コーヒーショップの話は口に出さないでおいた。

「もしかすると、泊まっていたキャンプ場のせいかもしれませんね」

※**携帯品・別送品申告書**
帰りの飛行機の中で配られる細長い用紙。麻薬や銃器、爆発物などの禁制品や100万円を超える現金などを持っているか、「はい」か「いいえ」にチェックをつける。「麻薬を持っているか」と聞かれて、素直に「はい」とマークする人がいるのだろうか。

私はぽつぽつ語り始めた。

泊まっていたキャンプ場で、若者たちが浴びるように大麻を吸っていたこと。隣のテントとはほとんど触れ合うほどの距離で、日中からモクモク煙が漂ってきたこと……。もちろん全て事実である。その間にも、私は「怖いなぁ」とか「こんなことになるなら、オランダに行かなきゃよかった」などと、正直な気持ちを伝えていた。あくまで誠実な口調を心がけた。

「コーヒーショップというんですか、そういう場所へは行きましたか？」

主任がさりげなく尋ねてきた。さあ来たか。

「はい」と私は素直に頷いた。「取材で行きました。店の内装とか雰囲気を見るために」

「マリファナは吸われましたか？」

「いえ。吸ってません」

「過去に一度も？」

「はい……」ここで私は初めて**ウソをついた**※。第一章で触れたように、たとえ海外であろうと、厳密には日本人が大麻を吸うことは違法だからである。

その後も主任による質問は続いた。

「マリファナって、いくらくらいするんですか？」

「10ユーロくらいでしょうか」

「コーヒーショップの店員って、マリファナの写真は撮らせてくれるんですか？」

※**ウソをついた**
仮に「吸った」と答えても、ネタがなければ問題ないと思われる。だが調子に乗って、マリファナ武勇伝などを語ったりしてはいけない。

「はい。あ……でも、メニューとかは店によっては嫌がりますかね」

主任の物腰は相変わらず柔らかで、まるで世間話でもするような気軽さだった。

だが、何度も言うように油断はできない。世間話を装って本心を聞き出すのは、警察でもよくある手口なのだ。私は大麻に関する蘊蓄《うんちく》は披露せずに、聞かれたことだけを正直に答えた。反抗的な態度は取らず、人工知能アプリのように、ぽつりぽつりと事実を伝えた。

その間にも、手袋をはめた職員による入念な検査は続いた。検査の方はできるだけ見ないようにしていた。あまりじろじろ見ると、怪しまれると思ったからだ。

だが私は耐えきれずに、会話の間に思わず目を向けてしまった。

いつの間にか、シートの上に私の荷物がぶちまけられていた。3人の職員はラップトップのバッテリーを外したり、※**ACアダプタのケース**まで分解して熱心に調べている。カメラグッズを入れていたウエストポーチは、私の許可を得た上でX線にかけられた。更には、若い男が、なんと空っぽになったスーツケースの隅々までチェックし始めたではないか……。指先で内側を丹念に撫で回している。一応雑巾で軽く水拭きしておいたが、大丈夫なのだろうか？　大麻のカスぐらいが付着していても問題ないと聞いたことがあるが、本当なのだろうか？　私はその疑問を素直に口に出していた。

「万が一、何かの拍子でマリファナの粉が荷物についてしまったらどうなるんですか？」

「ううん……」主任は唸った。返答に困っているようだ。やはり、ある程度の量がなければ

※**ACアダプタのケース**
分解の前には、一応私の許可を取った。検査終了後、セロテープでとめてあった。

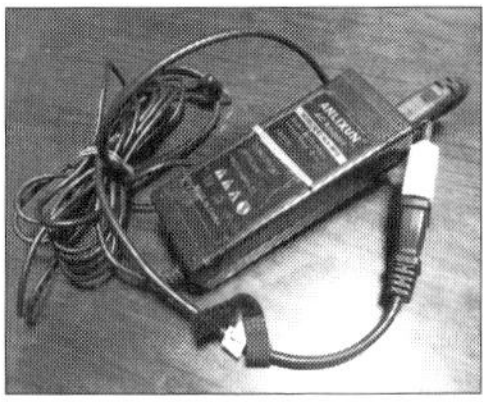
分解されたACアダプタ

捕まらないのかもしれない※。オランダやアメリカなど、マリファナが身近な国にいれば、身に覚えがなくてもそういうケースは十分考えられる。

「主任、こんなん出ましたけど」

若い男の声がして、私は現実に引き戻された。その声には、なぜか誇らしげな響きさえある。

「マリファナの値段とか書いてますけど……」見れば、彼は小さな※**メモ用紙**を手にしていた。

すっかり忘れていたが、取材時のメモをどこかにしまっていたようだ。

迂闊だった。まさか、そんな物まで見られるとは……。私の胃袋は一気にせり上がった。

しかし主任はちらりとメモに目をやると、「ああ。これは取材のだね」と小さく頷いた。

どうやら事なきを得たようである。やはり、正直に事情を話していてよかった。先ほど「マリファナなんかわかりません」とウソをついていたら、ボロが出るところだった……。

別室に入ってから、20分も経過しただろうか。

「最後にマリファナを吸える場所に行ったのはいつですか?」背の低い男が尋ねてきた。

「うーん……いつだったろう……」

本当によく思い出せなかった。それくらいに、私の頭はまだまだ混乱していたのだ。

「2日以内に行きましたか?」

「はい。多分そうだと思います」恐らく犬の嗅覚と関わりのある問題なのだろう。

「煙草は吸いますか?」更に背の低い男が尋ねてくる。

※マリファナの所持量
量が微量なら罰に問われないという話もあるが、0・1グラム程度でも立件されたケースはあるようだ。くれぐれもご注意を。

※問題のメモ
ウィードやハシシの値段を書いた、わずか10センチ四方のメモ。こんな物まで目ざとく見つけるとは、抜かりない。

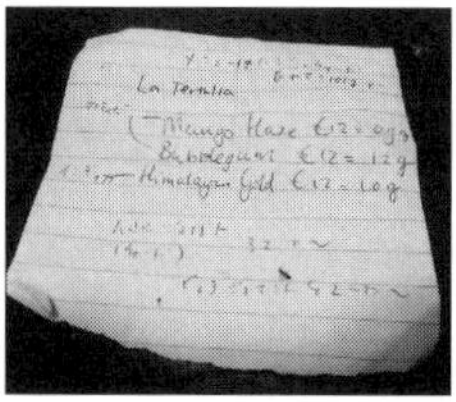

問題のメモ

見ろ。そこに置いてあるだろ。テーブルの上だよ……などと挑発的なことはもちろん言えやしない。質問の意図が不明だったが、「はい」と私は素直に頷いた。

「ご協力ありがとうございました。これで終わりです」若い男が言った。

その瞬間、体の芯からみずみずしい開放感が溢れ出た。やった……晴れて自由の身だ！

「お時間取らせてすみませんでした」と若い男が言った。

「こちらこそ、お時間割いて頂いてすみませんでした」と私も言った。

その後、みんなでスーツケースに荷物を詰め込んでいった。私も作業を手伝った。

聞けば、私のように※**別室送りになるケースは割とよくある**ことらしい。

「この前チェックした人で、サンフランシスコから来た人がいたんですが、あの街では歩いていると、靴底にマリファナの葉っぱが絡みつくなんてのは日常茶飯事のようですね」

若い男が親しげに話してきた※。

「そうかもしれませんね」と私は控えめに頷いた。

だって……カリフォルニアでは、スターバックスの数よりも、マリファナ薬局が多いわけですから……などと余計な蘊蓄はもちろん披露しなかった。

自宅に帰ると、私は真っ先にハイボールの栓を抜いた。とにかく張り詰めた神経をいち早く麻痺させたかった。それを飲みながら、撮りためていたテレビを見まくった。

終わった。とにかく終わったのだ……。

※**別室送りになるケースは割とよくある**
やましいことは何もなくても、麻薬犬がお茶や食品、一部の薬に反応することはあるようだ。

※**職員の対応**
この若い男は、検査とは関係なく、私の私物に関して素朴な質問をしてきた。「この名刺、面白いデザインですね。どこで買ったんですか？」とか、「こんなにサフラン持ってる人は珍しいですね。お金持ちなんですか？」など。興味本位で尋ねてきたのだろうが、こちらは検査の間は終始落ち着かなかった。それでも、最後まで丁寧な対応に好感が持てた。

おわりに

オランダは典型的B型国家だ。

サービスは悪いし、マイペースな部分も多々ある。その適当さの裏側には、時間に縛られない牧歌的な雰囲気が流れているように思う。この国の人間はみな時間に余裕があるのだ。

労働時間が少ないのは民間企業だけではない。アムステルダムの消防署でも、「労働時間を短縮するので、火災現場への到着が遅れるが、代わりに火災報知機を無料で配る」という発表がされたこともあるほどだ。日本ならクレームの嵐だろうが、住民は「そりゃしかたないか」と納得したという。

対して日本はA型国家だ。サービスは丁寧できめ細やか。オランダから日本に帰国すると、消費者の立場としては楽だなぁと実感してしまう。だからその楽さに甘え、サービスが少しでも悪いと異様な勢いでキレる大人たちもいる。

一方、オランダでは、店員に高圧的な態度を取られることもしばしばある。

駅員に道を尋ねたら、「今から食事だから無理！」とにべもなく断わられたり、タバコ屋でマルボロを注文したら、「注文の前に、まず初めは『ハロー』だろ！」と、ものすごい剣幕で睨まれたこともある。今回泊まったキャンプ場でも、出る時にゴミを3袋まとめて出したら、「君は怠け者だ！」と清掃スタッフに嫌味を言われることもあった。オランダ人は物言いが直接的で、口が悪い傾向にあると言われている。

　オランダ、日本、それぞれにいいところと悪いところがある。

　日本の悪い部分をあげるとすれば、労働環境の劣悪さと、典型的なクレーマー気質だ。

　前者の例は多くを語るまでもない。「みんなが主役」と過保護に育てられた子どもたちは、社会に出た瞬間、残業大国のこの国で心を病んでしまう。後者の例としては、「世直し」気取りで持論を振りかざすクレーマーたちのせいで、社会に息苦しさが蔓延していることだ。

　バブルが終わって何を目指していいのかわからない人たちが、他者への攻撃と「自分は絶対」というアイデンティティの確立に、躍起になっているような気がする。自分が攻撃されることを避けつつも、狩りに出るのがやめられない。ドラクエにたとえるなら、聖水を振りかけながら、メタルスライムを探しているようなものだ。そうして顔の見えないネット上で、メタルスライムを見つけて一撃を加えてスッキリするのだが、結局逃げられてしまって、またメタル探しの旅に出かけるのだ。

　マリファァナの扱いに関しても、とりわけ物議を醸すケースが多い。マリファァナを吸いたい人がマリファナの良さをアピールする気持ちはわかるが、興味のない人がそこまで声高に、マリファナの脅威を訴える気持ちが私にはよくわからない。恐らく大嫌いなテレビタレントや、自分にとってどうでもいいアイドルグループの素晴らしさをゴリ押しされるような気持ちなのだろう。結局は単なる嫌悪感だ。外国人が捕鯨に対して反対するようなものなのだ。

　大麻の良し悪しに関しては、様々な意見があると思う。私個人としては、大麻は酒や煙草と同じただの嗜好品に過ぎないように思う。大麻を吸うことよりも万引きの方が、人としての罪は重いと考えている。

ところが日本では、1本のジョイントを吸っただけで大学生は退学処分を受け、芸能人はマスコミから完膚なきまで叩かれるのだ。大麻がOKか否かよりも問題なのは、こうしたソフトドラッグ犯罪者に対する異常なまでの社会の厳しさだ。「異なる価値観の他人に対して厳しい」という風潮は、単なるハケ口探しであり、結果的に自分たちの首をしめているように思えてならない。こんな国では、若者の疎外感と閉塞感はますます強まっていくだろう。

よく「いい加減に生きろ」と言う大人たちがいるけれど、日本でサラリーマンをやっていると、いい加減にはできないことのなんと多いことか。その一方で、オランダを訪れれば、あらゆる局面で「いい加減さ」を目の当たりにすることになる。しかめ面で働くスーパーの店員を見るがよい。平気で犬の糞を取らない愛犬家を見るがよい。歩き煙草をしながら、子供と手を繋いで歩く母親を見るがよい。

この国に生きる者は、とにかくいい加減なのだ。日本だとネットで炎上しそうなネタがゴロゴロ転がっているが、オランダ人は自分が迷惑を受けない限り、注意はしない。

おまけに土産物屋には、目のやり場に困るほどのマリファナグッズと、エログッズの山が溢れている。日本人ならば、色んな意味でいいのだろうか……と考えてしまうことも多いだろう。しかしこのゆるさと寛容さこそが、自由過ぎる国、オランダの正体なのだ。国王陛下がレイブイベントのステージに登場し、パイロットのアルバイトをしていたことからも、この国のゆるさが伝わってくるだろう。

一方ストレス社会の日本では、「いい加減」は許されない。残念ながらこの国は、そのような曖昧さを受け入れる寛容な国ではない。何にでも白黒はっきりつけたがる国なのだ。

そのような風土は、法律の盲点をついた危ないビジネスを生み出し、異なる価値観の相手を火だるまにするという、クレーマー気質に繋がっていく。

けれどほんとは、みんな優しいのはわかっている。ほんとはみんな、困っている人がいれば助けてあげたいのだ。ところが、漫画のように、目の前で風船が木の枝に引っかかっているような子供には、この国ではなかなか巡り会わない。既に飽和している国だからだ。

それでも、誰かのために役立ちたいという気持ちは、クレーマーたちが異なる価値観の相手を説き伏せようとする気持ちと、実は紙一重なのだと信じている。

この窮屈な日本社会を生き抜くためには、もはやブリブリになるしかないのだろう。

これは何も、「マリファナを吸え」という意味には限らない。ギスギスした社会を生き抜くためには、時々でいい。何かバカみたいなことをやってみるのだ。

それこそ、オランダ人のように、雨の中を傘もささずに歩いてみるのもよい。

雨なんか大したもんじゃない。ずぶ濡れになったって、周りの目なんか気にしない。

周りに流されずに、我が道を歩むのだ。細かいことは気にせずに、楽しみながら生き抜くのだ。その旅路の中で、ブリブリになって道に迷っている人がいたり、困っている人がいたら、助けてあげる。

ただそれだけでいいのだと思う。

２０１８年2月　著者記す

■主要参考資料

【参考文献】
『地球の歩き方 オランダ ベルギー ルクセンブルク』（ダイヤモンド・ビッグ社）
『本当は恐ろしいグリム童話』桐生操（ベストセラーズ）

【参考ＷＥＢ】
「Amsterdam Coffeeshop Directory」（http://www.coffeeshopdirect.com/）
「Cannabis Coffeeshop Guide Amsterdam : Smokers Guide home」（https://www.smokersguide.com/）
「allbud」（https://www.allbud.com/）
「Leafly」（https://www.leafly.com/）
「Wikileaf」（https://www.wikileaf.com/）
「Sensi Seeds - Cannabis Seed Bank」（https://sensiseeds.com/）
「Pressed CO2 Hash Sales : Hash」（http://420hash.com/）
「Squat!net」（https://en.squat.net/）
「DUTCH STORIES」（http://dutchstories.com/）
「大麻報道センター」（http://asayake.jp/）
「カナビス・スタディハウス」（http://asayake.jp/cannabis-studyhouse/）
「ＮＰＯ法人 医療大麻を考える会」（http://iryotaima.net/）
「大麻堂.com」（http://www.taimado.com/）
「大麻ユニバーシティ・オンライン学習コース・カンナビスコミュニティ」（https://www.taimauniversity.com/）

「大麻図鑑」（http://illweed.seesaa.net/）
「CBDオイルから医療大麻に関する世界の大麻情報配信サイトHEMPNEWS」（http://coco-sinsere.com/）
「麻なび」（http://asanavi88.com/）
「Tyma News - タイマ・ニュース」（http://tymanews.typepad.com/）
「ポートフォリオ・オランダニュース」（http://www.portfolio.nl/nlnews）
「オランダなう」（http://orandanow.com/）
「天下泰平」（http://tenkataihei.xxxblog.jp/）
「外務省 海外安全ホームページ」（http://www.anzen.mofa.go.jp/）
「オランダとスリナム系移民――植民地・都市・住宅」（http://opac.ll.chiba-u.jp/da/curator/900116898/2013no.232_3_11.pdf）
「オランダのスリナム系移民ってどこから来たの？」（https://kutinholland.com/where-are-surinamese-from）
「マリファナが脳に与える大きなダメージ」（http://gendai.ismedia.jp/articles/-/41597）
「米国で加熱するマリファナ合法化の議論。本当のところ、脳と体にどんな影響を与えるのか：ライフハッカー［日本版］」
（https://www.lifehacker.jp/2015/06/150613brain_marijuana.html）
「大麻が合法的に吸える「コーヒーショップ」が次々に閉店している理由、そして浮かび上がる問題点とは：GIGAZINE」
（http://gigazine.net/news/20170111-amsterdam-coffeeshops-closing/）
「『死なない程度にキメてもらおう』オランダ政府公認のドラッグまみれ音楽フェスに潜入！ ヤバすぎる実態とは？」
（http://tocana.jp/2015/12/post_8212_entry.html）
「イロベの blog ―（旧）Backfucker In Europe」（http://blog.livedoor.jp/iloveromania/archives/44668313.html）
「オランダの光と影：寛容と排除は何によってもたらされたか？」
（http://www.mammo.tv/interview/archives/no317.html）
……その他、様々なウェブサイトを参考にさせていただきました。

著者紹介
高崎ケン（たかさき・けん）
1979年札幌生まれ。慶應義塾大学卒業。一流企業に就職するも、10ヶ月でドロップアウト。以後、テレビAD、バーテンダー、アダルトビデオ制作、ホスト、派遣社員など20種近くの仕事を経験。2007年よりアムステルダムの企業で働くもわずか1年半で倒産。人間モルモットで稼いだ金で訪れた国は47ヵ国。著書に『ホスト裏物語』（小社刊）、『ザ・ドロップアウト 偏差値70からの転落』（アルファポリス刊）、『アジア沈没旅行』（小社刊）などがある。

ホームページ
http://www.zakozombie.com/
メールアドレス
kentasy@hotmail.com

アムステルダム 裏の歩き方－最新版－

平成30年3月20日　第1刷

著　者　高崎ケン

発行人　山田有司

発行所　株式会社　彩図社
東京都豊島区南大塚3-24-4
MTビル　〒170-0005
TEL：03-5985-8213　FAX：03-5985-8224

印刷所　シナノ印刷株式会社

URL http://www.saiz.co.jp　Twitter https://twitter.com/saiz_sha

　ISBN978-4-8013-0287-7 C0026